倉成宣佳 著

カウンセリングに活かす「感情処理法」

対人援助における「不快な感情」の減らし方

創元社

はじめに

　本書は、感情処理法の講義内容を書籍にしたものである。したがって心理の専門書としてはかなり読みやすく書かれている。

　感情処理法（感情処理）は、その言葉通りに感情を処理する、すなわち不快な感情を減らしスッキリさせることを目的としている。そして感情処理は、その状況にふさわしい自然な感情を体験するためのものでもある。

　カウンセリングにおいては、クライアントの感情を丁寧に扱うことが望ましい。いくつもの研究により、感情面を丁寧に扱ったカウンセリングにおいて、そうでなかったものよりも効果が高いことが明らかにされている。クライアントは不快感情を体験した出来事についてカウンセラーに語る。カウンセラーとの交流を通して抱えてきた不快感情が減りすっきりしていく、すなわち処理されることにより、クライアントはその出来事の受け取り方を見つめなおし、建設的な思考や行動を獲得し成長していくことができる。しかしながら不快な感情が減ることがなければ、その出来事に対して犠牲者的立場からの思考や行動に留まり続け、そのときに未処理のままで残っている不快感情を繰り返し体験してしまうことになる。したがってカウンセラーは感情処理を通して、クライアントがその出来事を過去の出来事にし、受け止め方を変えて未来に目を向けて進めるよう支援する。

　クライアントがある出来事に囚われてしまっているとき未処理の感情が残ったままである。未処理の感情とは、抑え込まれているものともいえるし、適切な形で体験できていないものともいえる。処理されずに心の中にわだかまりとして残ったままになっているものと表現するほうがクライアントにはわかりやすい場合もある。感情処理法とは未処理のままの感情を消化させるための一つの方法である。感情が処理されることにより、クライアントはその出来事の評価を変えることが容易になり、未来に目を向け先に進めるようになる。

　また、本来ならばその状況で体験するべき感情を感じないために生じる問題がある。感情の抑圧や抑制が引き起こす問題である。抑圧や抑制は心理面や身

体面や行動面に問題を引き起こすことが多い。心身症はその代表的なものである。感情処理法は、自身の感情に気づき、受け入れ、体験し、処理していく過程を支援するものでもある。すなわちその状況で生起しているにもかかわらず気づくことができていない、または気づいても受け入れることができない感情に、気づき、受け入れ、体験できるようになるための支援の方法でもある。それは、腹が立つことが適切な場面では怒りを体験し、悲しむべき場面では悲しみを体験できるようになるということである。

　感情処理法は元々、交流分析や再決断療法、愛着のカウンセリングに組み合わせることで、クライアントが目的とする認知や行動の改善とその定着に大きな効果を発揮した。したがって本書では、交流分析と組み合わせた支援について詳しく述べている。また認知行動療法を実践する多くのカウンセラーが感情処理法を活用している。認知行動療法は、対象者の非建設的な認知に焦点を当て、受容・共感的な交流を通して、その修正が進められるようクライアントと関わっている。感情処理をそれらの療法に組み込むことにより、認知の修正はより円滑に進み定着しやすくなる。このように交流分析も認知行動療法も、感情処理の併用によりそれらの技法の効果を高めることができる。感情処理法は感情面に焦点を当てそれに気づき、受け入れ、体験し、処理するように支援するものである。援助者が対象者にどのような技法を使っているにせよ、感情処理法は現在使っている手法に付加して活用しやすく、より支援の効果を高めやすくなる技法である。

　また感情処理法は、カウンセリングだけでなく刑事施設や医療機関、また介護の現場などのプログラムや研修において、また子育て中の親向け、虐待加害者向け、DV被害者向け、アルコールやギャンブル依存症患者向けなど多くのプログラム中で活用されている。利用の目的は様々である。対人関係を良くすることを目的としたプログラムにおいては、毎回同じような形で起きる対人関係の躓きを感情処理により改善する。また依存症のプログラムにおいては、依存行動への引き金となる不快感情を減らすための技法として活用している。また子育て中の親が、子どもに対して身体的暴力を振いそうになったとき、そのときの感情に向き合い処理することで子どもへの接し方を改善できるようにするために活用している。

　プログラムが扱う問題がどのようなものであれ、その問題を引き起こしている認知や行動だけを修正することが困難な場合がある。たとえば、子どもを叩く親は、叩くのが良くないと頭でわかっていてもその行動を修正しにくいのである。それは気持ちがついていかないため、すなわちその状況における不快感情が減らないためである。詳しくは本文で説明するが、不快感情を処理することにより、認知および行動の修正がより容易になる。

　さらに感情処理法はストレス対処法の一つとしても活用できる。現在は多くの企業において、感情処理法をストレス対処法の一つとして研修している。企業で仕事をしている人は、仕事の内容や人間関係など多くのストレスにさらされている。厚生労働省の調査（2021）では、職業生活において強い不安やストレスを抱える人は50％を超えるほど多い。日々のストレスによる不快感情をためていくといつしかストレス負荷はより大きな状態になり、本人も気づかないうちに生産性は低下し、メンタルヘルス不調のリスクも高まっていく。日々のストレス対処法の一つとして感情処理法という新たな対処法を身につけることにより、ストレス対処法の幅が広がり、ストレスへの耐性が増えるだけではなく、高い生産性を維持しやすくなるのである。

　このように感情処理法は、様々な領域で、様々な用途で活用できる。したがってカウンセラーの方々をはじめ対人援助職の方々、そしてビジネスパーソンや研修講師など様々な方々に活用してもらえるものである。

目　次

はじめに

第1章　感情処理法とは何か……………………………………………1

1　感情処理法……1
（1）感情処理法とは……1
（2）感情処理法の進め方……3
（3）認知行動療法と感情処理法……5
（4）交流分析と感情処理……5

2　感情処理法の効果……8
（1）すぐに得られる効果……8
（2）継続により得られる効果……15

3　感情に焦点を当てる……21

4　感情とは何か……23
（1）感情という言葉……23
（2）感情の次元……26

5　アンビバレンスな感情……28

6　出来事の記憶と感情……30
（1）感情を伴わない出来事の語り……30
（2）トラウマ体験と感情……32
（3）トラウマを思い出す……33
（4）幼少期の記憶が無い……34
（5）ポジティブ感情を伴う記憶……36

7　思考・感情・行動は1セット……37
（1）思考・感情・行動……37
（2）認知と感情……38
（3）感情へのアプローチ……40

　（4）感情処理法により思考が変化する……40

　（5）思考の修正は本人が楽になる方向に……41

　（6）思考を変えようとすると感情処理法はできない……42

8　状況と感情……43

　（1）決　断……43

　（2）感情処理法が対象とする感情……44

　（3）不快感情を伴うやりとり……47

9　不快な感情がたまるわけ……50

　（1）感情へのアプローチを避ける傾向……50

　（2）不快な感情があふれる……51

　（3）感情と身体の症状……53

　（4）感情と心身症……57

第2章　感情処理への準備………………………………………………61

1　抑圧と抑制……61

　（1）抑圧と抑制とは……61

　（2）抑圧や抑制が働くクライアントへのアプローチ……63

2　感情に向き合う動機づけ……67

　（1）動機づけ面接……67

　（2）感情を体験するメリットとデメリット……69

3　ゆらぎのプロセス……70

　（1）ゆらぎのプロセスとは……70

　（2）調整のプロセス……78

4　感情への否定的認知を理解し修正する……82

　（1）感情にブレーキを掛ける否定的認知とは……82

　（2）否定的認知の修正のプロセス……83

　（3）魔術的思考を伴う否定的認知……85

　（4）養育者の感情表出のあり方が否定的認知に影響する……87

　（5）文化や価値観が否定的認知に与える影響……88

（6）否定的認知を決断した自分への共感……89

5　幼少期の自分に共感する……90

6　感情の肯定的な側面を理解する……92

（1）進化論的立場からみた感情の適応的意味……92

（2）感情の肯定的側面を理解する意味……93

（3）感情の肯定的理解のポイント……95

（4）感情は人生に彩りを与える……99

7　身体に力を入れること……101

8　筋弛緩……102

（1）筋弛緩とは……102

（2）身体の各部位の力の入れ方……103

（3）身体の内側の力の抜き方……108

（4）全身の筋弛緩……108

9　筋弛緩以外の弛緩方法……108

（1）緊張箇所の擬人化……109

（2）イメージ法……109

（3）ストレッチ……111

10　感情処理法を始める前に知っておきたいこと……111

（1）感情を再体験する……112

（2）思考・感情・行動は自分が管理している……113

（3）過去と他人は変えられない……113

（4）感情はぶつけても処理できない……115

11　感情を表現するには……117

12　感情処理の禁忌……120

第3章　感情処理法の実践……………………………………………121

1　感情処理法の進め方……121

（1）感情処理の目的……121

（2）感情処理の進め方……122

（3）感情を体験した場面に身を置く……123

（4）現実とのコンタクト……126

（5）感情に気づく……126

（6）感情を受容する……128

（7）感情を再体験する……132

2　感情を吐き出す（呼吸で吐き出す）……133

3　別の感情を探し処理する……140

（1）一つの状況に複数の感情が存在する……140

（2）ラケット感情とほんものの感情を意識する……141

4　感情の処理レベルの数値化……144

5　感情を吐き出す（会話で吐き出す）……145

（1）受容と共感……145

（2）聞き返しのテクニック……146

（3）頑張ってやってきたことへの共感……149

6　感情を吐き出すその他の方法……150

（1）新聞紙で叩いて怒りを吐き出す……150

（2）表情を作ることで感情を体験する……155

（3）気持ちを書くことで感情を吐き出す……156

7　子どもの感情処理（「感情カード」の利用）……158

（1）「感情カード」とは……158

（2）感情の発達……160

（3）「感情カード」を使ったやりとり……162

8　処理する感情の特定……163

9　怒りの感情処理……165

　（1）うつ状態と怒り……165

　（2）日本人と怒りの感情……167

　（3）怒りと攻撃の違い……168

　（4）怒りの感情処理へのカウンセラーの関わり……169

　（5）怒りの感情を処理しても問題が解決しないケース……170

　（6）怒りと恐れを感じない場合……171

　（7）怒りに似たにせものの感情（ラケット感情）……172

　（8）自己愛の傷つきによる怒り……175

10　悲しみの感情処理……182

　（1）他の感情の奥にある悲しみ……182

　（2）喪失と悲しみ……184

　（3）男らしさと悲しみ……187

　（4）愛情を得られなかった悲しみ……188

　（5）悲しみに似たにせものの感情（ラケット感情）……189

11　恐れの感情処理……190

　（1）ネガティブな未来の空想と恐れ……190

　（2）次々と不安を作り出す……193

　（3）こだわりの強さ……194

　（4）恐れと過緊張……195

　（5）生きていけないような恐さ……196

　（6）クッションや盾の活用……199

　（7）攻撃の背景にある恐れ……200

　（8）コントロール不能な恐れ……201

　（9）恐れに似たにせものの感情（ラケット感情）……202

12　嫌の感情処理……204

　（1）嫌という感情……204

　（2）嫌と行動は別……205

13　ポジティブ感情（感謝）を増やす……207

14　再決断療法と感情処理……210

15　空椅子を使った感情処理……215

16　愛着のカウンセリングと感情処理……217

（1）愛着の問題……217

（2）愛着のカウンセリングの実際……218

（3）愛着のカウンセリングに必要な感情処理……221

第**4**章　異なるパーソナリティへの感情処理のアプローチ……223

1　人格適応論の概要……224

2　適応タイプの識別……225

3　適応タイプごとの性格特徴……229

（1）査定図表……229

（2）心理的欲求とコンタクト法……230

（3）性格特徴……233

（4）親の養育態度と適応タイプ……233

4　タイプごとのラケット感情と苦手な感情……236

（1）タイプごとの適応と不適応……236

（2）タイプごとのラケット感情……238

5　自我状態の機能モデル……242

（1）自然な子ども（Natural Child：NC）と
適応した子ども（Adapted Child：AC）……243

（2）批判的な親（Critical Parent：CP）と
養育的な親（Nurturing Parent：NP）……243

（3）成人の自我状態（Adult：A）……244

6　適応タイプごとの感情処理のアプローチ……244

（1）想像型への感情処理のアプローチ……245

（2）行動型への感情処理のアプローチ……251

（3）信念型への感情処理のアプローチ……256

（4）反応型への感情処理のアプローチ……262

（5）思考型への感情処理のアプローチ……266

（6）感情型への感情処理のアプローチ……271

7　人格適応論の感情処理への応用……277

引用・参考文献

人名索引／事項索引

謝　辞

第1章　感情処理法とは何か

1　感情処理法

（1）感情処理法とは

　感情処理法（または感情処理）の考え方では、人の実存的ポジションはOKであり、人は元来OKな存在である。それは間違った行動を取らないという意味ではなく、人の価値や尊厳に関するものである。人はしばしば間違った行動を取ることがある。しかしながら人は気づき、考え、行動を選択する能力を有しており、より好ましい方向に成長しようとする。それが人の本質である。元々OKであるはずだが、自分に価値や尊厳が無いと思い込んでしまうことがある。しかしながらそれは間違った思い込みであり、そこには落ち込みや劣等感や無力感や抑うつ気分などの不快感情が関与している。人と話をしているときにしばしば劣等感を体験してしまうならば、劣等感は自分を価値が無いと思い込んでしまうことに一役買っていることになる。そして人は本質的に、その不快な思い込みから脱出し、心地よい状態へと成長したいと願っている。過去にそれを何度か試行し、あきらめているように見えても、その方法がわかりそこに希望が見えるならば、成長したいという欲求は再び喚起される。

　感情処理法とは、
・不快感情を減らすための方法
・その状況で生起した自然な感情を体験するための方法
である。

　不快感情を減らすとは、特定の場面や相手に対する嫌な気分が無くなっていくことである。たとえば、仕事から帰宅すると家族に対して些細なことで過剰にイライラしてしまう場合はそのイライラが減っていくほうが楽になるであろ

う。将来のことを心配して過剰に不安を覚える場合もそうであろう。また特定の相手に過剰にイライラや怒りを体験する場合も減らしたほうが楽になる。これらを感情処理法の実践により実現すること、それが不快感情を減らすことである。

　その状況で生起した自然な感情を体験するとは、

・抑圧することなく体験する

・抑制することなく体験する

・不適切ではない本来の感情を体験する

ことである（抑圧と抑制については第2章参照）。感情は元々適応的なものであり、適応的な行動を後押しするものである。カウンセリングにおいて、感情の抑圧や抑制が問題を形成しているケースは多い。感情の抑圧や抑制を解決し、感情を体験していくことは問題の解決に役立つ。感情処理法は感情の体験を支援する。また抑圧や抑制と無関係ではないが、不適切な感情体験が問題を形成する場合もある。たとえば、失恋したのちに当人の本来の感情（ほんものの感情）である悲しみに目を背け、相手への怒りばかりを代替感情（にせものの感情）として体験している場合、その苦しみから抜け出ることが困難になってしまう場合がある。本来の感情とは、問題解決に向かう感情である。問題解決に向かう感情に気づき体験するのに感情処理法が役立つ。

　その状況において生起した自然で問題解決的な感情を感じることの理解を深めるため、事例で説明する。30歳代の女性クライアントは友人にも夫にも過剰な気遣いをするため、他者と接することで過剰に疲れてしまうという問題を解決したかった。彼女は何かにつけて自分が悪いと思うことが多かった。家事や育児の不完全さを夫から責められるたびに自分が悪いと思ってしまう。"共働きであなたもフルタイム勤務なんだから夫にも家事や育児を手伝わせればいい"と友人から忠告されても、夫が不機嫌な表情を見せると、"夫に嫌な気分を持たせたら悪い気がする"ために夫に手伝いを依頼できなかった。そして彼女は怒りを感じることが苦手だった。夫から自分が調理した夕食について"こんなものを食べろというのか？"と文句を言われても、申し訳なさが先に立ってしまい、怒りを体験できないのである。それは今に始まったことではなく、彼女は幼少期から怒りを体験していなかった。彼女の感情処理のテーマは、本

来は生起しているはずの怒りを体験できるようになることであった。怒りを体験するのが適当な場面で、適切に怒りを感じることである。そのために感情処理では、怒りを感じて良いはずの場面で体験している自身の身体の感覚に目を向けることから始めていった。その後その身体の感覚が怒りであることに気づいていくこと、そして自身の怒りを悪いものではないと理解し受け入れていくこと、怒りを体験していくこと、相手を攻撃することなく怒りを処理していくこと、そして相手を責めることなく怒りを表現していくことについて実践していった。その結果、彼女は他者への過剰な気遣いが減り、何かにつけて自分が悪いと思ってしまうこと、他者との交流で疲れを感じることがなくなった。その状況で生起している自然な感情を体験するとは、この事例のようにその状況にふさわしい感情を体験し、それを通して問題解決を実現していくことである。

（2）感情処理法の進め方
　感情処理法の基本的な進め方は、
・感情に気づき
・感情を受け入れ
・感情を体験し
・感情を吐き出す
という手順である。これにより、不快感情を減らす、または生起している自然な感情を感じる。
　感情に気づくとは自分が感じている感情がわかることである。気づくとは頭で理解することではなく、心でわかることである。自分がその状況において、どういう感情を持っているのかを身体の感覚も含めてわかることである。
　感情を受け入れるとは、感情から目を背けないことであり、感情にブレーキをかけないことである。感情を良いものでもなくましてや悪いものでもなく、感情への評価を度外視して、ただその感情を自身の内側に生起した自然なものとして捉えることである。
　体験するとは、感情を表出することではなく表現することでもない。そこにははっきりと区別が必要である。その感情に鮮明に触れること、その感情が覚醒された状態で感じることである。悲しみを体験することは泣くことではなく、

恐れを体験することは震えることではない。ただそれらの感情を体験していることである。

　感情を吐き出すとは、感情を処理もしくは消化することである。それは感情を身体の外に出すイメージで実施する。不快感情であればコントロール可能なレベルにまで減らすことであり、不快ではない状態にまで処理することである。感情を吐き出すために息で吐き出す方法を使うことが多い。息で吐き出す以外にも、感情を受け止める、活き活きと感じる、ありのままに表現する（語る）、クッションを叩くなど身体で表現（ジェスチャー）する、書くなどの方法により処理する。その人に合ったやり方を選んでもらうのが良いのだが、同じ人でも感情や状況によっていくつかの方法を使い分けた方が処理しやすい場合もある。最も吐き出しやすい方法を通して感情を吐き出すのである。

　カウンセリングでは多くの場合、感情処理の対象は、不快感情である。その不快感情をすっきりさせることを目的に実施する。不快感情の中でも特に馴染み深い不快感情が感情処理の対象になる。私たちはいくつかその人特有の馴染み深い不快感情を持っている。それは同様の状況でわきあがるものである。すなわち、同じような状況で毎回同じ不快感情を体験するのである。同様の状況において誰しも同じ不快感情を体験するわけではなく、その状況において体験する不快感情はその人特有のものである。たとえば、上司から注意されたときに不安を感じる人は、上司から注意を受けるたびに不安をおぼえることが多く、他者は同じような状況で必ずしも不安を体験しない。不安はその人にとって馴染み深い感情の一つということになる。

　ある人は、学生時代に先生から注意されるたびに、自身の無価値感を強く体験し、現在も義父から注意されたときに同じように無価値感を体験してしまっていた。この人にとって無価値感は、目上の誰かから注意を受ける状況での馴染み深い感情である。またある人は、自分の言っていることを相手が信じてくれない態度を取ったとき、決まって全部をぶち壊してしまいたくなるような気持ちになるという。またある人は、子どもが言うことを聞かないときには決まって自分が責められているような気持ちになるという。これらも馴染み深い感情である。馴染み深い不快感情がわきあがったときには、不合理な思考（信念・認知）も伴っている。たとえば、不安をおぼえるときに、〝上司から嫌われて

しまったらどうしよう"という思考を伴っているとする。その思考はまだ起きてもいない未来を悪いほうに空想しており不安をかき立てているため合理的なものではなく不合理である。

（3）認知行動療法と感情処理法

　カウンセリング臨床で最も使用されている心理療法が認知行動療法であることは疑いないであろう。認知行動療法には行動療法系の理論と認知療法系の理論があるが、認知療法系の理論においては、不合理な思考（認知）を修正することを目指す。不合理な思考を修正した結果、不快感情も減るのである。考えが変わると気持ちが変わる、これは誰しも体験したことがあるだろう。結果として不快感情が減る、その点においては感情処理法とアプローチが違うだけで目的は同じともいえる。しかし認知療法的アプローチは、思考が建設的な方向に変わった結果、不快感情が減るということであって、感情が処理されるのではない。感情処理法においては、不快感情に対してそれを減らすために直接的なアプローチを行う。感情処理法は不快感情の処理そのものが目的となるのである。感情処理においても不合理な思考の修正は実現されることがある。しかしながらそれは感情を処理した結果として現れる効果であり、思考の修正が確認されるのは感情の処理の次の段階である。不快感情の処理、そしてその結果としての思考の修正により、クライアントが抱える問題の解決を目指すのが感情処理法である。

（4）交流分析と感情処理

　エリック・バーン（Berne, E.）によって提唱された「交流分析（TA：Transactional Analysis)」の理論を背景とした心理療法に、グールディング夫妻（Goulding, R. L., & Goulding, M. M.）によって提唱された「再決断療法（Redecision Therapy)」がある。私たちは感情処理法を交流分析の理論との組み合わせや再決断療法と組み合わせることで活用している。再決断療法は現在の問題の背景にある歪んだ思考の基となっている信条、すなわち幼少期に形成された思考の修正を目的としており（それを再決断という）、感情処理の後に再決断することで、より確実に思考の修正が実現するのである。再決断療法では、「私は生

きる価値がない」「私は信頼してはならない」などの幼少期から持っている思考（決断した信念）、すなわち自身の人生に大きな影響を与える思考を修正する（再決断する）ことを目的としている。交流分析では、幼少期の思考を「信条（belief）」と呼び、それを取り入れることを「決断（decision）」という。その中でもその人の人生に大きな影響を与える重大なものを「禁止令（injunction）決断」という（第３章14節も参照）。禁止令決断は、養育者が与える「禁止令メッセージ（injunctive message）」に反応する形で決断される。再決断、それは幼少期から抱える不合理な思考の修正ということになる。幼少期から持つ禁止令決断を建設的な決断に再決断するカウンセリングのプロセスにおいては、しばしば困難な壁にぶつかる。それは頭でわかっているけれども、気持ちがついていかないというものである。それはカウンセリングを通して、頭では、"私は生まれつき無価値な人間である"という考え（禁止令決断）は間違っているとわかってきたとしても、どうしてもその考えに囚われてしまうということであり、頭では"私は無価値なわけではない"と理解していても"やっぱり自分は無価値であると思ってしまう瞬間がたびたびある"という状態である。この状態から脱出し、再決断に向かっていくためには感情処理法が必要である。頭でわかっていても気持ちがついていかないとは、感情の処理ができていないのである。感情処理ができた後であれば、再決断は定着しやすくなる。"私は生まれつき無価値な人間である"という不合理な思考を持つにいたる背景には、養育者からまるで価値がない存在として扱われてきた体験があったと思われる。それはクライアントにとってとてもつらい体験であったであろう。そのつらい体験で感じていた感情が、未処理のまま残っているのである。別の言い方をすると、わだかまりが残っていて、わだかまりはまだスッキリしていない不快な感情なのである。不合理な思考と不快な感情は共にある。不快な感情が残ったままでは、不合理な思考の修正も難しい。思考が不合理だと頭では十分に理解していても、心が納得できないのである。これをケースで説明する。

　自分の義母を優しい気持ちで介護したいと願っていたが、心から優しい気持ちで介護ができずに悩んでいた50歳代女性のクライアントのケースである。彼女は、結婚以来長きにわたり義母からいじめを受けていた。彼女は義母を許したいと願っていた。掃除や料理のやり直しを命じられたり、嫁としてふさわし

くないといった悪口を親戚に言いふらされたり、家柄や育ちが悪いという批判をされたことがたびたびあった。その意地悪だった義母は年老い、認知症を患い、クライアントが介護をすることになった。今は認知症でかわいそうな状況にある義母を、義務的・表面的ではなく心から優しい気持ちで世話をしたいと願っていた。介護する上で、義母を心から許し過去のわだかまりを捨てて、優しい気持ちになりたかった。しかし、どうしてもいじめられた数々の出来事が頭をよぎり義母にイライラしてしまうことに悩んでいた。優しく接したいと思いながらも、なぜ私をいじめたこの義母のために自分が苦労して介護しなくてはならないのかと思ってしまう。認知症になった義母をいまだに許すことができない自分を心が狭い人間だと思うし、夫からも"いつまでも昔のことを根に持つ"と言われる。確かに夫の言う通りだと思うし、過去のことは忘れたいと思うもののどうしても気持ちがついていかない。それでも無理して、自分の気持ちを抑えようとしているうちに強いイライラと落ち込みを繰り返し感じるようになり、家族への八つ当たりが増えた。

　このクライアントは義母とのわだかまりを忘れて許したいと願っていた。これは自身の思考、すなわち考え方を修正したいと願っていたのである。"認知症になった義母はかわいそうな存在である。だから優しい気持ちで介護してあげたい"と心から思いたい。しかし未処理で残ったままの不快感情がそれを邪魔してしまう、気持ちがついていかないままで思考を修正しようとすればするほど、イライラや落ち込みが強くなってしまうのである。義母を許せないにもかかわらず、許さなきゃと思えば思うほど苦しくなってしまった。それは長きにわたりいじめられた体験に関する未処理の感情がそれを邪魔しているのである。クライアントが過去のわだかまりを捨て許せるようになるためにはいじめ体験に関する未処理のままに放置してある感情を処理することが必要である。彼女の場合、主な未処理の感情はいじめた義母への怒りであった。

　カウンセリングにおいて、クライアントは怒りの感情処理を何度も繰り返した。怒りを体験し、それを息で吐き出すことを何度も繰り返したのである。いじめを受けた場面、悪口を言われた場面など、数々の場面に身を置き（それが今ここで起きているかのように空想しその出来事を体験すること）、そのときに抑えた怒りや悲しみなどの感情に気づき、それらを体験した。数回のカウンセリ

ング面接を通して、何度も怒りや悲しみを体験し、その都度それらの感情に関して呼吸を使い吐き出した。感情処理のカウンセリングにおいては、クライアントの考え方に関しては全く触れることなく、ただ感情を感じ処理することだけを実施した。その過程を繰り返すうちに、クライアントは、義母への怒りが減り、それに伴いいじめられた過去の出来事を思い出すことがなくなっていった。そして、イライラや落ち込み、家族への八つ当たりなどもほとんどなくなった。同時に、義母に対してわだかまりを持つことなく看病できるようになり楽になったと報告した。

　クライアントは自身の考え方、すなわち義母へのわだかまりを持っていることを何とか修正しようと試みていた。しかしながらそれができなかった。それは過去の被いじめ体験による怒りや悲しみなどの不快感情が未処理であるため、あるべき思考に気持ちがついていかなかったのである。感情処理を通して、未処理であった怒りや悲しみを処理し、クライアントが望んでいた通り義母を許すことができた、すなわち思考の修正ができたのである。

　思考が不合理であり修正の必要性をいくら強くわかっていたとしてもそれがうまくできない場合は誰しもある。それは、その不合理な思考に伴う不快感情がスッキリしていない、すなわちたまったままであり処理されていないのである。そのために感情処理法では、感情に焦点を当てて、たまったままの不快感情を処理していくアプローチを実施する。それを十分に実施したのち不合理な思考を修正していくのである。

2　感情処理法の効果

　感情そのものを処理する、またはその状況で生起した自然な感情を体験する感情処理を実施することでいくつかの効果が期待できる。それをすぐに得られる効果と、継続して実施するうちに得られる効果に分けて紹介する。

（1）すぐに得られる効果
　感情処理を実施することによりすぐに得られる直接的な効果は下記の通りである。

・不快感情が減る

・ストレスが減る

・思考や行動が心地よい方向に変化する

・ポジティブな感情が増える

　以下それぞれについて解説する。

●不快感情が減る

　感情処理法は不快感情を吐き出していくために、結果、不快感情が減る。不快感情を減らす手続きを「処理」もしくは「消化」と呼んでいる。イライラが100だったとすればそれが50になり、不安が90だったとすればそれが40になる。こう述べると単純なようであるが、その効力は大きい。不快感情が大きい状態は心地よくないものである。イライラが抱えきれないほど大きい状態で生活することはとてもつらい。もしかすると抱えきれないイライラが言動に表れ周囲に対し好ましくない影響を及ぼしてしまうかもしれない。しかしながら50のイライラならば、言動に表れないようにコントロールでき、周りにも迷惑をかけなくて済む。寂しさが90ならば自分一人で対処するのが難しいかもしれず、寂しさを回避するために他者に依存しなくてはならないかもしれないが、40であれば自分で気を紛らわせることができる。不快感情が減るだけで、余裕が出て楽にふるまえるようになり、周囲への影響も変わってくるものである。

　感情処理法を実施したクライアントの感情面の変化に関する効果について音声分析で検証を行った。医学や生理学の研究から、心理的なストレスや緊張が喉にある声帯の働きを妨げ、声が震えたりかすれたりする現象が知られている。またストレスやうつ病によって感情表現が鈍くなるために声にも影響が表れる。音声分析では声帯の不随意反応に着目し、声を周波数に変換し、その変動パターン等から、人工知能（AI）で突き止めた周波数の変化などと人々の気分との関係をもとに発声時の心理状態を探る。東京大学医学部病態生理学音声分析プログラム客員教授の徳野慎一により発表されたMIMOSYS（Mind Monitoring System）を使い、感情処理を実施したカウンセリング前後のクライアントの音声を分解・分析した。常に変化している心の状態を声から測る技術である。これは不随意反応を見ているため、自記式でのレポーティングバイアス（被検者

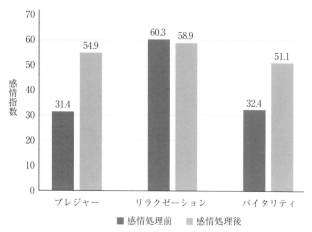

図1-1　音声解析データによる感情処理前後の感情の変化

の意識・無意識による過小評価）がなく、望ましい方向への歪んだ報告もできないため、本人の心の状態を正確に把握することが可能である。

　感情処理法のカウンセリングはオンラインまたは対面で実施された。オンラインによるものが９割を占め、対面とオンラインでは結果に差異は見られなかった。2020年10月4日〜 2022年8月14日までに実施した269件（14歳から72歳）において、カウンセリング前後の３つの感情指数を比較した（カウンセラーは５人）。計測時の今の状態を示す３つの感情指数とは、プレジャー、リラクゼーション、バイタリティである。プレジャー（喜び度）は、喜びと悲しみの感情の綱引きで、喜びが大きいほど数値が高くなる。リラクゼーション（落ち着き度）は、落ち着きと興奮の感情の綱引きで、落ち着いているほど数値が高くなり、興奮したり怒ったりしていると低くなる。バイタリティ（心地よい状態）は、リラクゼーションとプレジャーの両数値が高いほどバイタリティの数値が高く、心地よい状態にあることを示す。いずれの指数も精神的に元気な活動意欲が高い人ほど、毎回の計測値は上下変動する傾向にある。その振幅幅が大きいほど、心がしなやかなことを表わしている。感情指数の平均値は、プレジャーが31.4から54.9、リラクゼーションが60.3から58.9、バイタリティーが32.4から51.1へと変化した（図1-1）。

　リラクゼーションが若干低下したのは、平穏さが阻害されていることを表し

ている。これは感情に動きがあったことを示している。プレジャーやバイタリティが向上したことは悲しみや抑うつなどの不快感情が減ったことを示している。

● ストレスが減る

　感情処理法の観点からいうと、ストレス状態は自身の内側に不快感情が多い状態、不快感情が処理されずにたまっている状態といえる。たとえば多くの時間外業務をこなしている人が必ずしもストレス状態にあるとはいえない。逆に時間外の業務が無く、いつも定時に帰宅できるからといって必ずしもストレス状態にないとはいえない。残業が無くても仕事にストレスを感じる人はいる。長時間労働がストレス要因ではないと言っているわけではない。ストレス状態であるか否かは、その状況をどれほどの負荷だと評価し、どれほどの不快感情がたまっているのかによって決まるのである。

　ストレス要因がどれほどの心理的負荷になるかについて、また心理的負荷の大きさとメンタルヘルス不調との関係についての複数の研究によると、あるライフイベントがどの程度の心理的負荷になるか、またどの程度の負荷がかかるとメンタルヘルス不調に陥るのかも人によって大きく違う。"ほかの人はこれくらいの仕事をこなしているのだから、あなたもやれて当たり前"という発想は時代遅れでナンセンスである。「ストレス－脆弱性モデル」では、ストレスの負荷の大きさとその人のストレスに対する脆弱性によってメンタル不調に陥るか否かが決まってくるとされる。図 1 - 2 の a、b、c、d、e を結ぶ線はメンタルヘルス不調の発症ラインである。

　負荷が同じように見えても不快感情がどの程度たまるのかについては個人差がある。ストレスの強度が大きいからたまる、小さいからたまらないと一概に決めつけることはできない。それは個人差以外の要因も関係するが、そもそも不快感情のたまりやすさは人によってそれぞれ違うのである。そして不快感情を抱え込む容量の大きさも違う。不快感情を多くため込むことができる人もいれば、そうではない人もいる。

　不快感情をため込む容量の大小の違いはあっても、感情処理を実施することで不快感情が減る。たまっている不快感情が減ることになるためそれはすなわ

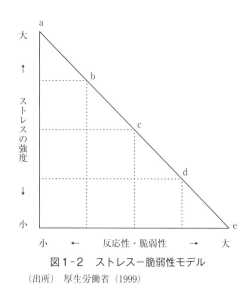

図1-2　ストレス－脆弱性モデル

（出所）厚生労働省（1999）

ちストレス状態の改善につながる。本人の認識としては、嫌な気持ちが減るということになる。したがって感情処理法はストレス対処法としても役に立つ。認知行動療法の認知の修正がストレス対処法の一つとして使用されているように、感情処理の実践もストレス対処法の一つとして活用することができ、メンタルヘルス不調の予防に役立てることができる。

●思考や行動が心地よい方向に変化する

　感情処理法において感情よりも優先して思考や行動に焦点を当ててアプローチすることはない。優先して感情に焦点を当てる。そしてその結果として思考や行動が変化しやすくなる、もしくは自然に変化する。詳しくは「7節　思考・感情・行動は1セット」で述べるが、不快感情が減ること、すなわち気分が変わることにより考え方が変わるのである。たとえば、自分以外の職場の人たちが同じことをやっても何も注意しないが、自分がやったことに対してはたびたび小言を言う上司に対して、"上司は私のことが嫌いだから私にばかり文句を言うんだ、やってられない、こんな人の下で働きたくない"と思っていた人が、上司に対する不快感情を処理する。その結果、気持ちが変わり"上司はそういう性格だ（私が嫌われているわけではない）、いちいち気にしても仕方ない"と

考え方が変化する。そして、上司から小言を言われても、以前ほど嫌な気持ちにならなくなり、仕事への意欲も回復した。これは感情処理の結果、思考が建設的な方向へと変化していったものである。

　しかしながら変化の方向性はこのケースのように必ずしも建設的なものになるとは限らない。思考は本人にとって心地よい方向に変化するものであると考えている。あるクライアントは、夫への嫌悪感を長年抱えてきた。そして夫に対してイライラすることが多かった。しかしながら"夫を嫌いになってはいけない"とも思っていたため、嫌悪感を受け入れないようにしていた。嫌いになってしまうと結婚生活が続けられなくなってしまうと思っていたのである。クライアントは感情処理を通して夫への嫌悪を抑えるのではなく受け入れ、処理していった。夫への嫌悪感を吐き出すうちに、夫に対するイライラも減っていった。その結果、"私は会社への不満から家族に八つ当たりする夫をやっぱり好きになれない、私は夫を嫌いだ。嫌いでもいいと自分に許可する"と考えが変わった。夫が嫌いではなくなったのであれば建設的といえるであろうが、そうではなく、夫が嫌いであることを受け入れることにしたのである。そしてクライアントは、夫を嫌と受け入れたのち、夫と一緒にいても以前より気分が楽なのだそうだ。夫が嫌い、そして一緒にいても以前より楽。クライアントは自身が心地よくなる方向へと変化していったのである。

　クライアントの思考の変化は、もしかすると退職、離婚など家族や支援者などクライアントの周囲の人たちが望むものとは違う方向に向かう場合もある。その場合も、筆者はクライアントが感情処理の結果として獲得する考えの変化、そしてそれに基づく行動は、クライアントが成長し幸せになる方向を向いていると信じている。もしそうではなく、クライアントの思考の変化によってより心理的に苦しくなってしまっているとするならば、それは"変化するべき方向"への変化であって、真に自分が求めている方向ではない。そして「…あるべき」自分と、真の欲求や感情が葛藤しており、まだ感情処理の途上であると思われる。この話は「7節　思考・感情・行動は1セット」で詳しく述べる。

●ポジティブな感情が増える
　不快感情はネガティブな感情である。人はポジティブ感情と不快感情を同時

に持つことはできない。不快感情が多いときにはポジティブ感情を体験しにくい。不快感情が減ることで、ポジティブ感情を持つ余裕ができる。私たちは、不快感情が減ることにより、ポジティブ感情が増え、一つの考え方への固執から解放され、考え方と行動の選択肢が増えたクライアントを多く見てきた。不快感情は特定の不合理な思考や非建設的な行動と結びつき、良くないと頭のどこかでわかっていながらもそれらを繰り返してしまう基になっている。一方、ポジティブ感情は、考え方と行動を建設的に拡張させる方向に働き、良い循環を生む。たとえば、"不安が減ったおかげで、楽しいと感じる時間がどんどん増えていっている"と報告したクライアントや、"苦痛だった子どもと過ごす時間が、どんどん楽しくなっている"などの報告はその例である。

　対人緊張が強く、人と話をするときにはいつも不安、億劫さ、疲労感などを強く感じていたあるクライアントは、感情処理が進むにつれ、人と話すときの不安や億劫さや疲労感が減っていった。その結果、元々人とはあまり接触したくないと思っており、人との交流を必要最低限にしていたクライアントが、人と話をするときに楽しさを感じるようになり、自分から能動的に友達を作り、友達との時間を持つようになった。このような変化が起きるのは、不快感情が減ることによりポジティブ感情が増えているためである。

　一方で不快感情が減っても、ポジティブ感情が増えないケースも少なくない。たとえば感情処理を繰り返した結果、"以前と比べて不安は随分と減り、日常生活で不安を感じることはほとんどなくなった""しかしだからといって、毎日が楽しくなったわけではなく、ただ不快な不安が減っただけ"と報告するクライアントはその例である。このように不快感情が減ったもののポジティブ感情が増えないクライアントは、ポジティブ感情に対して否定的な認知を持っている場合が多い。ポジティブ感情に対する否定的認知とは、"私は楽しさを感じてはならない""私は穏やかさを感じてはならない""私は幸せを感じてはならない"などの思い込みである。

　たとえばある50歳代の女性クライアントは、日常生活で家族の健康や事故や老後の生活のことなどの心配をしては不安を感じる時間が多かった。忙しくしていないときはほぼ心配し不安を体験していた。感情処理を通して、不安の軽

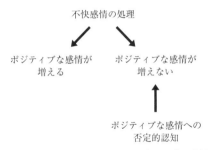

図1-3　不快感情の処理とポジティブな感情

減を達成し、日常生活で心配し不安を体験する時間はほとんどなくなった。しかしながら日常生活に喜びを体験することは全くなかった。クライアントは"ただ不安が減っただけで、別にポジティブ感情が増えたわけではない"と述べた。この彼女は小学校のころに川で遊んでいて流されてしまいおぼれかけたところを叔父さんに助けられたことがあった。叔父さんは彼女を助けたときに、大きなけがをしてしまい、後の生活に支障をきたしていた。彼女は、その出来事を振り返りながら、"叔父さんの健康な身体を奪った私は、喜びや幸せを感じてはいけないと思った"と語った。感情に関する否定的な認知へのアプローチ方法は後述（第2章4節）するが、特定のポジティブ感情に対する否定的認知が存在する場合、そのポジティブ感情を体験することができない。ポジティブ感情を体験するためには否定的認知の修正が必要となる（図1-3）。

（2）継続により得られる効果

　感情処理法を実施することによりすぐに得られる直接的な効果のほかに、感情処理を継続して実践していくうちに獲得できる効果もある。それらは下記の通りである。

・ストレス対処技能が向上する

・ストレス耐性が向上する

・感情のコントロールが良好になる

・人間関係が良好になる

●ストレス対処技能が向上する

　ストレス対処とは、ストレス要因を処理もしくはストレス状態に対応するために行うことをいう。ストレス状態を引き起こしている問題そのものを解決しようとする「問題焦点型」の対処法と、ストレス状態を何とかしようとする「情動焦点型」の対処法に分けられる。情動焦点型には、リラクゼーションや気分転換、認知行動療法（認知行動療法は扱うテーマによっては問題焦点型に区別される）が含まれ、感情処理法もこれに分類できる。ストレス対処をうまくやるためには、自身のストレス対処法として複数のやり方を持っていることが好ましいとされ、ストレス対処法の選択肢が多くなるほどストレス対処がうまくいくようになることが知られている。感情処理を継続的に実施し、自身の日常のストレス対処の方法として取り入れていったクライアントは "ストレス対処がうまくなった" ことを報告する。

　自身が使う対処法のバリエーションが少ない場合、それがうまくいかないときにはストレス対処に行き詰ってしまう。問題焦点型の対処法は、ストレス要因そのものの解消を図ろうとするものであり、積極的で好ましい対処法に思えるが、私たちが遭遇するストレスには、ストレス要因の解消を図ろうと努力したとしても成果が出ないものもある。常にストレス要因の解消のみを対処法として選択し、その他の選択肢がない場合、その人はどうしても解決できない問題にぶつかったとき行き詰ってしまう。特に問題焦点型の対処法に頼り切っていたクライアントが、感情処理法を自身の対処技法の一つとして取り入れることによりストレス対処のバリエーションが増え、ストレス対処そのものがうまくいくようになるケースもよく見られる。

　興味深いことに、感情処理法を学んで1年以上日常生活で実践している人11名に「ラザルス式ストレスコーピング尺度」に回答してもらったところ、情動焦点型の評点だけでなく問題焦点型の評点も向上している人が8名いた。もし、感情処理法を実施することが問題焦点型のストレス対処が以前よりも向上したことに影響しているとすれば、ストレスに関係する不快感情が低減することによって、以前よりも問題そのものに向き合いやすくなり、本人の問題焦点型の対処能力が発揮されやすくなっているのではないかと考えられる。

●ストレス耐性が向上する

　ストレス耐性とはストレスに耐える能力である。ストレス耐性が低いとストレス要因の影響を受けやすくなるが、高いと受けにくくなる。ストレス耐性の高さについては、生得的な部分もあるものの、その後の環境の影響も受け変化するといわれている。ストレス耐性を決める要素は、「容量」「処理」「感知」「経験」「回避」「転換」と考えられている。容量はストレスをどれほどためておけるかの許容量であり、処理はストレス要因を弱める能力、感知はストレスを感じ取るものの深刻に感じない能力、経験はストレスへの慣れ、回避は心身を健康に保ちストレスを回避する能力、転換はストレスをネガティブではない出来事として捉えなおす能力である。

　感情処理法を学び3年以上実践しているある弁護士の男性は、人前で話をしなければならない機会が多い仕事に従事していた。しかしながら人前で話をするたびに過度の緊張を感じ、本来話すべきことが十分に話せずに後で落ち込むことも多かった。話をする前には、数日前から緊張しゆううつになり、当日には発汗や動悸はもとより不安も強く感じ、そのストレスのために仕事そのものも嫌にすらなっていたほどであった。人前で話す経験の積み重ねを通して人前で話をすることに慣れることもなく、むしろ経験が増え立場が上がるごとにその機会が増えることがストレスであった。感情処理法を覚え、毎日のストレスに関して、帰宅したのちに不快感情を処理するための感情処理を続けていった。半年、1年と経過するうち次第に人前で話をするときの緊張が減っていった。不安も減り発汗や動悸も感じなくなった。この男性の場合は、3年の間に人前で話をする機会は明らかに倍以上に増えたにもかかわらず、それがストレスとは感じなくなった（容量が大きくなっている）。また話をする前に不安や緊張を過剰に感じることなく平静に時間を過ごせるようになり、話すための準備の時間もいたずらに長くかからなくなった（処理がうまくなっている）。そして自分が伝えられることだけを伝えればいい、できないことまでやろうとして過剰に構える必要はないと思えるように変化した（感知の仕方が変わり、以前と同じことをストレスと感知しなくなった）。そのような考え方は以前より明らかに楽観的であり、心身が健康な状態で話をする機会に臨んでいることになるため発汗や動悸を伴うことがない（健康な状態で臨みストレスを回避できている）。さらに

話をした内容を振り返り、以前より今回の話をより良いものにするために活かす場とも考えるようになっている（話をすることそのものをポジティブに置き換える転換ができている）。このようにストレス耐性を決めるいくつもの要素が明らかに改善していっているのである。そして最近は1,000人もの聴衆がいる講演会も楽しくポジティブな気持ちで取り組めるほどになった。

　以前は大きなストレスを感じたことが、そこまで大きなストレスとは感じなくなったという、クライアントからの報告は多い。30歳代のある女性クライアントが、"以前だったら上司からああいうことを言われた後は、2〜3日落ち込みが続いていたと思うのですが、今は半日くらいで立ち直れるようになりました。ストレスに強くなった気がします"と報告した。これもストレス耐性が向上しているということであり、本人もそれをはっきりと認識している。このように感情処理法をやり始める前と後で、同じような出来事に遭遇したときに、自身のストレス耐性の向上に気づくことも多い。

●感情のコントロールが良好になる

　感情のコントロールができない状態では、感情が過剰に体験され圧倒されてしまう。感情が過剰になってしまう背景には、本人が苦手なものと認識し抑えられている感情の存在がある。私たちは一つの出来事に関しても一つだけでなくいくつもの感情を体験している。感情は複雑なものなのである。もし苦手で抑え込んでいる感情があると、通常体験できるその他の感情だけで出来事に対処しなければならない。これはある一つの感情が過剰に働かなければならなくなってしまい、コントロールが困難な状態になる。

　感情処理法を通して自身の感情に向き合い、感情を吐き出すプロセスを何度も繰り返すうちに、次第に自身が苦手だと思い避けてきた感情に気づき、それを受け入れ、体験できるようになる。その結果、コントロールできなかった感情にもうまく対処することができるようになる。そしてより適応的に表出できるようになる（図1-4）。

　わかりやすく事例で説明する。感情のコントロールが悪いといえば、最初に思いつくのは怒りが抑えられないことであろう。怒りのコントロールができるようになりたいと感情処理法のカウンセリングを利用する人は少なくない。今

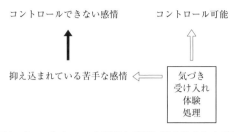

図1-4　コントロール不能な感情と抑え込まれた感情

までに家庭内で暴力をふるってしまうことで感情処理法のカウンセリングに連れてこられた10歳代後半から20歳代の男性が30人はいた。連れてこられたもののカウンセリングを拒否し2回目以降の面談が続かなかったケースや最初の2〜3回で来談しなくなったケースを除いて、カウンセリングを継続した人は15名ほどいたが、彼らはみな家庭内で暴力が減ったかもしくは振るわなくなった。すなわち暴力を振るうほど激昂することが無くなり、感情のコントロールが良くなったのである。これは本人からの報告だけでなく家族からの報告でも変化が確認できた（激昂するほどの怒りをどのように感情処理するのかについては第3章9節で後述する）。クライアントたちは怒りが苦手な感情だとは思っていないが、自身の悲しみや恐れには気づいておらず受け止めていない。苦手なために抑えられている感情は悲しみや恐れである。カウンセリングにおいては本人が苦手だと思っており抑えている悲しみや恐れの感情処理を進める。それによって暴力を振るうほどの激昂が無くなり、怒りのコントロールができるようになるのである。

　暴力を振るうという極端な話ではなくとも、たとえばイライラしているときに部下に当たりやすくなる人、少し不安なことがあると周囲に"ああしろ、こうしろ"と指示的になる人、ちょっとした刺激でも泣き出してしまう人、社交的な場面でも不快であることを表情や態度にはっきり出してしまう人やすぐ不機嫌になる人などは、やはり感情のコントロールが悪いといえる。それらの背景には抑えている感情が存在している。感情処理法を日常的に実施し続けることにより、本人が気づかずに抑えている自身の感情（抑圧している感情が多い）に向き合い感じていけるようになり、次第に感情のコントロールができるようになっていくのである。

●人間関係が良好になる

　感情処理法を続けていくことで、家庭内や友人との関係が大きく改善した人が多い。以前は喧嘩ばかりだった夫婦関係が互いに心地よい交流ができるようになった、以前は自分が我慢してばかりだった夫婦関係で言いたいことが言えるようになり相手もそれを受け入れてくれるようになった、自分とはあまり口をきこうとしなかった息子と毎日たくさんの会話を楽しくかわすようになった、など人間関係が良好になったという報告は多い。

　良い人間関係のためには心地よい交流が不可欠である。不快な感情に流されてしまうと心地よい交流はできない。不快な感情が減ることにより心に余裕ができる。感情のコントロールが良くなると、冷静に対応ができる。これらが人間関係に与える影響は大きい。

　以前はしばしば不快感情の影響を大きく受けていた他者とのやり取りが、感情的になることなく穏やかなものになることにより、人との交流は大きく変化する。

　自身の苦手な感情を受け入れ、自然な感情を適応的に表現できるようになる。これは感情処理法を続けていくことで次第に獲得できるものである。自然で正直な気持ちを適応的に表現するというのは、他者との親密な関係を築く上で欠かせないものである。親密な関係は、相手を操作しようとしたり、相手に対して迫害者になったり犠牲者になったり、ほんとうの気持ちを隠して表面的に繕ったりする関係のことではない。お互いに自然で正直な関係の中、親密さは生まれてくる。親密さのためには、自身の気持ちに気づき受け入れること、そしてそれを適応的に相手に伝えることが必要なのである。

　また感情処理の過程で、今までは気づかなかった他者とのやり取りの中での自身の感情に気づくことが多い。今まではその人との関係において感じていなかった感情に気づき、今までとは違う感情を体験することになる。たとえばイライラして文句ばかり言っていた母親に対して、わかってもらえない悲しみがあったことに気づく。そこでこれまでの自身の言動と、今まではわからなかった自身の感情である悲しみと、その両方を理解することになる。その過程を経て、今までの関係とは違う、関係性の捉えなおしが自然なプロセスとして起きることが多い。そしてもしその人との関係において不快感情を多く抱えていた

図1-5　関係性の捉えなおし

ならば、感情処理法ではそれを処理し減らしていくことができる。その人に対して抱えていた不快感情が減ることで、客観的な思考が働きやすくなる。人との関係において、今までは見えなかった事実が客観的に見えるようになる。不快感情が減っていくうちに、相手に対してただ不快な感情に支配された関係から、相手との関係性がどのようなものになっているのかの事実関係が見えるようになり、どういう関係性を目指すほうが心地よいものになるのかを考え始めるきっかけになるのである。この変化は、能動的に人間関係を変化させていこうとする動機にもなる。感情処理は、自身が心地よくなる方向へと向けて実施していく。その影響を受け、その人との関係性を、自身が心地よくなる方向へと変化させようとし始めていくことが多いのである（図1-5）。

3　感情に焦点を当てる

　感情処理法では感情に焦点を当てる。感情に焦点を当てるとはどういうことだろうか。
　感情に焦点を当てたアプローチを事例で説明する。ここ数か月学校への行き渋りを始めた中学2年生のA子は、両親に連れられて相談にやってきた。

理由は休み時間にいつも一緒にいるB子であった。B子は無口で大人しいA子と違い、活発で良くしゃべるため休み時間中にしゃべるのはB子であり、A子は専ら聞き役であった。B子の話は、クラスメイトの批判が多く、"C子のあの言い方、感じ悪いと思わない？" といった具合でそれについてA子にも同意を求めてくる。あまり人のことを悪く思ったりしないA子は、ほんとうはそう思っていなくてもB子に対し合わせるように、"うん" と困ったように頷くだけだった。そういうやり取りの後、B子はC子に対し、"あなたの言い方良くないよ。A子も（そう）言っていたよ" と言う。A子はそれを見て、"まるで自分から率先して陰でC子の批判をしたかのように受け取られてしまう" と不安を覚える。そういうことが他のクラスメイトに対してもたびたびあり、A子は自分がクラスメイトから、"陰で批判している子と思われているのではないか"、"クラスメイトから快く思われていないのではないか" と不安を募らせるようになり、学校への行き渋りが始まったのである。

　A子は父母にそのことを相談した。その結果、父からは "B子のような性格の人は世の中にたくさんいる。これからの人生でも何人か出会うだろう。だからこれはそういう性格の人と付き合うための良い勉強だと思えばいいんだよ" とアドバイスを受け、母からは "最初の1時間目だけ学校に行ってみよう。もしダメだったら帰って来たらいい" とアドバイスを受けた。カウンセリング面談中にA子は、"お父さんもお母さんも全然わかってくれないし、話を聴いてくれない" と訴えた。両親はA子の話を聞いてあげているはずである。しかしA子にとっては聴いてもらっている感じがせず、わかってもらえてないと感じていたのである。ではA子は何をわかってほしかったのだろうか。もちろん気持ちを受け止めてほしかったのである。

　そこからA子のカウンセリングが始まった。その後5回にわたる面談で、カウンセラーはA子が自身の気持ちを見つめやすいように交流を行った。A子がどのような気持ちを感じているかについて、自身で気づけるように質問し、A子が気持ちについて表現したときには、受容し共感した。A子が自身の感情を、自然なものであり受け入れていいと思えるように。特にカウンセラーは、学校が嫌、B子が嫌、クラスのみんなに嫌われているのではと不安、などネガティブな気持ちをA子が話しやすいよう配慮し、A子がそれらを悪いものではない

と受け止められるよう応答の態度に注意を払った。最初はネガティブな感情表現を控えていたA子は、カウンセリングの回数が進むにつれ"私はB子のことが嫌""学校もみんなも嫌""クラスのみんなから悪く思われているんじゃないかと不安"などのネガティブな感情を心のままに表現するようになった。感情を表現し受容共感的に受け止められることを重ねるにつれてA子は次第に気持ちが軽くなり始めたのか、B子の言動も以前ほど気にならなくなり、クラスでも楽に過ごせることが増え、学校への行き渋りを表すこともなくなった。そして5回目の面談のとき、A子はカウンセラーに対し、"B子に限らずあのような性格の人はたくさんいると思うし、これも（B子のような性格の人との付き合い方の）勉強だと思えばいいですよね"と修正された考え方を語った。A子の思考の変容は、まるで自身でたどり着いた新たな発見であるかのように語られたが、実は父親がA子にアドバイスしていた内容と同じである。しかしA子は、父親からアドバイスを受けた時点では、気持ちがついていかなかったために耳に残らなかったようである。

　不快な感情に焦点を当てるとは、感情を処理する（不快な感情を減らす）ことを中心にやり取りをすることである。交流において感情に焦点を当てることにより、クライアントは自身の感情に気づき、それを受け入れ、体験する、それを通して感情の処理が進んでいくのである。

4　感情とは何か

（1）感情という言葉

　心理学において、「情動（emotion）」という言葉や「感情」という言葉はしばしば使われることがあるものの、感情や情動という言葉の使い方は、専門家によって統一されていない。自身の生理学的反応によって引き起こされるものを情動と呼ぶ場合もあれば、その言葉が高度な認知の結果として生起するものを指している場合もあり、情動をどういう範囲を指して使うかは専門家の判断による。そのため、感情処理法における感情とは、何を指しているのか、またどういう範囲のものを指すのか明らかにする必要がある。

　英語で、感情を意味する言葉は、「emotion」もしくは「feeling」である。感

情処理法における感情は「emotion」である。しかしemotionは情動と訳されることのほうが多い。「情動」は、内的な情感、生理学的な反応、表情を含む表出行動といった3つの側面が連動して生起すると考えられている。たとえば、歩いている足元に突然蛇が出てきたときの身体の反応が生理的反応であり、わきあがる恐れが情動である。そこに“何で私が歩いているときに蛇なんか出てくるんだ、今どき蛇なんて減多にいないはずなのに、私はいつも運が悪い”といった高度で複雑な認知は関与していない。したがって情動はごく一過性のものを指すことが多く、時間は短い。情動は、蛇が出てきたという状況に対応して生起するだけでなく、動悸や心拍数の増加や筋緊張など自身の身体の内的生物学的反応によって引き起こされる。

　また「affect」もemotionと同様に「情動」と訳されることがある。affectは、情動に人をいずれかの行為に駆り立てる各種の欲求を含んだより広いものを指す。

　「feeling」はemotionやaffectよりも主観的なものであり、多面的で複雑なものである。そこに生理的な反応はあまり含んでいない。むしろ自身の経験的側面を示しているものである。

　感情という言葉は日常会話においても広く使われており、情動が示すものよりも広い概念を意味する。

　ダマシオ（Damasio, A.）は、情動は外からの刺激、また記憶が想起されることによって生じる生理的な反応であると考えた。ダマシオの考え方では、情動は生理的な反応ともいえる。感情は、情動に伴って起きる主観的な体験である。すなわち、情動の動きに影響を受けて生じるものであり、身体反応を含めた情動の認知が関与して生まれている。

　心理学において情動は、急激に生起し、短時間で終結する反応振幅の大きい一過性の感情状態または感情体験と理解されている。

　感情処理法における感情とは、情動より広い意味で経験され、高度な認知の影響を受けているものも含む。そして「恐れ」「悲しみ」と一つで表現されるより複雑に構成されたものであるため、「腹が立つ、そして悲しい」などと表現されるものである。

　感情と情動を区別し理解する概念としてわかりやすいものとして、感情の階

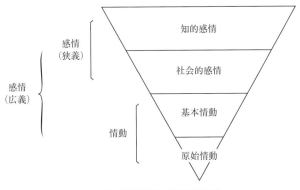

図1-6　進化論的感情階層仮説

（出所）　福田（2006）

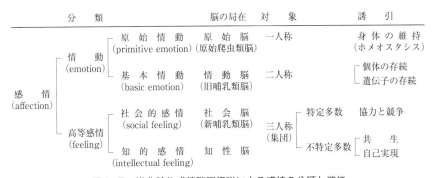

図1-7　進化論的感情階層仮説による感情の分類と機能

（出所）　福田（2008）

層性（福田、2006）がある（図1-6、図1-7）。

　これらの図では、広義の感情と狭義の感情、そして情動をどのように理解すればいいかをわかりやすく表している。広義の感情とは、主に知的感情と社会的感情、そして基本情動と原始脳によるホメオスタシスに関係するものも含まれている。

　ホメオスタシスとは、身体の状態を一定に保つ働きである。たとえば、夏であろうが冬であろうが生命を維持するために、体温は一定になるように調整されている。また、のどの渇きや空腹・満腹なども調整されている。その調節は

とても複雑に行われている。環境が変化する場合には、ホメオスタシスが維持されるように身体の状態を変化させる。免疫系や内分泌系や自律神経系はその影響を受けることになる。生物が環境において生命を維持できるように、また環境が変化すれば変化した環境に適応し生命を維持できるよう働く調整は感情とも連動して働いている。ホメオスタシスのバランスが壊れ身体に危機が訪れたとしたら苦痛が生まれ、また動揺が生まれバランスを元に戻そうとする。原始的な生物にも備わっている感情であるとも考えらえる。

　感情処理における感情が表す範囲も、原始情動、基本情動、社会的感情、知的感情を含む広義の感情と同じ意味として考えている。

（2）感情の次元

　感情を表す場合、二つの次元によって表される。まずはその感情がどのようなものであるか（これを感情価（valence）という）である。心地よいものであるかそうでないか（快－不快（pleasure/unpleasure）で表す）は、感情がどのようなものであるかを決定する重要な要素である。感情がどのようなものであるかは、どの程度ネガティブと評価するか、またはどの程度ポジティブと評価するかの強さに関係している。本番を前にしてドキドキしているのを快と受け取れば興奮かもしれないが、不快と受け取ると緊張かもしれない。この次元は、感情の質的な違いを決めるものでもある。

　もう一つはどれくらい強くそれを感じているか（これを覚醒度（arousal）という）であり、とても強く体験しているレベルからあまり強く体験されないレベルまでのいずれか（覚醒－非覚醒（excitement/calm）で表す）を表している。これはすなわち感情の強さである。それは身体的に感情を感じる度合いであり神経の反応度合いでもある。また自分が感情の強さがどれくらいかを認識する度合いでもある。そして感情にどれほど強く気づき意識が向くかの度合いを表しているとも考えられる。

　ラッセル（Russell, J. A.）の情動の円環モデル（図1－8）の横の「快－不快」は感情価を、縦の「活性－不活性」は覚醒度を表している。したがって、図1－8の右側は質的には「快」の感情なのでポジティブな感情を表している。ポジティブ感情は幸せとも関係しており、活力とも関係している。左側はネガティ

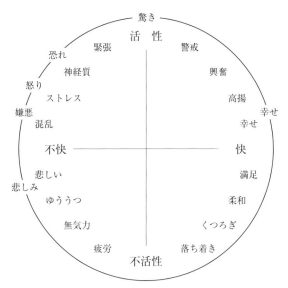

図1-8　ラッセルの感情の円環モデル
（出所）　Russell & Barrett（1999）

ブな感情を表している。ネガティブな感情は活力を減らし、問題解決能力にブ
レーキをかけてしまう。また回避しやすい傾向も示す。

　図1-8に示されている感情が、文化的な影響やその文脈の影響、そしてそ
の感情にどう対処していくかという個人的な対処のプロセスの影響、さらに関
係する人との会話やその出来事をどのように評価していくかなどの影響を受け、
一つの感情で表しにくい複雑なものとなる。

　ラッセルは図1-8の円環上に記されたものを、中核情動（コア・アフェク
ト（core affect））と呼んだ。これらは、感情の一つの単位である。中核情動は、
複雑な感情を構成する単位として表現することができるとされている。私たち
が何かの出来事で経験する感情は、一つの中核情動でそのすべてを表現できて
しまうことは少なく、いくつもの情動の組み合わせで表現されるかもしれない。
または感情はこれらの言葉で明確に表せないかもしれない。もちろんすべての
人が体験する感情を、これら中核情動の言葉だけで表現することは困難である。
感情は複雑なものなので、明確に言語化できない場合もある。実際にクライア
ントは自らの感情を、あいまいな感情や相反する感情をいくつもの感情言語を

使って表現する。

　また感情（情動）は、特定の生理的反応と結びついていると考えられている。たとえば、怒り、恐れ、悲しみ、幸せ、驚きでは心拍数が増え、嫌悪では心拍数が減る。怒り、悲しみ、幸せでは体温が上がり、恐れ、驚き、嫌悪では下がる。そのほかにも悲しみは血圧が上がる、動悸が不規則になる、呼吸が少なくなるなど、恐れはコルチゾールとアドレナリンが増加する、心拍数が上がる、呼吸が多くなるなど、それぞれの感情は、血圧、呼吸数、ホルモンの分泌などの変化と関係している。心拍数、体温、血圧などは自律神経の働きであり、感情は自律神経の働きと関係している。

5　アンビバレンスな感情

　感情が複雑なものであることは前に述べた。それと同時に感情を構成する単位同士はアンビバレンスであることも少なくない。欲求は、"したい""したくない"とアンビバレンスなものを含んでいる。動機づけ面接法では、欲求にあるアンビバレンスを利用し、それに直面化させていくという手法を使う（第2章2節参照）。アンビバレンスなのは感情も然りである。

　感情は欲求と矛盾している場合がある。"…をしたい"と思っているにもかかわらず、それをすることが「嫌」と感じているのはそうである。カウンセラーを目指して心理を学んでいる人にしばしば見られることがあるが、"心理を学びたい"と望んでいるにもかかわらず、"勉強するのが嫌"なのである。"私は心理を勉強したいのか嫌なのか、心理を学びたいと思っていたけれども本当はそう思っていなかったのか、心理を学びたいと思っていたのは本当だったのかそれとも嘘だったのか、一体どっちだろう"と明らかにしようとするならば、葛藤を繰り返すばかりで結論が出ないために行き詰ってしまうであろう。"心理を勉強したい"も事実で"勉強が嫌"なのも事実である。どちらかが正しくてどちらかが間違いではない。どちらも本当のこととして受け入れたときに先に進める。欲求と感情に折り合いをつけ調整しようとし始めるのである。

　感情が思考と矛盾している場合もある。ある女性クライアントは、女性関係に不誠実な夫に対する感情と思考の矛盾から起きる苦しみを抱えていた。夫に

対して、“絶対に許せない”と思っているのに、怒りではなく悲しみがわきあがってくることに、“私は、悲しいはずがないのに何が悲しいのだろうか？”と戸惑っていた。そのとき彼女は自身の悲しみを受け入れていない。そのままでは苦しい状態が続いてしまう。“許せない”という思考も“悲しい”という感情も間違っておらず本当である。どちらも受け入れることが必要なのである。それにより折り合いをつけることに進んでいけるのである。

　感情同士が矛盾している場合もある。クライアントの中には、真実の感情を明らかにしたいと願っている人も少なくない。それが葛藤を生み、感情処理が進まなくなる。あるクライアントは、東日本大震災で行方不明になった家族に対して、「悲しみ」を感じていた。津波で命を落としていると思いながらもどこかで生きていてくれたらとも思っている。今でも家のチャイムが鳴るとドキッとする。しかしながら行方不明の家族に対して「悲しみ」を感じると、「怒り」もわきあがってくる。感情処理法でも、自身が感じていた悲しみを息で吐くように身体の外に出し処理したのち、怒りがこみ上げてきた。そのときに彼女は混乱を示した。“私は悲しんでいるのになぜ怒りがわきあがるんだろう？”と疑問を呈し、“私は自分がよくわからなくなってきた。そしてこれからこの出来事にどう向き合っていけばいいかわからない”と言った。彼女は自身の怒りに対して混乱し、それを受け入れることに抵抗を示し始めた。怒りを受け入れると、自分がどう感じているのか整理できなくなってしまうと不安を覚えたのである。津波で助かった自分以上に苦しい思いをしているはずの行方不明の家族に怒りを持っているのは、自身の人間性を問われてしまう。つらい思いをしている家族に怒りを抱くのはあまりにも自分本位で身勝手である。そもそも腹が立っているはずがないのに怒りを感じてしまうのは何故だろう。クライアントは自身の中にある矛盾した感情に混乱していた。カウンセラーは“あなたは悲しくて、そして腹が立っているのですね。どちらもあなたのほんとうの感情ですよ。あなたは悲しくていいし、同時に腹が立っていていいんです。どちらもあなたのほんとうだから”と声を掛けた。それに納得したとき、彼女は初めて自身に悲しみと怒りの両方の感情があることを受け入れ、それを体験し、処理することができた。そして“とても楽になった”と述べ、行方不明になった家族に対する悲しみもより鮮明になったのである。

クライアントで白黒志向が強い人は特に感情の明確化にこだわってしまい、それが感情処理の進行を妨害してしまうことがある。
・自身が体験している感情はすべて事実でありほんとうであること
を理解すること、そして
・体験する感情は受け入れること
で先に進むことができる。
　アンビバレンスを両方表現するときに、「…が」「けど」「でも」「しかし」などの接続詞は使わないよう注意する。"私は悲しいけど腹が立っている"と表現した場合、「けど」より前の悲しみは打ち消そうとする意識が働いてしまう。これらの接続詞は、その前を否定する心理的な作用を持ってしまう。どちらも受け入れるためには、どちらも否定しない表現を使うほうが良い。「そして」「同時に」などの接続詞を使うのが効果的である。"私は悲しい、そして腹が立っている""私は悲しい、同時に腹が立っている"、これだとどちらも受け入れやすくなる。

6　出来事の記憶と感情

（1）感情を伴わない出来事の語り
　クライアントが過去の出来事を語るとき、そこに感情を伴っていることが多い。クライアントがその出来事について、淡々と事実のみを描写するように述べるだけで、その出来事に伴う感情を表現しなかったとしても、実はそのときにわずかながらでも感情を体験していることが多い。感情表現が無いのはその感情を抑えて話そうとしているかもしれないのである。したがって感情が語られず出来事を語っていたとしても、カウンセラーは感情を体験していないか注意深く観察する。特にカウンセリングを通して、何度か繰り返し語られた出来事には、未処理の感情が含まれている場合が多い。繰り返し語られるということは、その出来事が強く印象に残っている、もしくはそれに伴う感情が未処理のまま残っているということである。そして多くの場合、感情体験なしにただ印象に残っているだけということはない。仮にそう受け取れたとしても、繰り返し語られることには何か意味があると思ったほうがよい。もし感情が未処理

であれば、その出来事は本人の中で整理ができていない。それを「未完」という。すなわち繰り返し語られる出来事は未完のままであることを意味している場合が多い。

　あるクライアントは、中学校の頃に部活で真っ黒に日焼けしていたことを近所の優しいおばさんから驚かれた話を笑い話のように2回話した。1度目はインテークのときに学生時代の部活の話の文脈で、2回目は中学時代の人間関係について語る文脈で話をした。2回目のときに"そんなに真っ黒になるまで部活を頑張ったんだね"とカウンセラーが言葉を返すと、クライアントの表情から急に笑顔が消え、そして涙した。カウンセラーが涙の理由を尋ねると、"私は頑張っていることを誰かに認めてもらいたかったんだと初めてわかった"と言った。その後は子どものころから頑張っても認めてもらえなかったことがつらかったと気づいたという話へと深まっていった。

　あるクライアントは、幼少のころに、母親の記念日に花をプレゼントしたことがある話を、幼少期の親との関わりの話の文脈で淡々と語った。母親は花が好きだったこと、そして同級生の女子も花の話をしていたこと、女性は花が好きな人が多いと思ったという話として語った。話は家族に心理的暴力を振るっていた祖父のことを語る文脈から派生して語られたものであったため、1度目にこの話を聞いたカウンセラーは、それを世間話のような他愛のない話として聞き流していた。この話がカウンセリングにおいて2回目に語られたときに、"何の花を贈ったの？　お母さんに何故花を贈ったの？　お母さんはどう反応したの？"とその話に焦点を当てるために質問した。そのときに母親に花を贈った出来事のことが詳細に語られた。花を買ってきてあげたけれど母親があまり喜ばなかったこと、そのときに大きな落ち込みを体験したこと、思い返せば母親の機嫌をいつもうかがっていたこと、そして機嫌をうかがって何かをしてあげたとしても空回りして落ち込むことが多かったこと、そのたびに自分は結局他者の役に立たない人間だと思ってきたこと、今も他者の機嫌を伺って何かをしてあげようとしては空回りしていること、空回りするたびにその自己イメージを強く頭に思い浮かべることなど、話はクライアントがその後の人生で持ち続けている自己イメージにまで大きく広がっていった。このように繰り返し出来事が語られるということには意味があり、その出来事が未完である可能

性があること、そこに未処理の感情が残されていることなどを考慮しつつ関わっていくことが大切である。

（2）トラウマ体験と感情

　複数の研究で、ネガティブもしくはポジティブな感情が強く意識された出来事ほど記憶に残りやすい（想起しやすい）ことが示されている（Thompson, 1985）。すなわち覚えている出来事は強い感情を経験した可能性が高い。逆に、何かの体験をしていても感情が動いていない場合は、その出来事が記憶に残っていない（想起できない）ことが多い。繰り返し語られることは強い感情を伴っているためにそれだけ強く記憶に残っているということである。

　嫌な記憶を思い出すと嫌な気持ちになる。それはその出来事と不快な感情が結びついている状態である。その出来事の不快感情を処理していくことで、嫌な感情は次第に減っていく。そうすることにより、嫌な記憶も次第に思い出さなくなっていく。少し前の話であるが、第二次世界大戦中に長崎で原爆を体験し、65年以上が経過してそのときの感情処理を行ったクライアントがいた。毎年夏になると、原爆のことを思い出すことが増え、夢でも見てしまうこともありよく眠れなくなってしまう。ただでさえ体力を消耗する暑い季節であり、睡眠の量や質の低下は体力をさらに奪ってしまう。クライアントが高齢者であり、体力が奪われることは健康上良くないことを考慮し、カウンセリングを勧められて来談した。カウンセリングでは、クライアントが見る夢について語ってもらった。それは原爆の後、母親が亡くなったのを知らずに探し続けた話であった。淡々と語るクライアントの話を最後まで聴き、その後いくつかの場面について感情を再体験してもらった。クライアントは死んだ人たちを見たときの恐さや焦げた人を見たときの恐怖（「恐さ」「恐怖」という表現はクライアントの語りのまま表記している）、そして母親を探し続けているときの心細さを体験し、処理した。そのあとは原爆への怒りを吐き出した。そして最後に、母親に言いたかったこと、母親が大好きだったにもかかわらずそれを言葉で伝えたことがなかったのが心残りだったことを空椅子に母親を投射して語った。その後クライアントは日常生活で原爆を思い出すことが減り、夢も見なくなり睡眠の量や質の問題も改善した。このように出来事に伴う感情が処理され減ることにより、

嫌な出来事を思い出さなくなる。感情処理の結果、出来事に結びついている感情が強く意識されなくなっていくため、嫌な出来事はただの出来事になる。それは嫌な記憶が薄まっていくような体験である。それがトラウマの記憶のように強烈な不快感情と結びついたものであったとしても思い出さなくなっていく。

（3）トラウマを思い出す

　思い出せない出来事は、それほど大きな感情を伴う出来事ではなかったということかもしれない。しかしながら本当は大きな不快感情を伴ったにもかかわらず思い出せないこともある。その感情を受け入れることに耐えられず感情が抑圧された場合は思い出せなくなる。カウンセラーならばしばしばトラウマ体験によって出来事そのものの記憶と感情がどちらも思い出せなくなったケースを見ることがあるだろう。トラウマ的な出来事を体験したことそのものを覚えていないという状態である。クライアントの（トラウマ体験ではない別の出来事の）感情処理を進めているうちに、トラウマ的な出来事とそれに伴う感情を思い出すことがある。そのときには急に思い出すというよりも、何となく忘れていた何かがあると認識し始め、その後、出来事の記憶の断片のようなものをいくつか思い出し、ぼんやりとした出来事の輪郭が見え始め、その後2〜3回ほどのカウンセリングを通して次第に出来事の輪郭がはっきりし始めることが多い。

　ある女性クライアントは、4歳の頃の性的なトラウマ体験を思い出した。最初はまず、その出来事があった部屋の天井の映像だけを思い出した。そのときは自分に起きた出来事なのかどこかで見た映像の記憶が蘇っているだけなのか理解できなかった。それから1週間ほどしてそのときの痛みや恐怖を思い出し、さらに1か月後にその部屋の場所や見ていた光景などを思い出した。その結果、何が起きたかを明確に思い出すことになった。今は家庭も持っている彼女は、実際にその場所に自分で確かめに行ってみたところ、確かに思い出したその場所が存在していることを確認でき、それが自分に起きた出来事であったと理解できた。トラウマ体験の出来事の記憶が蘇ってくることは、クライアントにとってショックなことである。クライアントが忘れていた何かを思い出し始めたとき、その出来事を早く思い出させようと、そのことを話題にするような働きか

けはしてはならない。カウンセラーの中には、早く思い出しその感情を処理することがクライアントにとって良いことであると勝手に思い込み、忘れている出来事の輪郭をはっきりさせるよう、クライアントの注意の焦点を忘れていた何かに当てるような質問をする人もいるようである。そういう考え方に基づいた関わりは間違っている。クライアントの準備ができていないときにそれを思い出すと、クライアントは耐え難いショックを受けてしまう（もちろん準備ができていても大きなショックを受ける）。感情処理法では、クライアントの心がその出来事の感情を受け入れる準備ができていない状態のときにはまだ、自分の心を守るために思い出さないようにしているのだと考えている。それは問題解決を遅らせているのでも、問題解決への抵抗でもない。クライアントは、自分がそのときの出来事を思い出す準備ができたときに思い出す。準備とは、その出来事に伴う感情を受け入れ体験し処理できる状態になっていることである。感情処理を続けていくと、感情を処理する能力が向上するため、いずれそれを受け入れることができるようになる。クライアントがその出来事を自ら思い出し語り始めるまで待つことも、カウンセラーの大切な姿勢である。

　トラウマ的な体験ではなく日常のストレス的な出来事の感情処理をすることで、その感情に気づき体験する能力が上がる。恐れを伴う体験に向き合いその恐れを処理していると、それまでは恐れを伴っていると思っていなかった出来事で、自身が恐れを体験していることに気づき、それを受け入れ体験し、処理する（恐れをコントロール可能な状態に減らしていく）ことができるようになる。これを能力が上がるとよんでいる。恐れの感情処理をしていると、次第に恐れを受け入れ処理する能力が向上する。トラウマを思い出すクライアントは、恐れの感情処理をしている場合に多い。それは、トラウマ的な出来事の恐れを受け入れ処理する能力が上がっていることを意味していると思っている。すなわちトラウマに向き合う準備ができてきているということでもある。

（4）幼少期の記憶が無い

　また、"幼少期の記憶がない"というクライアントがいる。私が担当したクライアントの中でも、小学生時代までの記憶がなく中学生以降からしか記憶がないという、30歳代や40歳代のクライアントが複数いた。彼らに共通している

のは、特定の感情だけでなく、恐れも悲しみも怒りも喜びも、あらゆる感情を
抑えて生きてきているということである。感情処理をするために、感情を感じ
たと思われる場面（ごく最近のストレスを感じた場面）に身を置き、今体験して
いることを報告してもらうと、"何も感じない"と返事する。たとえば人格を
否定するような暴言を吐かれたなど、何らかの感情を感じてもおかしくないよ
うな状況においても、何も感じないと訴えるのである。彼らは感情を抑圧して
いる。しかしながら感情の抑圧とは、生まれつきに感情がないわけではなく、
意識することなく抑えるようになったということである。したがって感じる能
力は生まれつき持っており、それは今でも持ち続けている。彼らとカウンセリ
ングで感情処理を継続的に実施し、次第に感情に気づけるように支援していく。
その過程で、過去の記憶が蘇る（想起できるようになる）ことが珍しくない。む
しろほとんどのクライアントが出来事を思い出す。たとえば、小学校時代の記
憶が全くなかったと報告していたクライアントが、小学校の頃の出来事をいろ
いろ思い出すのである。出来事を思い出せば、その場面の感情処理ができるよ
うになる。感情処理の幅が一気に広がっていき、問題解決に向けて加速する。
　感情処理が進み特定の感情を感じられるようになると共に、ある種の出来事
を複数思い出すようになる。思い出す出来事は、クライアントが感じることが
できるようになった特定の感情と関係している。たとえば感情処理が進み、今
まで感じないと言っていた怒りを体験できるようになれば、今までは思い出せ
なかったが経験していた、怒りを伴う出来事の記憶を思い出すようになる。感
情処理して体験できるようになった感情が悲しみであれば悲しみに関係した出
来事の記憶、寂しさであれば寂しさに関係した出来事の記憶、嫌悪であれば嫌
悪に関係した出来事の記憶というように、気づき体験できるようになった感情
を伴う出来事を思い出す。感情処理の過程を通して、クライアントが今まで苦
手であったもしくは感じなかった感情を体験できるようになることで、思い出
せなかった記憶が蘇った場合には、その出来事の記憶に寄り添っていく。その
うえで、思い出すようになったその意味を一緒に考えていく。それは感情を体
験することへの建設的な意味づけをしていることになる。

（5）ポジティブ感情を伴う記憶

　またネガティブ感情だけでなく、興奮、楽しさ、感謝、喜び、幸せなども、それを体験できるようになるにつれ、それを伴う出来事の記憶が蘇ってくる。喜びを感じることができるようになったクライアントは、昔の喜びを伴った出来事の記憶を思い出すのである。感情を淡々としか表現することが無かった状態から、感情処理の演習を経て、感情を活き活きと表現するようになったクライアントは、忘れていた子どもの頃の興奮体験をいくつも思い出した。そして子どもの頃には活き活きと感情を感じ表現していたことも思い出したのである。

　あるクライアントは、以前は感じたことがないと思っていた、子どもの頃に親から無条件に愛されてきた心地よさを思い出し感じるようになった。その後、愛された記憶がないと思い込んでいた幼少期に、親からの愛情を実感していた出来事の記憶をいくつも思い出した。そしてそのときの心地よい感情も再体験できた。その結果クライアントは、愛された出来事を覚えていなかっただけで、ほんとうは自分が愛されていたこと、その証拠ともいえる出来事の記憶がいくつもあることがわかった。その後クライアントは「愛着のカウンセリング」を実施し（第3章16節参照）、他者から見捨てられるのではないかという不安よりも、愛されているという確信と安心を感じるようになった。

　またあるクライアントは、子どもの頃に親から守られたことがないと言っていた。そして安心感を持つことができず、他者も世の中も自分を傷つける危険なものであると感じていた。小さい頃、親から守ってもらえなかったときの恐さや怒りを何度も処理し、カウンセラーとの関係の中で次第に安心感を持つことができるようになっていった。他者や世の中に対しても次第に安心できるように変化していった結果、クライアントは、小さい頃から親との関わりでも守ってもらい安心を感じていたと語るようになり、守ってもらえなかった子どもの頃の体験がまるでなかったかのように語られるようになった。小さい頃にあった出来事の中で、守られなかったというネガティブな側面しか思い出せなかったのが、守ってもらったポジティブな側面を思い出せるようになったというのがほんとうのところだと考えられるが、その変化はまるで記憶の書き換えが起きているようにすら見えた。

　愛されていたという記憶が思い出せないと見捨てられ不安を感じ、愛されて

いた出来事が思い出せれば他者から愛される確信と安心感を得る、これは記憶によって今の心の問題が大きく影響を受けているように見える。記憶は事実を記録したものではなく、歪んでいることは多くの研究で明らかになっている。自分が正しいと思っている記憶も、多くはその後に様々な影響を受け再構築されている。したがって語られる記憶は必ずしも正しいとは限らない。しかし間違っているわけではない。語られる出来事は心的現実である。すなわちクライアントの心にとっての大切な現実なのである。子どものころに虐待を受けたことを患者が思い出したとき、虐待を受けた心の傷と症状が思い出した後に出現する場合がある。思い出したその記憶が、仮に間違った記憶であって、ほんとうは虐待を受けていなかったとしても心の傷や症状が出現することもある。これに関してアメリカでは、"あなたは覚えていないだけでほんとうは虐待を受けている"というセラピストの断定的な解釈により虚偽の記憶を植え付けられたために精神疾患を発症したクライアントやその家族とセラピストとの間で多くの訴訟も行われた。このことは出来事の記憶が現在の心の状態や症状とも関係することを示唆している。その前提に立つと、ポジティブな出来事の記憶が蘇ったときに、現在の心の状態の健全化にプラスに働く可能性があるということである。もちろん虚偽の記憶を植え付けるようなことを恣意的にするということではない。感情処理を通して不快感情が減り、ポジティブな感情が増えていくことにより自然に実現できることが好ましい。

7 思考・感情・行動は1セット

(1) 思考・感情・行動

　感情は、思考や行動とセットになっている（図1-9）。感情は、思考や行動と結びついているのである。本書では「思考」と表現するが、通常「思考」とはいわずに「認知」というのが一般的である。思考と認知では意味合いが少し違ってくる。思考は心の動き全般であり、たとえば主体的に考えることも含み、より広い意味になる。認知というと、状況や物事の評価や受け取り方といった面を重視した意味合いになり、思考の一側面を指すものである。本書の「思考」はその出来事をどのように受け取り評価したかを指しているので、厳密に

思考（考え、思い、信念、認知）
感情（気持ち、情動）
行動（態度、身体の状態、症状）
}1セット

図1-9　思考・感情・行動は1セット

は認知と表現するのが正しいのであるが、認知は日常会話で多く使われる言葉
ではないため、一般のクライアントに説明するときには、考えや思考と表現す
るほうが理解してもらいやすい。ここではクライアントに説明するときと同じ
「思考」という言葉を使うことにする。

　1セットと表現しているが同時ではない。順番では思考が先である。思考の
影響を受けて、感情がわきあがることになる。今知覚し体験している状況や生
理的反応が、自分にとって良いのか悪いのか、対処可能なのか否か、自分にとっ
て重要なのかそうでないのか、その評価（思考）があってはじめてわきあがる
感情が決まる。そういう意味では、感情は思考（状況の評価）に完全に依存し
ている。したがって思考が感情に先行する。

　思考は、「考え」「思い」「信念」「認知」と表現する場合もある。感情は、「情
動」「気持ち」と表現する場合がある。「気分」はもう少し持続期間が長く漠然
とした身体や心の状態を指すので「感情」とは異なる。一方で、「気分」によ
り引き起こされた「感情」を処理するとき、クライアントには感情を気分と表
現する人もいるものの、処理しているのは気分ではなく感情である。

　「行動」は能動的に起こすものだけではなく、意識することなく表す態度や
ジェスチャー、また身体が緊張する、照れて顔が赤くなる、震えるなど「思考」
の結果引き起こされる心身の状態や症状も含める。

（2）認知と感情

　認知行動療法では、思考（認知）が感情に先行するという考え方に基づき説
明している。認知行動療法の理論の一つとなったエリス（Ellis, A.）の論理療法
においては、出来事（Activating event）に対して信念（Belief、いわゆる思考）
による認知的な解釈の影響を受け、感情や行動の結果（Consequence）が生じ
ると考えている。不快な感情のもととなる信念は不合理なものであり、それを
論駁（Dispute）することにより、合理的なものへと修正を図る。

　ベック（Beck, A. T.）の認知療法においては、思考を自動思考（automatic thoughts）と呼ぶ。出来事が感情や行動を引き起こすものではなく、その出来事をどのように認知したかが、感情を決定すると考えた。不快な感情のもととなる自動思考は、歪んだ認知（cognitive distortion）であり、認知療法では思考の記述、その証拠を明らかにすること、認知の歪みのパターンの理解、反証の実施などの技法を利用し歪みが無いものに修正していく。

　認知行動療法における認知は、言語化され記述することができるものであるため、快か不快かの単純な評価ではなく、より高度で複雑な思考にもとづいたものである。

　状況や出来事に対する思考・感情・行動は、思考が先行し、感情と行動はその影響を受けたものとなる。思考が修正されると、感情と行動も修正される。これらはセットであると考える。

　論理療法も認知療法も、認知（思考）の修正による感情の変容を目的としており、焦点を当てるのは思考である。認知行動療法は、認知の修正の段階において、クライアントの感情に焦点を当てる場合もあるものの、それは認知の修正を目的としたものである。

　感情処理法は感情を中心に扱うものの、思考の修正を目指していないわけではない。感情処理においても、思考の修正はクライアントが問題を解決し楽になるために大切なものと考えている。思考が感情に先行することもその通りであると考える。しかしそのために焦点を当てるのが感情面である。感情を処理し、感情の変化により思考の修正を容易にしようとする（図1－10）。

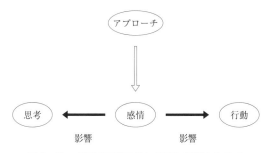

図1-10　感情処理が思考と行動に影響を与える

（3）感情へのアプローチ

　感情へのアプローチの結果、思考が変わる。たとえば、上司から仕事の進め方に関してたびたび叱責を受けることがストレスとなっていたクライアントは、職場に行くのが億劫になり、仕事への興味を失いかけていた。クライアントは、自分と同じような仕事の進め方をしているように見える同僚には、あまり叱責しようとしない上司について、"私ばかり叱る上司は、私のことが嫌いなんだ""私をこの部署から追い出そうとしているから私にこんな態度を取るんだ"と考えていた。以前にもその上司から疎まれ目をつけられていた別の社員が、集中的に叱責を受け、うつ状態になり他部署へ移動したとの噂を聞くなど、自身の歪んだ思考の証拠まで集めていた。

　感情処理法を実施し、クライアントは上司に対する嫌悪や怒り、不安（嫌われる恐さ）などの感情を吐き出した。その結果、クライアントの思考は変化した。"上司に嫌われたところで死ぬわけではないし問題ない。好かれたいと思わないし嫌われていい"と。それに伴いクライアントは、仕事へのやる気も取り戻していった。

　このように思考が変化するが、それは感情へのアプローチの結果であり、その変化はあらかじめ意図したものでもない。思考の歪みを検証したわけではなく、歪んだ思考を支える根拠について検討したわけでもない。思考の修正を目的に感情処理を進めたのではなく、感情処理の結果、思考が修正されたのである。感情処理をした結果、多くの場合、思考が修正されていく。

（4）感情処理法により思考が変化する

　感情は思考（状況の評価）に依存しているはずであり、感情が処理されたからといって思考が変わるというのはおかしな話に聞こえるかもしれないが、そうではない。感情処理を重ねるにつれ、思考はクライアント本人が望む方向に修正されていくだけである。クライアントは、思考が変えられるならば変えたいのである。"私ばかり叱る上司は、私のことが嫌いなんだ""私をこの部署から追い出そうとしているから私にこんな態度を取るんだ"などと考えたくないと心のどこかで思っている。そう考えないほうが自分にとっても良いことも頭のどこかでわかっている。しかしながら気持ちがついていっていないだけなの

である。感情処理して気持ちがついていくようになることで、クライアントが元々 "そう考えられたら楽なのに" と思っていた思考に変化する、それが感情処理法の過程である。

　クライアントは、感情処理法のプロセスの中で、自身の新しい思考に初めて気づいたかのように興奮する姿を見せることがある。"ああ、そうなんだ、こう考えればよかったんだ" と。しかしながらその新しい思考は、クライアントが元々望んでおり、そう考えたかったものである。クライアントがそれを意識していたか、すなわち "こう考えられたら楽なんだけど" "こう考えられる自分になりたい" などと頭のどこかでわかっていたかわかっていなかったかの違いはあったとしても、意識せずともすでにそう考えたいと望んでいたのである。上司に対する不快感情を処理した前述のクライアントも、面談の中で "上司から嫌われてもいいんだ" と、新たな発見をしたかのように発言した。しかしながら、クライアントはその以前より意識することなく、そう考えたいと願っていたのである。クライアントは、面談の最初の回で、"上司（の叱責）が気にならなくなったら楽なんだけど" と発言していた。本人は意識していなかったようであったが、上司の叱責が気にならなくなる考え方を求めていたのである。クライアントは感情処理を経て、そこに至る思考にたどり着いたのである。

（5）思考の修正は本人が楽になる方向に

　クライアントの思考の修正は自身が望む方向に向いているのである。そしてそれは本人が楽になる方向でもある。楽になる方向とは、社会適応的であるとか建設的であるとは限らない。

　40歳代の女性クライアントは、幼少期にしつけと称して毎日叩いていた母親との関係に悩んでいた。夫の転勤で県外に引っ越すにあたり、隣に住む70歳代になる母親を一緒に連れていくか否かで決断できずにいた。母親と長い時間接すると、嫌な気分になることが多い。しかし母親なので放ってはおけない。母親と接するときに嫌な気分になることを解決したいと思い、感情処理を実施した。母親への嫌な気分を感情処理するうちに、幼少より多くの気持ちを我慢してきたことに改めて気づいた。そしてそれを処理するうちに、母親と接するときの嫌な気持ちはかなり低減し、楽に話ができるようになった。そしてクライ

アントは、"無理して母親と接することをやめる"と決めたのである。母親と一緒に引っ越しすることもせず、離れて住む選択をした。

　ある50歳代の男性クライアントは、人を信じることが恐かった。裏切られるのではないかとの恐怖の空想に悩まされている時間が多く、人が信じられないという証拠を探すことに気を取られることが多かった。カウンセラーから見ると、自身の仕事関係先の人たちの悪意がない言動に振り回されていた。感情処理を進めると、彼は"人を信じようとしない、人は信じられるかもしれないと期待しない"と決断し、"スッキリした""前より人の言葉に心を惑わされることが減った"と語った。

　これらのケースは共に、決して適応的、建設的な方向へと考えが修正されたとは言えないかもしれない。楽になる方向に考えが修正されたのである。しかしながら、これらのケースの思考の変容は、まだ途中でありゴールではないのかもしれない。今以上に楽になり、なおかつ適応的、建設的な方向へと考えが修正されるゴールに向かう可能性もある。少なくとも感情処理法ではそうなのではないかと考えている。

（6）思考を変えようとすると感情処理法はできない

　思考の修正を感情処理法の目的にしないのにはもう一つ理由がある。たとえば、上司に対して抱いている不快感情、「嫌」を処理し減らそうとするとき、"私ばかり叱る上司は、私のことが嫌いなんだ""私をこの部署から追い出そうとしているから私にこんな態度を取るんだ"と考えるのをやめて、"上司から嫌われてもいいんだ"と考えるようにしようと強く意識しながら実施すると、感情処理法はうまくいかなくなる。"変わろう、変わろう"と意識するとかえって感情は処理できなくなるのである。本人は意識していないかもしれないが、知らず知らずに"変わらなきゃ""感情処理しなきゃ"といった「…ねばならない」「…すべき」に陥ってしまい、葛藤状態に陥ってしまうのである。これらは「すべき思考」である。自然で心地よい継続的な変化は「すべき思考」からは生まれない。仮に変化できたとしても、その変化した状態は心地よくない状態であり、すぐに元の状態に戻ってしまうことが多い。そのために変化は一時的なものに終わってしまう。感情処理法によって、自然で心地よい変化を成

し遂げるためには、思考の修正目標を明確に持つよりも、ただ自分が今感じている不快感情を身体の外に吐き出して減らすだけ、に徹したほうが良いのである。

8　状況と感情

（1）決　断

　私たちは、何かの状況を体験したときに、何かを考え、何かを感じ、行動している。たとえば、他者が自分のことをわかってくれないときに"やっぱり人は信頼できない"と思い、"怒り"を感じる。そして相手と距離を置くようにする行動を取るというクライアントがいた。彼は今までにも、他者からわかってもらえないという状況、すなわち同様の状況において、同じ考えと感情がわきあがっていた。彼のこの思考・感情・行動のパターンはいつから同様の状況で繰り返されているのであろうか。それは生まれたときからではないのは間違いない。あるときから始まったのである。それを原初の体験といい、それを始めたきっかけとなる場面を「原初場面」という。

　人は同じような状況に遭遇したときに、同様の思考と感情を引き起こし、同様の反応や行動を起こすというパターンを持っている。これはトラウマ的な出来事に限られない。トラウマのように生死に関わるほどの出来事ではなくても、その出来事が最初に起きた（最初に体験した）原初場面と同様の感情や反応・行動を引き起こす。たとえば、上司から怒られるたびに小さい頃父親から怒られていたときの感情を思い出し（再体験し）、そのときと同じように身体を萎縮させているのもそうである。

　またそれは感情だけでなく思考も伴っている。たとえば、自分の言動を周囲の人たちから笑われるという出来事を体験するたびに、過去に自分が恥をかいた場面で感じた感情と思考を再現し、"私はちゃんとできない、私は馬鹿だ"と思ってしまう、また友達からLINEの返信がなかなか来ないときにさびしい気持ちになり、子どものときの友達たちが自分から離れていき仲間外れになったときのさびしい気持ちとそのときの思考を再現し"みんな私から離れていく"と思ってしまうなどは、そういう例の一つである。

前述のように（1節参照）交流分析では、ある状況で、思考・感情・行動の特定のパターンを取り入れることを「決断」という。人は決断した思考・感情・行動のパターンを、その後の人生における同様の場面で繰り返し体験するのである。私たちは多くの決断を持っている。決断に従った思考・感情・行動を見ることにより、私たちはその人に性格を見出すことができる。"あの人は相手から強く言われると決まって何も言えなくなる人""あの人は対人緊張が強い人"などと決断にもとづく行動が性格として表れるのである。

　決断の中でも人生に大きな影響を与えるようなものを禁止令決断という。禁止令決断とは認知行動療法でいう自動思考を生み出すもととなるスキーマに似た概念である。決断も禁止令決断も思考であるが、今の考え方の根幹を成すような思考、幼少期に決断された「自分」「他者」「世の中」に関する信条を表したものである。幼少期に親から大切にされていないという状況で、"私は価値がない人間である"と決断し、その思考に付随して惹起された感情を味わった場合、その後の同様の状況において、「私は価値がない」という思考（信条）とそのときの感情を再体験するというものである。決断された思考・感情・行動のセットは、その後の人生で何度も繰り返すことになると考えられる。不快感情を伴う決断は適応的観点から非建設的である場合が多いものである。

　決断はネガティブなものばかりではなく適応的でポジティブなものもある。適応的でポジティブな決断とはたとえば、職場で仲間外れになっている人を見ると、自分がいじめられていたときのことを思い出して、仲間外れにならないように声をかけてあげる、衝動買いをしそうになったときに、昔自分の家が貧しかったときのことを思い出して買えなくなる、傘を持って行かなくて困った体験の後、傘を持って行くようになるなどはそうであろう。

　思考・感情・行動はひとまとめとして考えることができる。決断が変われば、すなわち思考が修正されれば、不快感情が減る、そして行動も変化する。そして感情が変化すれば、決断も変化しやすくなる。

（2）感情処理法が対象とする感情

　交流分析では馴染みある不快感情を「ラケット感情（racket feelings）」として次のように定義している。ラケット感情とは、同様の状況で使う定型化され

た不快な感情であり、ストレス状況で体験される馴染み深いものである。幼少期に親の愛情を得る手段として取り入れたものが多く、適応的ではない行動や不合理な思考と結びついている。またその状況にふさわしいほんものの感情（自然な感情）（authentic feelings）の代替感情でもある。

　たとえばある女の子が、幼い弟の世話で忙しい親から注目され、ほめてもらえるのを期待して、今日ピアノで新しい曲を弾いたことを得意げに話したものの、親は面倒そうに返事をするだけで目も合わせてくれなかった。そのときに"親から大事にされていない"と思い、ラケット感情「イライラ」を使い、ふてくされた態度を取り、目の前にあったスリッパを蹴とばす。それに対して親が叱る。そのときにほんとうはほめてもらいたいし親からの愛情を得たいと願っているけれど、叱られることで、無視されるという最悪の事態は回避された。人は愛情ある関わりが得られないときに、叱られるなどのネガティブな関わりを得ようと働きかける。それは無視されるよりは心的ダメージが少なくて済むからである。"私は大事にされていない"と思う状況では、「イライラ」を使い、相手を怒らせる行動を取ればいいと決断する。この行動を「ラケット行動」という。ラケット行動は、意識することなくラケット感情を味わうために、またラケット感情をため込んでいくために使われている。そして、彼女が成長しても、"大事にされていない"と受け止めてしまうような状況では、ラケット感情「イライラ」を使い続ける。それを繰り返すことにより、その決断は強化されていく。ラケット感情は、自然な感情をカモフラージュした人工的な感情とも考えられている。すなわち、その場面において、彼女の自然な感情は「イライラ」ではないということである。

　ラケット感情には、あらゆる感情が該当する可能性がある。自身が、しばしば感じる不快な感情、また同様の状況で感じる不快な感情、いわゆる馴染み深い不快感情はラケット感情である。ラケット感情は、思考・感情・行動がセットになったパターンの中に組み込まれていると考えられる。クライアントが自身のラケット感情を知ることは、自身の人生に大きな影響を与えている不快感情について知ることにもなる。そして、ラケット感情を感情処理のテーマとして選ぶことは、生き方や他者との関わり方に大きな変化を及ぼす可能性がある。なぜならばラケット感情は、幼少期に愛情を獲得される手段として決断したも

表1-1　ラケット感情になり得る感情

> 怒り・混乱・恐怖・自己卑下・劣等感・憂うつ・ライバル意識・罪悪感・闘争心・
> イライラ・優越感・恨み・不安感・不信感・心配・孤独感・無力感・かんしゃく・
> 空虚感・焦り・憤り・落胆・緊張感・悲しみ・嫌悪感・憐れみ・疲労感・絶望感・
> （未練がましく）恋しい気持ち・不全感・義務感・拒絶される感覚・同情心・使
> 命感・敗北感・後悔・猜疑心・羨望・責めたい気持ち・批判・見捨てられた気持
> ち・甘えたい気持ち・敵視する感覚・自責感・楽しさ・喜び・淋しさ・無気力感・
> 依存心　など

（出所）　倉成/杉田（2013）

のであるため、いま何歳になっていようともその人の生き方の根幹に関わっている可能性があるからである。

　あらゆる感情がラケット感情になり得るが、ラケット感情になり得る代表的な感情を表1-1に示す。プログラムなどでは、自身が思い当たるラケット感情にいくつか○印をつけてもらい、どういうときにそれを感じるか、そのときにどういう行動を取っているか、そのときに考えていること（思考）はどういうものかなどを考えてもらうきっかけとして使っている。

　レスリー・グリーンバーグ（Greenberg, L.）が提唱した感情焦点化療法（Emotion-Focused Therapy）では感情を、一次的適応感情（primary adaptive emotion responses）、一次的不適応感情（maladaptive primary emotions）、二次的反応感情（secondary reactive emotions）、道具感情（instrumental emotions）の４つに種別して理解する。一次的適応感情は、状況と一致した直接的な反応としての感情であり、適切に行動できるように助けるものである。第2章6節の表2-2、表2-3に記載されている感情の多くはこれに該当するであろう。一次的不適応感情は、状況に対する直接的な反応としての感情ではあるものの、適切に対処することの妨げとなるものである。これは心的外傷体験と関係がある。たとえば他者と親密になろうとすると恐怖を体験する場合や他者からのサポートに激昂する場合などはそうである。二次的反応感情は一次的適応感情に続いて生じる感情であり、一次的適応感情を覆い隠したり変質させるものである。思考を経て生起するものであり、一次感情から自分を守るためでもある。イライラすることにより構ってもらえない悲しみを感じないようにする場合、

イライラは二次的反応感情である。道具感情は、相手に影響を与えることを意図したものであったり、相手を操作するための感情である。悲しみに浸っていると誰かが助けてくれると思っている場合、その悲しみは道具感情である。感情焦点化療法における一次的適応感情は交流分析のほんものの感情を表し、一次的不適応感情と二次的反応感情と道具感情はラケット感情と同義であると考えられる。

　感情処理法の対象は、ラケット感情の解決であり、その状況において適応的なほんものの感情（自然な感情）を体験することであるといえる。

（3）不快感情を伴うやりとり

　馴染み深い不快感情、ラケット感情とセットになっている行動を見つけるのに、「心理ゲーム（games）」の概念を理解することは意味がある。クライアントのラケット感情を伴う他者とのやり取りを見つけることに役立つからである。心理ゲームは他者との交流の形で表現され、独りではなく他者を巻き込む行動であるため、クライアントと周囲の人との不快なやり取りのパターンから発見しやすい。心理ゲームの結末はラケット感情であり、心理ゲームを行うのはラケット感情を感じたいという無意識の動機があるともいわれている。

　心理ゲームとは、他者との間で、繰り返し行われ、長い時間を費やし、最後に不快気分を味わうやりとりのことである。心理ゲームは、表面的な言動の裏面に隠れた意図を持っており、表面の言動以上に裏面に意図されたメッセージが相手に影響を及ぼすと考えられている。そしてその多くは、客観的で冷静かつ事実志向の自我、Aの自我状態（第4章5節参照）が関与していない。またゲームはストレス状態に陥ったときに行われることが多く、そのやり取りは幼少期のストローク（関わりのこと、愛情も叱責もすべてストロークである）獲得の手段の再現でもある。

　心理ゲームは、クライアントがラケット感情を持つときに見られることが多く、クライアントが馴染み深い不快感情を処理していくと、心理ゲームをしなくなることが多い。また、クライアントが自身の心理ゲームについて理解を深めることは、不快感情の処理を進めるうえでも役に立つ。

　エリック・バーンはゲームが一定のパターンに従い展開することに着目し、

$$C \; + \; G \; = \; R \; \rightarrow \; S \; \rightarrow \; X \; \rightarrow \; P.O.$$

(Con)　(Gimmick)　(Response)　(Switch)　(Cross–up)　(Payoff)

仕掛け人　＋　弱点をもつ相手　＝　反応　→　役割の交替　→　混乱　→　結末

図1-11　ゲームの公式

（出所）　Stewart & Joines/深沢（監訳）（1991）

それを「ゲームの公式（formula G）」（図1－11）として表した。ゲームは、仕掛け人がゲームの相手になるカモを選んで開始する。

　たとえば、仕事がはかどらない部下の相談に乗ってアドバイスをしている上司が、最初は部下の話を優しく聴いてあげていたが、態度が煮え切らない部下に対し最後には強く意見を押し付けるようになり、上司も部下も嫌な気分でやり取りを終える。パートナーと話をしていると、いつの間にか話を聴いてくれないことを責めてしまっている。そのようなやり取りが何度か繰り返されるとしたら、それは心理ゲームである。そして最後に味わう嫌な気分がラケット感情である。心理ゲームの始まりにおいては、そのやり取りは、表面的には不快なやりとりに見えないものではあるものの隠れた意図を秘めているために、相手からの反応を招き心理ゲームは結末の不快感情に向けて進行していく。そのうちにやり取りにストレスを感じ始め、役割が交替する。役割の交替とは、相手を慰めていたはずの人が相手を責めるような言動に変わる、または相談に乗ってもらっていた側が、相手から責められるように感じ始めることである。そして当初の意図と違う展開になるという混乱が生じ、結末はイライラ、無力感、孤独感、寂しさなどの馴染みある不快感情、ラケット感情を味わうことになる。

　心理ゲームは、反復性があり日常生活において繰り返され、表面的なやり取りの裏に別のメッセージが隠されており、それがお決まりの心理ゲームであると意識することなく始められる。最後は個人特有の不快感情で終わる。このや

図1-12　カープマンのゲームの三角形
（出所）　Stewart & Joines/深沢（監訳）（1991）

り取りは、不快感情を生み出すもととなり、決して心地よいものではない。

　ステファン・カープマン（Karpman, S.）は、ゲームを演じるプレイヤーをその役割から表した。ゲームは、「迫害者（Persecutor）」「犠牲者（Victim）」「救済者（Rescuer）」の役割を取って表れ、ゲームが進行するにつれその役割が変わることを示した（図1-12）。

　迫害者は、相手をコントロールする、批判する、責める、攻撃するなどの立場を取る。犠牲者は、自分では考えられず、問題に対処できず、行動できないなどの立場を取る。救済者は、自分でできない相手に必要以上の、または求められていない支援を行う立場を取る。

　これらの役割を演じているとき、意識することなく心理ゲームを演じている可能性がある。またこのいずれかの立場を取りやすい人は、しばしば心理ゲームを演じており、不快感情を持つことが多くなるともいえる。

　私たちはいくつかお気に入りの心理ゲームをやっているといわれている。自身がやっている心理ゲームについて理解し、心理ゲームをやめようと決め、心理ゲームの結末で味わうラケット感情の感情処理を実施することによって、心理ゲームをやめることができる。心理ゲームに費やす多くの時間を、独りで思索することや他者との雑談や生産的な活動や他者との親密さのために使うことにより、より心地よい時間の構造化ができることになる。

9　不快な感情がたまるわけ

（1）感情へのアプローチを避ける傾向

　3節のクライアントA子の事例のように、一般的に感情は思考や行動よりも後回しにされる傾向にある。なぜ感情へのアプローチは後回しにされてしまうのであろうか。それは、感情へのアプローチを回避させる思い込みが大きく影響している。クライアントの多くは、感情にアプローチをすることは良くないことであると教えられて育っている。たとえば"勉強が嫌""学校に行くのが嫌"と子どもが言ったら、私たちはどう言葉を返すだろうか。"嫌なんだね"と気持ちを受け止めるだろうか。"嫌と思わないようにしなさい""嫌と思えばますます嫌になる"などと諭すことは珍しいことではないだろう。子どものころに親からこのように諭され、不快な感情は、なるべく見ないようにと教えられて育った人が多いのである。そして不快な感情に目を向けると収拾がつかなくなってしまうことを意味する"ますます嫌になる"という表現は、不快な感情を受け入れるとそれが処理されるどころか、それが増大しより不快になるものであると教えている。確かに、クライアントの中には、"不安を感じるとますます不安が強くなる""悲しむとますます悲しくなる""恐れを感じると恐れに支配されてコントロール不能になってしまう"などの思い込みを信じている人も少なくない。このような思い込みは教育として都合がよかったのかもしれない。しかし間違いである。

　"嫌と思わないようにする"とは、感情を抑えることや感情から目を逸らすということであり、感情の抑制や抑圧のほうにベクトルが向いている。抑制された感情や抑圧された感情はそのまま残り続け、心や身体に影響を及ぼすようになる。クライアントと話をしていて、"不快感情から目を逸らしたり我慢したりすること、それこそが処理であり、抑えていると不快感情は無くなり不快ではなくなる、ポジティブになることができる"と間違ったことを信じている人は多い。感情を我慢し続け身体のあちらこちらに痛みを感じ、医師からストレスが原因でありあまり我慢しないようにと諭されているクライアントですらそう信じていることがある。

図1-13　感情がたまった状態

（2）不快な感情があふれる

　感情がたまるというのはどういう状態であろうか。イメージは、図1-13の
コップの絵の状態である。コップいっぱいに水がたまっている、表面張力でか
ろうじて水があふれだすのを防いでいる、この水がたまっている感情だと思っ
てもらえばいい。この状態に些細な不快な刺激が加わると、たとえば水が一滴
上から落ちてくると、水はコップからあふれ出してしまう。小さな不快な出来
事がきっかけになり感情があふれてしまうのである。

　勤務先で優しく人当たりが良いと評価され、口調を荒げることがない穏やか
な20歳代の男性営業社員は、普段から自身の気持ちを抑える傾向が強かった。
嫌なことがあっても言動に表すことなくニコニコしていたのである。その週彼
は、上司から10分以上にわたる説教を受けることが5回ほど続いた。それでも
ニコニコを絶やさず穏やかに過ごそうとしていたのだが、その日上司から呼ば
れて、彼が提出した書類の誤字について1分間ほど小言を言われた。その週彼
が受けていた説教の中では比較的短い時間で済んだものであり、その小言は大
したものではなく些細なもののはずだった。自分の席に戻った彼は、しばらく
無言でうつむいていたが、突然"もうやってられないですよ"と大きな声で怒
りを吐き出し、持っていた厚い書類を両手で机に強く叩きつけ大きな音を出し、
立ち上がって自分が座っていた椅子を蹴りオフィスから出て行き、周囲の人た
ちを驚かせた。周囲が驚いたのは、突然キレたように大きな声を出し、机を叩
き大きな音を出したことだけではなく、普段大人しい彼がそれらしくない態度
を取ったことに対してでもあった。彼のこのときの状態は、コップの水があふ
れた状態である。そして上司の1分ほどの小言は、コップの水をあふれさせた
最後の一滴の水であった。

コップの水があふれた状態は、この20歳代の営業社員のケースのように、感情的に抑えきれなくなってキレてしまうだけではない。ストレス反応が身体面・心理面・行動面に表れるように、コップの水があふれた場合にも、身体面心理面・行動面に表れる。どこか一つの面に表れるというわけではなく、複数の面に表れることもある。またどのような不快感情がたまったらどの面に表れるという傾向があるわけではなく、その表れかたは人それぞれである。20歳代の営業社員のケースだと、抑えられなくなって強い怒りがこみ上げてしまったのは心理面、そして机を叩いたのは行動面に表れたといえるだろう。

　心理面では、抑うつ気分や強い不安、強い怒りなどが表れる。行動面では、暴食、過度な飲酒、キレる、などが表れることが多い。心理面と行動面は同時に表れることが多い。ある20歳代の男性クライアントは、母親の悪意ない言動に強い不安を覚えて、家の家具などに蹴ったり叩いたりの暴力をふるい、母親を威嚇していた。たとえば、母親に対して"父親は家のことを全く考えていない、あんな父親は居ないほうが良いんじゃないか"と父親の批判をしたときに、母親が"でもお父さんがいないとあなただってご飯が食べられなくなって困るんじゃないの"と返答したら、突然リビングの椅子から立ちあがり隣の部屋へ行き、洋服タンスの開き戸がへこむくらいに強く蹴って、無言のまま自分の部屋に行き、部屋の扉を大きな音を立てて強く閉めた。これも、心理面と行動面が一緒に表れたケースである。

　このような大げさなケースだけを紹介すると、コップの水があふれることは普通の人には滅多に起きないことと勘違いされてもいけないので、もう少しありがちなケースを紹介する。ある30歳代の主婦は、小学生の子どもが言うことを聞かないときに、抑えられなくなり泣いてしまうことがあった。そしてたまにではあるが、泣きながらヒステリックに大きな声を出して子どもに、"もうお母さんは何もかもつらい"と言ってしまうことがあった。母親は、子どもが言うことを聞かないこと、自分の結婚生活は我慢ばかりであると嘆いており、子どもはそういう母親を恐がっていた。しかしながら母親は、弱々しく子どもの前で泣いてしまう自分を威厳がないと思っており、もっと子どもに対して厳しく接することができる親にならなくてはいけないと思っていた。この母親の目指す方向性は間違っており、子どもはただでさえ母親を恐がっているにもか

かわらず、その上に厳しく接してしまうとしたら、子どもに何らかの問題が表れたかもしれないという危ない状態であった。彼女の場合、ヒステリックに大きな声を出しているときはもちろん、子どもの前で泣いてしまうときもコップの水があふれた状態である。

　また40歳代の男性は、妻との会話で思い通りにならないとしゃべらなくなる。妻の呼びかけに返事もしなくなってしまう。2～3日しゃべらないことはしばしばで、ひどいときには3か月間全くしゃべらない期間があった。妻は、それがストレスであり、今後一緒に生活を続けていくことに自信が持てなくなっていた。さらにある中学生の男児は、クラスメイトの言動で気に入らないことがあると、しばしば手を出した。また手を出さないまでも、強い口調でクラスメイトを威嚇することは頻繁であった。クラスメイトや先生から、彼は問題児であり感情的な人間であるとレッテルを貼られていた。40歳代の男性がしゃべらなくなる状態、中学生の男児が手を出したり強い口調で威嚇している状態はどちらも、コップの水があふれる状態である。

（3）感情と身体の症状

　コップの水があふれる状態が、身体面に症状として表れることも珍しくはない。身体面に表れるとは、心身症や自律神経失調症の状態であることが多い。特に、痛みや吐き気、疲労感などが表れるケースは多く見られる。

●痛み

　痛みが身体のいずれの箇所にどのような状態で表れるかは人それぞれである。
　身体に疼痛を抱える40歳代の女性クライアントは、夫からDVを受けていた。DVはよく知られるように、加害者が被害者に優しくなるハネムーン期といわれる時期がある。彼女が痛みを覚えるのは、ハネムーン期がしばらく続いたころであった。腕、背中、脚など身体のあちらこちらが痛みはじめ、ひどくなると起き上がって家事をすることすらままならなくなる。彼女はハネムーン期が一番恐いという。いつこれが終わり、また暴力が始まるのかと考えると不安で仕方がなくなってしまうそうだ。そして痛みが続き、ハネムーン期は終わりを迎え、夫から再びDVを受けることになる。そのときには痛みが終わる。彼女

が痛みを覚えているとき、彼女のコップの水があふれている状態であると考えられる。そしてなぜか、DVが始まると彼女はどこかホッとした安堵感を感じ、DVを受けているとき、彼女は夫から殴られたり蹴られたりしたことで、腫れたり、ときには出血を伴うほど傷つけられることがあるにもかかわらず、その痛みは全く感じないという。

　50歳代の女性カウンセラーは、歩行中に交通事故に遭い4か月にわたる長期の入院を余儀なくされた。事故に遭った身体の痛みは強烈で身体を動かすこともままならず、そのためにリハビリもなかなか進まなかった。彼女は事故により多くの仕事をキャンセルせざるを得なくなり、身体の痛みと日々向き合い続ける中、事故の加害者の誠意ない態度に傷つき、重ねて感染症予防のため病院に面会規制がしかれており、友人たちはおろか家族とさえも面会ができず、つらい気持ちを聴いてくれる相手もいなかった。オンラインで開催されたカウンセリングのワークショップに参加しセッションを受け、そこではじめて事故に遭ったつらさや悲しみを吐露し、それを受け止めてもらい共感してもらった。そのときに彼女は悲しみの感情を体験した。彼女は涙しながら、"自分がこれほどまでに悲しかったんだ"と自身の悲しみの大きさに驚いたという。その翌日から、痛みは大きく改善し軽減した。リハビリテーションの担当者たちが、昨日まで痛みで動かせなかった身体がまるで別人のように動き、リハビリテーションが進むことに驚いたという。

　痛みは感情と大きな関係があると考えられている。図1−14の「不安の回避モデル」は、恐怖や不安や落ち込みなどの感情を体験していると痛みは大きくなる可能性があることを示している。そして痛みへの不安がそれらの不快感情を高めることになる。したがって、恐怖や不安や落ち込みなどの感情が処理されることにより、痛みが軽減することはめずらしくないのである。

　腰痛を訴える患者が、カウンセリングで腰痛の痛みが緩和されたという報告は数多くある。中には、手術によって痛みがひかなかった腰痛患者を対象にカウンセリングを実施し、痛みが緩和したという報告もある。また頭痛や背中の痛みが緩和されたという報告も多い。図1−14の不安の回避モデルが示すように、痛みは感情に影響を受ける体験であるとも考えられる。不快感情が大きくなるほど痛みは強くなり、感情処理法によって不快感情が軽減することにより

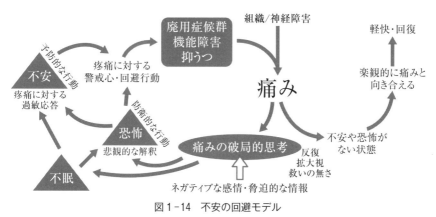

図1-14　不安の回避モデル

（出所）　Vlaeyen & Linton（2000）

痛みも軽減することがあるのである。

　痛みを訴えていたクライアントが、感情処理の後に痛みが軽減したケースは多い。特に頭痛の悩みから解放されたクライアントは多い。20歳代の女性クライアントは、頭痛の軽減を目的として感情処理法を実施したわけではないものの、仕事中にしばしば身体を動かすことすらつらくなるほどの頭痛を体験していた。何回かの感情処理を実施した後、クライアントは頭痛が無くなったと語った。それから３年以上経過しているが一度も頭痛を経験していないという。そのメカニズムはわからないものの、頭痛も感情処理法によって軽減することがある。頭痛を抱えるクライアントにとっては、その痛みはかなり大きなストレスである。それがなくなるだけでも、毎日のネガティブな気分は大きく改善されるようだ。

●吐き気

　身体症状として吐き気を訴える人も少なくない。心因性の吐き気は、自分の中に取り込みたくないもの、留めておきたくない感情を外に出そうとする働きであるとも考えられている。

　仕事と主婦業を両立させる50歳代の女性は、しばしば強い吐き気に襲われることがあった。吐き気に関して、医療機関での度重なる検査において異常が見当たらないにもかかわらず、始まってしまうと日常生活を送ることも困難に

なってしまうほどひどい吐き気に悩まされていた。吐き気は3日ほど続き、うち1〜2日は頭を動かしただけで吐き気が襲ってくるため、吐き気が治まるまで横になったまま過ごすことになる。食べることはおろか水を飲んでもすぐに吐いてしまうという状態になる。彼女と同様の症状を訴えたクライアントは外にも数人いた。

　その50歳代の女性は、吐き気をスイッチが入ったように突然始まるものであると認識していた。しかしながらそうではない。当初本人も気づいていない様子であったが、1日前くらいから吐き気が始まる前兆がある。前兆は、目の奥が引っ張られるような感じや痛み、肩や首のこりや痛みであった。それが時間と共に強くなり、ついには吐き気に至ってしまう。これらの前兆を正しくキャッチすることが吐き気の改善に必要である。これらの前兆は筋肉の緊張である。これらの筋肉の緊張は、何らかの感情を抑えようとする働きである。すなわち、それらの筋肉の緊張によって抑えられている感情があるのである。

　前兆を認識できると次は、筋肉の緊張によって抑えられている感情をキャッチし、それを体験し処理することが必要である。ほんとうは筋肉の緊張という前兆の前に、それを引き起こすきっかけとなる出来事を体験しているのである。そしてその出来事で怒りや不安などの感情を体験している。しかしながらそれに気づいていないのである。

　吐き気を訴えるクライアントの多くはストレスやストレス時の感情だけでなく、筋肉の緊張の前兆を認識できない。いよいよ吐き気が起こり始める頃に"そういえば前兆があった"という程度にしか認識できないことが多い。前兆を認識するのに、身体の声を聴く練習が必要になる。そのクライアントは、前兆が起きているときにその身体の状態が認識できるようになり、前兆が起きた前にあったきっかけとなる出来事を探り、そのときにどういう感情を持ったかを推測する。推測というのは、この時点においてクライアントは、推測はできても感じることが難しい。

　彼女は、不安や怒りを体験したときに筋肉の緊張が起きていることがわかった。怒りは、彼女が苦手な感情であり普段は抑圧しているものであった。身体の症状は本人が苦手と認識している感情の抑圧や抑制と関係がある場合が多い。苦手な感情とは、受け止めるのを避けたいと思っているものであり、抑圧して

いるまたは抑制しようとしている感情である。彼女の吐き気がなくなるために
は、苦手な感情を受け入れることができるようになり、きっかけとなる出来事
が起きた時点で感情処理ができるよう練習していく必要がある。

●肌の赤み

　肌が赤くなる、場合によっては発疹のようなものがでるというクライアント
がいる。このようなクライアントはしばしばカウンセリングで会話している最
中にその症状がでる。そのときには顔が赤くなる、または首や首の下から上胸
部が赤くなることが多い。そして赤くなったときに "いま何を感じているか"
を質問しても、クライアントは自身の感情を理解していない。しかしながらカ
ウンセラーは、会話の文脈からクライアントの感情に関して推測ができる。た
とえばあるクライアントはカウンセラーと話をしている途中で、首のあたりが
赤くなることが数回あった。クライアントに、今体験している感情を質問して
も、何も感じていないという。そこでカウンセラーは首が赤くなる前にただ事
実を述べるように淡々と話をしていた内容から、クライアントが体験している
感情は嫌悪や怒りではないかと推測し、それらを体験できるよう支援した。嫌
悪や怒りを抑えた結果、肌の赤みとなって表れているとの仮説に基づいたアプ
ローチである。怒りや嫌悪の感情に気づき受け止め、体験できるようになるこ
とで、クライアントは次第に日常生活においても、会話の中で嫌悪や怒りを体
験し、それを表情や言葉で表現するようになった。そのころから肌の赤みは表
れなくなった。

（4）感情と心身症

　日本心身医学会の定義では、心身症とは「身体疾患の中で、その発症や経過
に心理社会的因子が密接に関与し、器質的ないし機能的障害が認められる病態」
をいう。心身症になりやすい人の性格的な特徴として、自分の身体面での症状
のみを控え目に訴えることが多く、精神的なストレスや悩みが自分の病気の原
因となっているという考えを否定する。自分の内面的な感情の変化には鈍感ま
たは無関心であるとされ、「アレキシサイミア（alexithymia）」と深い関係があ
るといわれている。アレキシサイミアは、空想が貧困で、葛藤を言葉で説明で

表1-2　心身症と自律神経失調症の症状

【代表的な心身症】	
［循環器系］	本態性高血圧、本態性低血圧、起立性調節障害、狭心症、心筋梗塞、不整脈
［呼吸器系］	気管支喘息、過喚起（過呼吸）症候群、神経性咳嗽
［消化器系］	過敏性腸症候群、神経性嘔吐症、胆道ジスキネジー、反復性臍疝痛、消化性潰瘍、神経性胃炎
［内分泌系］	糖尿病、甲状腺機能亢進症、甲状腺機能低下症
［神経系］	筋緊張性頭痛、片頭痛
［泌尿器系］	夜尿症、膀胱神経症（頻尿）、心因性性障害
［骨格・筋肉系］	関節リウマチ、チック
［皮膚系］	アトピー性皮膚炎、蕁麻疹、円形脱毛症、多汗症、皮膚掻痒症
［耳鼻咽喉科系］	めまい、メニエル氏病症候群（乗り物酔い含む）、突発性難聴、咽喉頭部異物感症、失声、吃音
［眼科系］	原発性緑内障、眼瞼痙攣
［口腔外科系］	舌痛症、口腔乾燥症、顎関節症、口臭症、義歯神経症
［婦人科系］	更年期障害、不妊症、不感症、月経困難症、無月経、子宮出血、月経異常

【自律神経失調症の症状】
動悸、胸痛、胸部圧迫感、息苦しい、吐き気、下痢、便秘、腹痛、胃の不快感、お腹の張り、ガスがたまる、頭痛、頭重感、脱毛、眼精疲労、目の渇き、まぶしい、耳鳴り、めまい、口の渇き、味覚異常、喉の異物感、飲み込み困難、手足の痛み、手足の震え、手足のしびれ、手足の冷え、多汗、皮膚のかゆみ、皮膚の乾燥、肩こり、筋肉痛、関節痛、立ちくらみ、頻尿、残尿感、ED、月経不順、微熱、倦怠感、疲労感、食欲不振、ほてり、など

きない、感情を感じないまたは表現しない傾向があり、気持ちより出来事ばかりを話し、考えていることは現実的なことばかりで、空想や気持ちを含まない傾向が強いといった特徴のことである。確かに心身症のクライアントに、感情面の描写が貧困なアレキシサイミアの特徴を示す人は多い。

　心身症のクライアント、また心身症ではなくとも身体の症状を訴えるクライアントに感情処理は効果的である。感情処理を続けるうちに、身体の症状が緩和するクライアントは少なくない。なかには完全に症状が無くなるケースもある。

　表1-2に心身症と自律神経失調症の一覧を載せている。これらのクライアントの症状を緩和するためには感情処理を優先させることが好ましい。そのた

図1-15　感情がたまっていない状態

めに表に示すような心身症のクライアントに対しては、まずそのクライアント
が抑圧もしくは抑制している感情を理解し、その感情に気づき体験できるよう
感情処理を通して支援を実施していく。

　図1-13のように、コップの水がいっぱいにたまっている状態ではなく、半
分くらいの状態であったならば、一滴の水が落ちてきても、水面に水紋は広が
ることがあったとしても、あふれ出すことは決してない（図1-15）。不快感
情がゼロになることはない。感情処理法を通して目指したいのはその状態であ
る。私たちは日々多くのストレスに曝されて生活している。日々の生活で多く
の不快感情を体験する。感情処理法を通して、不快感情を体験したとしても、
それをため込むことなく処理できる状態を目指したい。そのためには、あらゆ
る不快感情に気づき、抑圧や抑制をすることなく受け入れ、それを体験し、相
手にぶつけるといった不適応な方法ではなく適応的な方法で処理できる能力を
高めていくことが重要である。

第2章　感情処理への準備

　カウンセリングにおいて感情処理をうまく進めていくために、いくつかクリアすべき課題がある。これらについてこの章で説明したい。章のタイトルは「感情処理への準備」となっているものの、このプロセス自体が実践の第一段階でもある。感情処理法で本章に記されていることを丁寧に実践することはとても重要であり、準備の過程で感情処理のカウンセリングの成否はおおかた決まっているともいえる。

1　抑圧と抑制

（1）抑圧と抑制とは
　不快な感情がたまっているのは、感情を抑圧もしくは抑制するためである。「抑圧（repression）」も抑制も感情を抑えることである。ただ抑圧はそれが無意識であり無自覚である。フロイト（Freud, S.）は抑圧を、自我を脅かし対応できない欲求や衝動を、意識に上がり自我の脅威とならないよう、意識下に押し込めることと説明した。感情を抑圧している人は、ほんとうならば何らかの感情を体験するはずの状況で、その感情を体験しない。感情を体験しないので、“なんにも感じない”と表現する人もいれば“いま自分が何を感じているかわからない”と表現する人もいる。体験できていないのではなく、この状況では何も感情がわいていないと信じているのである。前に述べたように（第1章6節）感情だけでなく記憶も抑え込まれてしまえば、抑圧された出来事は思い出せないこともあり得る。そして抑圧は無意識に働くメカニズムなので、本人は自分で何かの感情を抑えていることに気づいていない。抑えているとも思っていないのである。したがって、抑えようと努力することもない。努力す

ることなく、防衛的に抑えてしまうメカニズムが働いているのである。抑圧は、感情処理法の感情への気づき、受け入れ、体験、処理の４つのプロセスの全てができていない。ある50歳代の女性は、仕事をしながら独りで病気の親の看病をしていた。彼女の妹は看病には関わらないにもかかわらず、“なぜその病院にするんだ”“ご飯の世話はどうなっているんだ”などといちいち口出ししては文句を言ってきた。彼女は、妹から電話で長々と文句を言われるたびに体調が悪くなってしまっていた。しかしながら彼女はそのことについて、怒りはもちろん何も感情を感じないという。これは抑圧が働いている。

　抑制とは意識的に感情を抑えること、我慢することである。感情を我慢すると次第に感情はたまってくる。たまってくるとコントロールが困難になってくる。困難になった状態が前章９節で説明したコップの水が一杯の状態である。感情を抑えてしまうのは、その感情が自身にとって好ましいものではないからである。好ましくないということを意識している場合も意識していない場合もあるが、抑制している人の多くはそれを意識している。抑制は、自身の努力によってその感情を抑えている。抑えようとする意思が働いており、本人はその感情を抑えていることがわかっている。たとえば、中学生の男の子が妹と一緒に映画を見ているとき、悲しくなり涙が出そうになるが、妹の前で泣くのは恥ずかしいからと涙を抑えるのは抑制である。抑制ではその状況において湧きあがっている感情について理解している。抑えているのは、それが不都合だからである。抑えた結果、体験が損なわれる。そう考えるとフロイトの抑圧の概念と同様に、自分を守るために防衛的に働いているといえるかもしれないが、抑圧の防衛とは異なる。抑圧の防衛は無意識の領域で行われているのに対して、抑制の防衛には自我の働きが関与している。抑制のポジティブな側面をみれば、感情のコントロールやストレス対処法の一つとしても考えることができる。社会生活上、感情を抑えたほうが良い場面は確かにある。しかしながらその環境やストレス状況によっては、抑制にかなりのエネルギーを要してしまう。したがって抑制している人は、感情を感じないのではなく、「感じていてもそれを受け入れないし表現しない」のである。その結果、感情の自然な体験ができていない。感情処理の感情への気づき、受け入れ、体験、処理の中で、抑制でできているのは気づきだけであり、受け入れと体験と処理はできていない。

表2-1　4つのアプローチ

	動機づけあり	動機づけなし
抑制（出さない）	①	②
抑圧（感じない）	③	④

（2）抑圧や抑制が働くクライアントへのアプローチ

　感情へのアプローチを実施するにあたり、クライアントがその感情を抑制しているのか、抑圧しているのか、を理解するのは重要である。抑制している人、すなわち自身の感情がわかっているけどブレーキをかけているだけのクライアントと、何も感じていないと信じている抑圧しているクライアントに、同じアプローチはできない。

　効果的に支援を実施するには、感情の抑制か抑圧かを見極めたうえで、感情を受け入れることに対する動機づけができているかを評価し、支援方法を決めることが好ましい。感情を受け入れることとは、感情に向き合うこと、感情を感じること、それを受容することである。以下、クライアントの状態に応じたアプローチ方法について説明する（表2-1）。

●抑制・動機づけあり

　①のクライアントは、感情を抑制しているものの、感情を受け入れそれを感じることの動機づけはされている。感情には気づいているものの自分の意思で抑えているだけである。このようなクライアントへの支援は容易である。カウンセリングの場が安全であることを認識し、カウンセラーとの信頼関係が築けていれば、カウンセラーがクライアントの感情に対する受容的な態度を示せばよい。クライアントがこの場で感情を体験してもカウンセラーから受容してもらえることが理解できれば、自身の感情を受け入れることができるようになる。

　感情を抑制しているクライアントの特徴的な態度として「絞首台の笑み」がある。これは可笑しくないときの笑みである。たとえば、怒りを感情処理しようとしているにもかかわらず笑みを浮かべる、悲しかったことを語りながら笑みを浮かべるなどである。絞首台の笑みに対しては、直接それに対決し笑みを

やめるよう支援することが好ましい。

●抑制・動機づけなし
　②のクライアントは、感情を抑制し、感情を受け入れそれを感じることへの動機づけがなされていない。感情処理など感情面へのアプローチの前に、その感情に向き合い、受け入れ感じることへの動機づけが必要になる。そのためにまずは、感情に向かい合う気持ちになっていることが大切である（2節参照）。
　感情を体験することに対する理解を促すことは、動機づけを高めることに役立つ。感情を体験することへの理解のためには、
・感情は全ての人にあることを理解する
・感情への否定的認知を理解し、それを解消する
・感情を感じることが問題解決（症状改善）にプラスの意味を持つことを理解する
・感情の肯定的側面を理解する
・思考・感情・行動は自分が管理していることを理解する
・過去と他人は変えられないことを理解する
などについての支援が効果的である。
　これら全部の理解がすべてのクライアントに必要なわけではない。すべての理解が無くとも感情処理ができる場合も少なくない。クライアントの状況に応じ、どの理解を進めることが感情処理を円滑に進めるための支援になるのか考慮しながら実施する。
　動機づけや理解が十分ではないにもかかわらず、このプロセスを割愛して強引に感情に直面化させようとするカウンセラーを見ることがある。そしてそれが結果的にうまくいくケースを見ることもある。それを頭から否定するつもりはない。そういう関わりによってクライアントが結果的に早く楽になるのであれば、それも"良し"と考えていいだろう。しかし無理やり直面化を促すやり方は、クライアントにとって苦痛を伴う場合もあることも知っておくことが大切である。場合によっては、クライアントは感情への防衛をますます強くしてしまうばかりか、カウンセリングそのものに対して防衛的になってしまう恐れすらある。それはクライアントの問題解決への道を狭めてしまうことになる。

　感情を受け入れないことは悪いことではない。そして感情を受け入れないことそのものが病気というわけでもない。感情を受け入れることに向けては、クライアントの歩みのスピードがある。クライアントが動機づけられ、感情を体験することへの理解が得られていれば、おのずと感情を受け入れ体験できるようになるものである。カウンセラーは、クライアントの歩みのスピードを把握し、それに寄り添っていくことが求められる。

● 抑圧・動機づけあり
　③のクライアントは、感情を抑圧しているものの、感情を受け入れる動機づけはされている。抑圧されているので自身の感情に気づいていない。感情に気づくためのプロセスについては、3節「ゆらぎのプロセス」を参考に進めてほしい。
　感情を体験したいと思っているものの、感情への気づきがない。このクライアントたちが感情に気づき始めたら、感情を体験することの練習をすることが大切である。感情処理の練習は、カウンセラーの支援を受けずにクライアントが自分一人で感情処理を実施するもので、ホームワークとして与えるものである。多くの場合、抑圧していた状態から自身の感情に気づき始めたとき、その体験はとても弱いものである。感情処理の練習を重ねることによって、弱い感情体験が次第に強いものになっていく。
　逆に感情に気づき始めたとき、その感情が弱々しいものではなく、圧倒されるほどの脅威となる強烈なものとして体験される場合もある。彼らにとって感情の体験は、自身の容量を超えて強すぎるものでありコントロールが難しい代物である。クライアントはわきあがる強烈な感情に恐怖し、抑制しようとする。抑制がうまく働かず意図せず強い感情が襲ってきた場合、自分が想定した以上に感情に過剰反応した態度で表現してしまうこともある。
　感情に圧倒されているときには身体に力が強く入っている。感情に圧倒されている場合には、筋弛緩（8節参照）を実施しながら少しずつ感情を体験していくように支援する。たとえばある状況を思い出して感情に圧倒されそうになっているときには、その感情と一定の距離を取るため
・その状況について昔話をするように過去形で話す

・その感情に100％ではなく、10％ずつ身を置くよう指示し、％を少しずつあげていく

などの支援を実施する。

　感情に圧倒されコントロール不能と思われるときに筋弛緩は最も重要である。身体の力を抜いていくことで、感情は徐々に処理されるため、コントロール可能な強さになっていく。その結果、当初圧倒されそうだった感情をコントロールできる。カウンセラーの支援の下コントロールできた体験は、クライアントが圧倒されるような感情を受け入れ体験していくことへの大きな自信になる。

　自信をつけた後、感情処理法の練習を実施することが有効である。練習により、感情の取り扱いがうまくなり、適応的に表現できるためのコントロール力が向上する。感情処理の練習は、日常で体験したストレスフルな出来事などを場面設定し、自分で感情処理を行うものである。練習はカウンセリングの場だけでなく、日常的に実施することが好ましい。カウンセリングにおいて感情処理法のやり方を学び、ホームワークを与え、クライアントにそれを実施してもらう。

〈感情処理法の練習　場面設定例〉
・感情が動いた場面
・ストレスを感じた場面
・ほんとうならば感情を感じてもおかしくないと思った場面
・昔の場面で、繰り返し思い出す場面

　場面を設定したならば、下記の手順で感情処理を実施する。

〈感情処理の練習　手順〉
・その場面に身を置く
・その場面での感情に気づく
・その感情を受け入れる
・その感情を体験する
・呼吸でその感情を身体の外に吐き出す

　感情処理の練習を実施したのち、次回のカウンセリングにおいて、やってみてうまくいったところやうまくいかなかったところ、次回までに工夫してみたいところなどを話し合い、振り返りを実施する。

●抑圧・動機づけなし

　④のクライアントに対しては、まず②のクライアントと同様に動機づけを優先して実施する。その後、③のクライアントと同様に感情に気づいていく支援を実施していく。

　タイプA性格を提唱したメイヤー・フリードマン（Friedman, M.）と共に、心身症患者のグループセラピーを実施してきたジョン・マクニール（McNeel, J.）は、感情の抑圧・抑制が身体の健康に害をおよぼすことを説いている。そして感情の抑圧状態にある多くのクライアントを豊かな感情体験へと支援してきた体験から、「すべての人の中に感情の世界がある」と述べている（McNeel, 2020）。すなわち感情は、その人の中に必ず存在しており、たとえ抑圧していてもその人が望めば必ず感じるようになるものである。

　その人が望めばというのは、動機づけが必要ということでもある。感情を感じないことは悪いことではない。不都合はあるかもしれないものの、それを感じないようにしているのは、過去のある時点においてはそのほうが生きやすかったからである。したがって、感じないようにしているのは、心地よく生きるために自分を守ってきた結果なのである。感情を体験することはつらく大変なことだったということである。つらくない生き方を志向した結果、感情の抑圧や抑制に辿り着いたのである。感情を受け入れるには、感情を体験することへの十分な理解と動機づけを、クライアントの歩みのスピードに合わせながら行うことが重要である。

2　感情に向き合う動機づけ

（1）動機づけ面接

　1節で述べたように、感情に向き合いたくないクライアントには、まず感情に向き合おうとする動機づけが必要になる。動機づけを効果的に行うには、ウィリアム・R・ミラー（Miller, W. R.）とステファン・ロルニック（Rollnick, S.）が提唱した「動機づけ面接（Motivational Interviewing）」の技法が役に立つ。動機づけ面接はクライアントの内発的な動機を引き出し、自律に向かう支援を

する話法である。動機づけ面接ではカウンセラーの価値観を入れ、恣意的にクライアントをある解決策に導くことをしない。クライアントと対決をせず、むしろ抵抗に巻き込まれ流され、受容共感的な関わりを実施していく。そのプロセスを通してクライアントの動機が引き出されていくものである。そのためにクライアントの価値観を共同して探索する。その過程でクライアント自身のアンビバレンスを拡大し、それを解消する方向にクライアントが自ら向かうよう支援する。

　動機づけ面接は、"感情を感じたくない"と"感情を感じたほうがいい"の相反するアンビバレンスに焦点を当てる。そのうえで、"感情を感じたくない"という言明（「維持トーク」という）と"感情を感じたほうがいい"という言明（「チェンジトーク」という）を識別し、「聞き返し」を活用しチェンジトークを強化していく。それを通して感情を体験したい気持ちを高めていくものである。

　維持トークは、感情を感じないようにしている必要性、理由、願望に関する言明であり、感情を感じることの自信のなさに関するものである。一方、チェンジトークは、感情を感じることの必要性、理由、願望に関する言明、あるいは気づき体験することへの自信の表明である。意識的にクライアントのチェンジトークに聞き返しを多用すること（分化強化）により、チェンジトークが増える。クライアントは感情を感じることを想定した自身の言動により、感情を感じることに向けて動機づけられていく。また、感情を感じたいけど感じたくないというクライアントの矛盾が明確に認識できるように言葉を返していくことにより、クライアント自身が矛盾を正そうとする反応を示す（間違い指摘反射）。これによりさらにチェンジトークが増え、クライアントは動機づけられていく（図2−1）。

　それを実施するための技法としては、「開かれた質問」「ストローク」「聞き返し」「要約」を使用する。「開かれた質問」は、考え方や価値観を引き出すものであり、"どうなりたい？""詳しく教えて？""たとえば？""具体的には？""ほかには？""どうしてそうしたいの？""そうすることでどんなメリットがあるの？""現状のままでいることにどんなデメリットがあるの？""それはどれくらい緊急性が高いの？""それはどれくらい重要なことなの？"などの質問を通して、願望やそうしたい理由や必要性やそうすることの

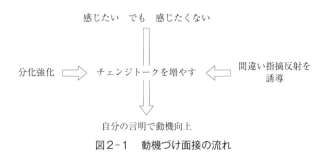

図2-1　動機づけ面接の流れ

重要性を引き出す。ストロークは是認であり、強みや意図や努力に対して投げかける。ストロークを投げかける際にはやや控えめにするテクニックも活用される。控えめなストロークがクライアントの間違い指摘反射を引き起こし、より強いチェンジトークの言明へと導くことがある。「聞き返し」は、クライアントの言葉を単純に聞き返すことにより強化する、またはクライアントが直接は表現していない意味や感情や価値観を推察して聞き返すことにより、クライアントの考えをより明確にする（第3章5節も参照）。ここでいう価値観とは、5年後10年後にどうなりたいか、何が大切か、どんな価値観が選択の基準か、人生の目標の中心は何かなどである。そして「要約」は、維持トークとチェンジトークという矛盾している内容を「そして」や「一方で」の接続詞で並べる、維持トークを接続詞の前にチェンジトークを後にする、維持トークを少なめにしてチェンジトークを多めに並べるなどのやり方で実施する。

（2）感情を体験するメリットとデメリット

　感情に向き合う覚悟というか心の準備ができていない人にとっては感情に向き合うことは決して楽なことではない。感情に向き合う方向に動機づける一つの方法として、感情を感じないメリットとデメリット、感情を感じるメリットとデメリットを話し合いながらまとめてみるのも良い。感情に向き合わないのも、クライアントにとっては何かのメリットがある。また向き合わないことによるデメリットもあるはずである。逆に、感情に向き合うことにもメリットとデメリットが存在する。それらを整理し、メリットとデメリットを比べてみる。そのうえでどうしていくのがいいかゆっくり考えてみるのである。感情処理を

急ぐカウンセラーは、ともすれば感情を感じるメリットと感情を感じないデメリットの説明だけに終始してしまう。クライアントにとってカウンセラーのこういう関わりは、感情を感じることを急かされ押し付けられているように受け取られてしまう。クライアントが感情に向き合わないように生きてきた意味、そしてそれにより受けてきた恩恵、そして感情に向き合うことによって生じる不利益、一見、感情処理にはマイナスのように思えることであっても、クライアントのそういう思いを大切に受け止めていくことが、クライアントが変化に向かう動機づけへとつながっていく。

　図２－２のフォーマットは、感情を感じることと感情を感じないことの利点（プラス面）と欠点（マイナス面）をまとめる際に使用するものである。このフォーマットでは、利点と欠点それぞれを、長期的あるいは短期的に考えるように工夫されている。「短期的に」はすぐに表れるものをあげる。「長期的に」はその状態を継続していくことにより表れるもの、また長い期間をかけて獲得できるものや失うものについてあげると良い。順序として、感情を感じない利点から始め、感情を感じる欠点、その後感情を感じない欠点、感情を感じる利点と進めていくほうが、クライアントは受け止めやすい。クライアントに質問しながら、一緒にこのフォーマットに記入し完成させていく。フォーマットに記入する際は①から④の順に進めるとよい。

3　ゆらぎのプロセス

（1）ゆらぎのプロセスとは

　感情処理を実施して、すぐに自身の感情に気づくことができるケースばかりであれば、感情処理はとてもやりやすい。しかしながら、カウンセリングではそうではないケースのほうが多い。特に精神疾患や心身症のクライアントは、自身の感情に気づきにくいことが多い。感情の抑制は感情を抑える、感情にブレーキをかける状態である。自身の内側に怒りがわいても、それを抑える。抑圧は感情を体験していないと思っており、感じていない状態である。ほんとうは怒りを感じている状況において"怒っていない"と思い込んでおり、自身の内側に怒りは全く感じない。感情を抑圧しているにせよ抑制しているにせよ、

①感情を感じない利点（プラス面）	④感情を感じる利点（プラス面）
短期的に	短期的に
長期的に	長期的に
③感情を感じない欠点（マイナス面）	②感情を感じる欠点（マイナス面）
短期的に	短期的に
長期的に	長期的に

図 2-2　利点と欠点

それを感情として体験し処理していくまでにはプロセスがある。ここで説明するゆらぎのプロセスは感情処理の過程であり、抑圧・抑制の状態から、自身の感情を感じ、それを受容し処理するまでの過程の中で起きるものである。カウンセラーがクライアントの内側に起きているプロセスを理解することにより、クライアントが感情に気づいていく支援を効果的にすることができる。

●ゆらぎのプロセスへの事前準備

　感情処理はプログラムの一部カリキュラムとして使用されることがある。感情処理を使用しているプログラムは、刑事施設や介護施設、医療機関で実施するものであったり、子育て中の親や虐待・DV加害者、依存症の患者向けに実施するものであったり様々である。ほとんどのプログラムは数名から10名ほどの集団で実施する。プログラムにおいては、参加メンバーが、それぞれ自身が感情を感じた場面に身を置いて（今体験しているかのように空想する）、息を吐くことによりその感情を処理する演習を行っている。しかしながら、自身の感情に気づくことができない参加メンバーも少なくない。自分の感情に気づくことができない参加メンバーは、感情を感じた場面の状況を説明するときに、顔をしかめたり、眉間に力を入れたり、歯を食いしばったり、ハンカチを握りしめたりと身体のどこかに力を入れている仕草をしていることが多い。または力を入れていないように振舞いつつも手や足を閉じていることもある。ときには能面のように表情筋や身体を全く動かさずに自身の感情と距離を置き淡々と事実のみを語る場合もある（この場合も外見上わからないだけで実は身体や顔の表面に力が入っている）。

　そこでプログラムにおいては、まず今まで自身が体験した感情とその対処について語り合う。たとえば「悲しみ」「恐れ」「怒り」などの特定の感情について、今までどのように体験し、対処してきたかを言語化するために話し合うのである。"人とは波風立てないようにするため抑えてきた""自分さえ我慢すればいいと思ってきた"など、いままでの対処法について振り返るのである。そして、今までの自分の感情への向き合い方や対処の仕方がどうだったかを評価してもらう。

　次に、一般的に特定の感情をどのような場面で感じるのかについて話し合う

（場合によっては教える）。「悲しみ」「恐れ」「怒り」それぞれについてどのような場面で感じるのかを学び理解するためである。それにより、自分が体験した様々な状況において、普通は感じてもおかしくない感情を感じていないことに気づく。そのうえで、一般的な感情の感じ方と自身の感じ方について語ってもらう。たとえば、"普通は信頼している人にわかってもらえないときには悲しいと感じるのでしょうが、私は悲しいと思うと余計つらくなると思って感じてないふりをしていた""わかってもらえないときに、私は悲しみではなく、相手に文句を言うことで対処してきた"などである。

　さらに、自分の感情は他者から感じさせられているものではなく、自分の責任で感じているものであるという気づきが必要である。"夫が…だからこんな気持ちになってしまう""子どもが怒らせるから…"といった話は正しくない。虐待やDVなどの暴力を除いて、夫であろうが子どもであろうが自分以外の他者は、感情を感じさせることはできないのである。再決断療法（第 1 章 1 節参照）の始祖ロバート・グールディングは、"誰も私を怒らせることはできない（私が怒るときは自分が怒ることを決めて怒っている）"と言った。それは正しい。他者のせいで感情がわいているとすれば、その感情を処理するためには他者が変わらないといけなくなってしまう。そして自分を変えるため（自分の不快感情を処理するため）ではなく他者の言動を変えるためにエネルギーを使うことになってしまう。"私は（自分で）…と感じている""それは私がそうしようと決めてやっていることである"との立場に立つことなく、自身の感情を自分で処理することはできない。

●ゆらぎのプロセスの実際

　これらを実施したのちに、それぞれ自身が体験した状況を今ここで空想し身を置いて、その感情を体験してもらう。そこからゆらぎのプロセスは始まる。

　ゆらぎのプロセスの最初は、自身の身体の感覚や感情のようなものをなんとなく感じる、そして自身が今体験していることに疑問を持ち始める。"目の奥が熱くなるのってなんだろう""悲しいと思ったけど違うのかな"などである。このときには、感情を感じないようにしなければならないという「あるべき思考」と、自身の自然な体験という矛盾したものを同時に体験している。そして

この段階で感じている感情は、明確に言語化できるものではなく、未分化な感情である。「あるべき思考」と自然な体験、これを闘わせるのではなく、この両方を受け入れる。"私は家族のためにこうしなきゃいけない""でもこうしたかった"、拮抗している二つのどちらかを打ち消すのではなく、どちらもあること、どちらもあっていいことを受け入れるのである。もし葛藤を闘わせてどちらかがもう一方に勝つように支援した場合、感情を抑えてしまい感じることができない自分をダメな部分だと思うようになる。その結果、感情を感じることができるまでの道のりが余計に遠くなってしまうのである。プログラムのファシリテーターは、参加メンバーが語った矛盾したものその両方を受容する。家族のために感情を抑えてこなければいけなかったとすれば、それはその時点ではそうすることが良い選択であったし、そうすることで自分を守ってきたということでもある。良い選択であったし自分を守ってきたことを良かったこととして受け入れ、そうしてきたことに感謝できるようになるよう支援する。そこで、言語化できない未分化な感情は、その輪郭をはっきりさせ始める。"私は悲しかったんだ""私は腹が立っています"などと表現し始めるのである。

　ゆらぎのプロセスでは、感情を感じない状態から、"もしかしたら私は…"と疑問を持ち始める段階、そして感情を抑えてきたこれまでの考え方とほんとうの自身の感覚や未分化な感情の両方を体験する段階、そして感情が明確になる段階へと進んでいく。

　ゆらぎは単なる葛藤とはまた違う大切なプロセスである。葛藤を解決して、どうすればいいかを決めて苦しみから解放されるというものではない。葛藤そのものを受け入れ、葛藤を含めて受容し、調整していく。葛藤を含めて受容するとは"どうしても感情を抑えてしまうんです"というクライアントに対して、"感情を我慢しなくていいよ"ではなくて"我慢したいんだね、我慢していいんだよ"と心から許可できるということである。解決に導こうという恣意的な働きかけではうまくいかない。受容を感情処理するためのテクニックとして使っているとクライアントに見透かされるような態度では効果が出ない。すなわちその受容に真実味がなければならない。テクニックではなく、一緒にその悩みの過程を体験する、ゆれに寄り添うことを通して初めて感情の体験へと向かうのである。そして体験した感情を、息を吐きながら身体の外に出し処理する。

　またゆらぎのプロセスの後に、調整が生まれる。調整については次項で説明する。

●個人カウンセリングでのゆらぎのプロセス

　個人カウンセリングにおいて、抑圧や抑制から自身の感情に気づいていくゆらぎのプロセスを見ていきたい。個人カウンセリングにおいても、いままで感情を抑えてきた考えを歪んだものとして修正するよりも、それをありのまま受け入れるという関わりが大切になる。

　前に述べたように感情を抑えているのは、それが抑圧であれ抑制であれ、自身の心を守るための戦略である。クライアントが幼少期より感情を抑えているとしたら、それはそのほうが生きやすかったからに他ならない。

　ある50歳代のクライアントは、寂しさや孤独感を感じようとすると決まって"感情が逃げていくような感覚を感じ"感情がわからなくなってしまっていた。物心ついたころから、両親に他人のような感覚を感じ続けていた。そこに親子の親密さを感じることなく、他人に対して抱くような警戒心を感じていた。そのクライアントにとって、寂しさや孤独感を感じることは、自身が両親と距離があることを認めてしまうことであり、それを認めることは耐え難いことであった。寂しさや孤独感を感じそうになると悲しみが襲ってきてしまい、悲しみを感じてしまうとそこは海よりも深い悲しみが待ち構えていて、とても生きてはいけなくなってしまうような恐怖すら感じてしまうのである。これらの反応は、クライアントを感情の体験から遠ざけてしまっているようにみえるが、これらがクライアントを守ってきたのも事実である。もし仮にクライアントが寂しさや孤独感に向き合いそれらを感じてきたとすれば、生きていくのはとてもつらいものであったであろう。言葉を変えると、それらに目を背けて生きてきたということは、自身の心を守ってきたということである。それは、解決しなければいけないことと決めつけられるものではなく、それ以上に感謝していくことである。今まで自分を守ってくれたことに感謝し、そういう生き方をしてきた自分を受け入れ肯定するのである。もしクライアントが、それらを良くなかったことだと認識し、それは早く解決しなければならないと思っていたならば、それらを解決するのに多くの時間を要してしまうことであろう。今まで

の自身の生き方を、今まで採ってきた戦略を、拒否するのではなく感謝の気持ちをもって肯定的に受け入れること、このことがクライアントを解決に早く導いてくれる。

　カウンセラーはクライアントに対して、"寂しさや孤独感をいつくらいから感じないように抑えてきたと思う？"と質問した。クライアントが物心ついた頃からと答えたのに対してカウンセラーは、"物心ついた頃のあなたがもし、寂しさや孤独感を感じてしまったらどうなったと思う？""物心ついた頃のあなたが、自分を守るために寂しさや孤独感を感じないようにしてこなかったらとてもつらかったんじゃないかな""あなたは自分を守るために寂しさや孤独感を感じないようにしてきたんだね""寂しさや孤独感を感じないようにしてきた、つまりあなたを守ってきた、物心ついた頃の自分にありがたい気持ちを感じてもいいくらいだと思う"といった言葉を投げかけ、クライアントが物心ついた頃の自分に真に感謝できるよう支援した。それによって初めてクライアントは、寂しさや孤独感を感じてもいいのかもと思い始め、寂しさや孤独感を受け入れるようになるのである。もし寂しさや孤独感を感じなかったことが良くなかったことで、改善すべき点であると認識した場合、クライアントは自身の感情を心から受け入れることができないであろう。感情を抑圧してきたこと自体を受け入れる、すなわち感情を抑圧してきたことは自分を守ってきたのであると感謝の気持ちをもって受け入れたとき、抑圧した感情に触れ始めるのである。

●感情を認識する方法

　ゆらぎのプロセスでは、感情に触れ始めたときに、言語化できない未分化な状態として体験される。最初に身体の感覚として気づくことも多い。身体の感覚とはたとえば、"のどが詰まっている感じ""頭が重い感じ""胃が締め付けられるような感じ"などである。クライアントによっては、"頭が痛い""胸のあたりが痛い""目の奥が痛い"など痛みとして知覚される場合もある。それらを感情として認識していく方法は、その感覚を息で吐き出す、その感覚を擬人化する、の二つである。

　感覚を息で吐き出す方法は、その感覚を身体の外に出す空想をしながら呼吸

をする。吐く息と一緒にその感覚が身体の外に出ていくようなイメージである。

　感覚を擬人化するとは、その感覚に言葉を与えてみる方法である。"その頭の痛みに意識を向けてください" "その頭の痛みがもししゃべれるとしたら、何と言うと思いますか？" と言葉をかけてみる。または、"そののどが詰まっている感じに、自分がなったつもりで身を置いてみてください" "あなたがのどが詰まっている感じだったら、あなたは何と言いたいですか？" などと言葉をかけてみるのも良い。クライアントが感覚を擬人化できたならば、カウンセラーはそれを受容し共感的に寄り添う。多くの場合、感覚の擬人化で語られる内容は漠然としていて具体的なものではない。そこでその後、クライアントがそれを感情として認識できるよう質問を投げかけ具体化させていけるよう支援を行う。

　感情を感じる代わりに頭が痛くなるあるクライアントは、もし頭の痛みが話せるとしたらというカウンセラーの問いに対し、"もう嫌だ" と答えた。"もう嫌なんだね。嫌って言いたかったんだね。（間）何がそんなに嫌なんだろう？"と言葉をかけると、クライアントは "父さんも母さんも全部嫌、こんな家に何で生まれてしまったんだろう" と答えた。このやり取りで、クライアントの頭の痛みは、両親への嫌悪として具体化されていっている。また感情の代わりにのどの詰まりを訴えるあるクライアントは、のどの詰まりに身を置いたとき "わかってもらいたい、でもわかってもらえない" と言葉にした。カウンセラーは、"わかってもらいたいんだね。そしてわかってもらえないんだね。（間）わかってもらいたいけどわかってもらえないって、誰に言いたい感じがする？" と返すと "夫" と答えた。カウンセラーは、"夫にわかってもらいたいけど、わかってもらえないんだね。（間）夫に直接言っているつもりで、わかってもらいたいけどわかってもらえないと言ってみて。（クライアントはその言葉を言う）（間）今、何を感じたり考えたりしているの？" と質問すると、"腹が立つ、夫に腹が立つ" と答えた。このクライアントののどの詰まりは、夫への怒りとして具体化されている。

　身体の感覚は生理的な反応ではなく抽象的イメージとして表現されるかもしれない。それはたとえば、"身体の奥に小さな鉄の塊があるような感じ" "お腹の奥が黒い感じ" "お腹が冷たい感じ" などである。この場合もやり取りの基

本は身体の感覚と同じである。お腹の中に黒い固い鉄の球がある感じと表現したあるクライアントに対して、"黒い固い鉄の球がしゃべるとしたら何と言うと思いますか？"と質問した。クライアントは、"私は柔らかくならない"と答えた。"柔らかくならないんだね。（間）柔らかくならないを別の言葉でも表現できますか？"と質問すると、"ずっとため込み続けたからもう言葉にできない"と答えた。その後のやり取りは以下のように続いた。"もう言葉にできないようなためてきた気持ちがあるんですね。（間）言葉にできないと言ったけど、言葉にしたくないですか？""ほんとうはずっと言葉にしたかった""ほんとうは言葉にしたかったんですね。（間）言葉にしたかったのにできなかったのはなぜですか？""母に迷惑かけるから""お母さんに迷惑かけたくないから、ずっと言葉にしないでやってきたんですね。（間）この先も言葉にしないほうが良さそうですか？""いいえ、もう言葉にしたいとも思う""もう言葉にしてもいいと思うんですね。何と言いたいんでしょうか？""本当はずっと独りぼっちな感じがしてさびしい。"このやり取りを通して黒く固い球は感情へと姿を変えていった。

（2）調整のプロセス

●調整のプロセスとは

　ゆらぎのプロセスで明らかになった葛藤の両方を受け入れることで、葛藤の解決ではなく、調整に進む。調整とは、現実と自身の感情との折り合いをつけるものである。たとえば、今まで怒りが強く体験され過ぎていた場合は、怒りの体験を少し弱くしていく、逆に弱すぎた場合には少し強くしていく、また今までは"わかってくれない相手が悪い"と責めていたが、"相手を責めても何も変わらないから責めるのをやめよう"と思い始めたりするなどである。調整は、カウンセラーやプログラムのファシリテーターが指示や提案をすることがなくとも、自然な変化として起きることが多い。この調整こそ、適応的な感情表現への道となっていくのである。

　たとえば、今まで悲しみが強く表出され過ぎて、ちょっとしたことで相手に涙を流しながら訴えていた人は、強く出過ぎていた悲しみを少し抑えて表現するよう調節するようになる。悲しみが表出されるときに、話し始める前に呼吸

をしたり、身体の力を緩めたりするようになる。ある40歳代の女性クライアントは、不安の表出が強過ぎていた。夫との口論の後不安を感じ始めると、泣きながら大きな声を出すこともあり、その表現の過剰さに、小学生の息子が怯えていた。クライアントは息子が恐がっているとは思ってもいなかったので、それを知ったときに自身の言動が息子を傷つけてしまっていると思いショックを受けた。小学生の息子のためにカウンセリングを受けるようになったクライアントは、不安の感情処理を進めていった。彼女が幼少の頃からクライアントの母親は、彼女の前でたびたび不安を泣きながら強烈に表現していた。そのたびに幼少期のクライアントは怯えていた。その場面に身を置き、不安で混乱し大きな声をあげている母親を見ているときの恐れと、自分がしっかりしなければいけないので恐がってはいけないと恐さを抑えている自分を体験した。そして、自分が恐がってしまうと母親をなだめる人がいなくなり収拾がつかなくなると考え、恐れを抑えている自分を理解し、感謝の気持ちをもって受け入れた。もし自分が恐さを感じて母親をなだめられなかったとしたら、家族がバラバラになってしまい、また母親が壊れてしまうのではないかと思っていた。母親と家族を守ろうと頑張ってきたのである。それをカウンセラーから肯定的に受容されたとき、クライアントは今までの自分が批判されずに受け入れられている安心感を持ち、カウンセラーとの信頼関係が深まる。その結果、感情を感じ始める。感情の輪郭がはっきりし始め、自身の感情が言語化できるのである。そして不安の感情処理を経て、不安が減っていった。同じような状況で以前より少ない不安を感じるようになっていったのである。それを経て、クライアントは自分自身が不安になったときに、冷静にふるまえるように変化していった。不安になってしまったときに、"ああ、私は不安なんだ"と自身の感情を受け入れ、息子に対して冷静に"お母さんは、いま不安なんだ"と伝えることができるようになり、以前のように泣きながら大きな声を出すことはなくなった。クライアントによるとこの変化は、意識したものではなく自然なものであったという。

　また、悲しみや怒りなどの表出が弱く淡々と表現するにとどまっていた人は、もう少し自分の感情を意識して見つめて感じ取れるようになる。その結果、今まで以上に感情を交えた表現をするようになる。ある50歳代の女性クライアントは、怒りを感じることが苦手であった。怒りを感じても当然と頭では理解で

きるのだが、他者から利用された状況でも、利用されたと気づくまでに数週間の時間を要し、怒りを感じることはなかった。彼女は幼少期に、他の兄弟には一切要求されないが自分にだけ義務付けられた家事の手伝いを自分の学校の宿題よりも優先させられるという両親の理不尽な態度に対しても、腹を立てないようにしていた。腹を立てなければ親も兄弟も機嫌よく過ごすことができるから、自分だけが我慢すればよかったのである。彼女は、幼少期から怒りを我慢して、家族が機嫌よく過ごせるように振舞った自分を誇りに思い、今まで怒りを抑えてきた自分に感謝した。その後クライアントは、自身の怒りを感じることができるようになった。そして怒りを感じることを自分に許可し、怒りの感情処理を進めていった。その後、彼女は以前よりも怒りを強く感じるように変化した。他者から利用されたと思ったときには、表情に不快さを表すようになった。同時に、以前は"利用されたと思わないようにしよう"と考えていたのが、"私は利用される人間じゃない"と考えるようになった。その結果、周囲も次第に彼女を利用するといった軽んじる行為をしなくなっていった。

　これらの例のように、全力で感情に向き合っていた人が少し距離を置くようになり、自身の感情と距離を置いていた人が活き活きと感じるようになるのである。

● 調整がもたらす変化

　これらの感情のバランスの調整とでも言えることが、ゆらぎのプロセスを経た感情処理によって、自然に上手にできるようになってくるのである。バランスが調整できるようになると、前述の50歳代の女性クライアントのように、新しい考え方を取り入れられるようになる。たとえば怒りの表現方法について、今までは、"腹が立つ＝自分が理不尽な目に遭っている"と自動的に考えてしまっていたのが、"腹が立つ＝自分が腹を立てている"と考えるようになる。この新しい考え方は適応的である。感情をぶつけても出来事は変わらない。現実も変わらない。感情処理を進めていくことで、感情の主軸が自分に移行していく。感情を抑圧または抑制しているときには、自身の感情の主体が自分ではなく周囲にあったのが、感情を活き活き感じることで主体が自分になる。すなわち感情処理のプロセスで、自分の感情は自分が感じているものであることを

●事前準備
　①「今まで、どう対処してきたか?」について語り合う
　②「一般的にその感情をどのような場面で感じるのか?」について語り合う（感情を教える）
　③感情は自分が感じているということに気づく

●ゆらぎのプロセス

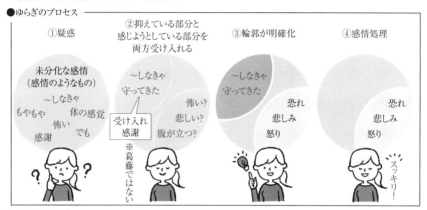

①疑惑　　②抑えている部分と感じようとしている部分を両方受け入れる　　③輪郭が明確化　　④感情処理

●調整（自然に）
　・強すぎる→少し弱く（弱すぎる→強く）
　・適応的な表現

図2-3　ゆらぎのプロセス

活き活きと体験する。その体験を通して、感情は他者から感じさせられているものではなく、自分が感じているものであることが理解できるようになる。自分で感じているからこそ、自分で選択できることがわかるようになる。その結果、自身の感情に関する問題に向き合えるようになるのである。

　感情を相手に伝えるのには言語化が大切である。感じたことを言葉でアウトプットできることが必要になる。これが概念としての言葉ではなく、自身の体験を通した自分なりの言葉になっていく。したがって、感情処理法を通して感情を相手に伝えることが、今まで以上に適切にできるようになっていく。これが問題解決の大きな助けになるのである。

　また調整段階では、客観的事実を受け入れられるようになる。自分がどのように感情を表現してきたかについて事実を見るようになるのである。自分は悲しかったはずなのに、相手に文句を言うことで表現してきた、不安なときに相手を責めていたなど、自分が体験していた感情とその表現について理解する。それは体験した感情と表現方法の不一致に関する理解へと深まっていき、それ

によって、自身の今までの他者との関わり方を見つめなおしていくきっかけになる。それはとても相手から理解を得られる表現方法ではなかったかもしれないし、相手との良好な関係構築にはマイナス面が大きかったことかもしれない。それらが見えてくることにより、自身の他者との関わり方、ひいては自身の生き方そのものに対する考察が生まれてくる。これは、大きな変化へのステップとなっていくのである（図2-3）。

4 感情への否定的認知を理解し修正する

（1）感情にブレーキを掛ける否定的認知とは

　感情に対する否定的認知（思考）とは、感情を抑制または抑圧するに至らせる考え方である。感情の抑制や抑圧の背景に存在し、感情を抑制または抑圧する動機となっている。

　ある20歳代後半の会社員男性は、悲しみを抑圧していた。そして歯科医院でも原因が特定できない歯痛をしばしば体験していた。男性は、人生において泣いた記憶がなく、"自分には悲しみがない"と思い込んでいた。そしてそのことをネガティブにも思っておらず、むしろ好ましくすら思っていた。強いて不便さがあるとすれば、泣く人にとても苦手意識を持っていること、特に女性と話をするときには相手が泣かないように過剰に気を遣うこと、そして泣いている人がいると早急に泣き止ませるため"大丈夫だよ""悲しくないよ"とおせっかいなほど介入してしまうことくらいであった。男性の両親は涙を流す姿を見せたことがなく、"悲しい""つらい"といった言葉を使うこともなかった。特に自身が悲しみを表すことを禁止された記憶はないものの、幼い頃から悲しみの感情表現がない環境、すなわち悲しみがない家で育ってきたのである。

　男性は、過去にあった悲しい状況に再度遭遇し、悲しみを体験している、そして表現している自身の姿を空想し、その自分に身を置いて、自身の内側の変化（自分が思っていることや感じていること）に注意を向けてみた。身を置くとは、その出来事を体験している時点の自分に戻ったつもりで、その出来事が現在進行形で行われているようにイメージし、あたかもいまその場面を体験しているつもりになることである。これを「再体験」ともいう。身を置くことによって

その場面での、自身の感情や思考、そして身体の感覚などを活き活きと感じることができる。身を置いてみた結果、"なんとなく人から嫌われそうな感じがする"、男性が体験したのはそういうものであった。"悲しみを体験するとなんとなく人から嫌われる"、これは彼の悲しみの感情を抑える否定的認知である。

　次は、"悲しむと人から嫌われそうな感じがする"という思いにいつ頃からなじみがあるかを探った。いつ頃からなじみがあるかとは、感情の抑制や抑圧を決断した時期について探る過程である。人は生まれつき感情を抑制や抑圧してはいない。いずれかの時期に環境への反応として、抑制や抑圧を決断する。決断した場面は「原初場面」である。感情に対する否定的認知（思考）を解決するためには、抑制や抑圧に至る決断を明らかにし、それを修正することが必要である。男性は、もう物心ついた頃から、"悲しみを表現することは、人から嫌がられるような感じ"を持っていることを理解した。そして小さい頃の両親にも、悲しみを表現すると嫌がられるような思いを持っていたことがわかった。男性は、悲しみを表現することは他者から嫌われることであるとの思い込みを持っていること、そしてそれが非合理的な考え方であることを理解した。非合理的な考えであると頭で理解するのではなく、心が納得する必要がある。心が納得するとは、腑に落ちること、心からそう思えることである。そのためには、その決断をした頃の自分に十分共感する必要がある。男性は、物心ついた頃の自分が、悲しみを表現しない親から愛されるために（嫌われないために）、自身の悲しみを抑えざるを得なかったと理解し、そう決断した小さな子どもの自分の、親から愛されたいという気持ち、悲しくても我慢しようとした気持ち（当然、抑圧する以前は、悲しみを感じる場面は多々あったはずである）、などに共感した。その共感のプロセスを経て、非合理的な決断に対して、心から納得した上での修正ができるのである。

（2）否定的認知の修正のプロセス

　否定的認知（思考）の理解から修正へのプロセスは以下のとおりである。
①抑圧や抑制している感情を感じている、表現している自身の姿を空想し、その自分に身を置いてどう思うか、どう感じるかを探る。これが否定的認知を表している場合が多い

②原初場面を明らかにするためにそういう思い（非合理的な考え、決断）にい
　つ頃からなじみがあるかを探る

③どういう経緯でその思い（非合理的な考え、決断）に至ったかを理解する

④その思い（非合理的な考え、決断）を抱いた自分に共感する

⑤心から納得したうえで思いを修正する

● 否定的認知を明らかにする

　①から③について、もっと直接的に否定的認知を決断した経緯を理解しても
らうために“もし小さい頃の親に対して、あなたが恐いと言ったら（もしくは
恐がったら）、どのような反応をすると思いますか？”などと、クライアント
が否定的認知を持つ感情に対する親の反応を質問するのも良い。たいていの場
合クライアントは、“親がどうしていいか困る”“親が嫌がる”“親から怒られ
る”“親から愛されなくなってしまう”などと親がその感情を受け入れる能力
が無いことを返答するであろう。それは、感情を抑圧や抑制しなくてはならな
い充分な理由になる。

● 否定的認知を解決する

　カウンセリングにおいて、クライアントの感情への否定的な認知を修正する
場合には、「④その思いを抱いた自分に共感する」の過程で、カウンセラーは
クライアントがその思いを抱くに至った背景を理解し、共感的に接すると同時
に、決断の場面での感情処理の支援をすることも効果的である。

　決断の場面での感情処理の支援を事例で説明する。ある60歳代の女性は恐れ
にブレーキをかけていたため、あまり恐れを感じなかった。たとえば、車で制
限速度をかなり超過するスピードを出したとしても全く恐れを感じなかった。
なぜ恐れを感じないのか探るために、“恐れを体験しようとすると、どういう
ことを思うかもしくは感じるか”を探った。その結果“恐れを体験しようとす
ると、もっと恐いことになりそうな気がする”ということが明らかになった。
“恐れを感じるともっと恐いことになる”は恐れに対する否定的認知である。
60歳代の女性は子どもの頃、恐がると母親から怒られていた。彼女にとっては
母親から怒られるのは体罰を伴うものでありより一層恐いことだった。それが、

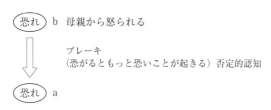

図2-4　決断の場面の感情処理

"恐れを感じるともっと恐いことになる"と思うようになった経緯であった。この母親から怒られる場面（決断の場面）に身を置いて恐れを息で吐き出し処理するのである。このとき息で吐き出すのは図2-4の「恐れb」である。「恐れa」はブレーキがかかっているために体験することが難しいが、「恐れb」にはブレーキがかかっていないために体験することができる。「恐れb」を処理することにより、"恐れを感じるともっと恐いことになる"という否定的認知が修正しやすくなり、「恐れa」に対するブレーキが緩む。そして「恐れa」を体験しやすくなるのである。

（3）魔術的思考を伴う否定的認知

　感情への否定的な認知はかなり非現実的である場合も少なくない。その決断が幼い頃であればあるほど、その認知は現実的ではない。前述の男性は、両親の前で悲しみを表現した記憶がない上に、悲しみを表現したときに両親から嫌がられた出来事があったわけではない。もしかすると、子どもの頃の男性が悲しみを表現したとしたら、両親はそれを嫌がらなかった可能性もあり、それが事実かもしれない（ただし、おそらく、悲しみを表現できない親は、子どもが悲しみを表現したときうまく受け入れられないので、子どもの悲しみをストップさせようとする。したがって子どもの悲しみを受容できたとは思えず、結局、子どもは悲しみを抑える決断をすることになると思われる）。しかしながら、物心ついたばかりの頃の男の子は、そのときの物事の理を理解するための能力を使って判断したのである。小さな子どもは、客観的で事実志向の判断力を十分に持っておらず、未熟である。大人と同じ考え方ができるようになるのは、12歳頃になったときである。

　交流分析では、大人と同じ思考力が備わっていない子どもが考え方を決断す

るとき、その考え方はしばしば「魔術的思考（magical thinking）」であるという。特に３歳より前の幼児が魔術的思考の影響を受けて感情への否定的な認知決断をすると、たとえば“恐れを感じると生きていけない”“怒りを感じると恐ろしい目に遭う”などと、まるで感情を体験することが生存を脅かすことであるかのような極端な歪みを持つ。感情を体験することが生きていけないほどのことではないと大人ならば理解できる。しかし幼児にとって感情を体験し表現してしまうことと、親から迷惑がられること、愛されなくなってしまうこと、生きていけないこと、または死んでしまうこと、恐ろしいことが起きること、などが混乱し、恐れを伴った否定的な認知を決断してしまうのである。クライアントの魔術的思考は、感情を感じることに対して具体的ではない恐怖や不安を訴えることで明らかになる。たとえば感情を感じると、“何かわからないけど危ない気がする”“恐ろしいことが起きそうな気がする”“理由はわからないけどとても恐い”などと訴える。

　前述の60歳代の女性のケースは、実は「恐れb」にもブレーキがかかっていたために体験できなかった。「恐れb」が体験できるならば、その処理を実施することにより「恐れa」が体験できるようになるが、「恐れb」にブレーキがかかっている場合には、そこに「恐れb」への否定的認知が存在する。彼女は「恐れb」を体験しようとしたときに“生きていけないような恐さ”を感じた。根拠はないものの、恐れを感じると生きていけないような恐さがわきあがる。これが「恐れc」である。「恐れc」に関する否定的認知、“恐さを感じると生きていけない”は、「恐れb」の“恐がると母親から怒られる”の認知のように、具体的で現実的ではない。漠然とした感覚であり、“生きていけない”という表現から明らかなように生存に関わっている。したがって３歳より前の幼児が魔術的思考の影響を受けて感情への否定的な認知決断を行ったものである。彼女の感情処理は、まず「恐れc」を体験・処理し、“恐れを感じても生きていける”という認知への修正が必要である。その次に「恐れb」の体験と処理を実施し、“恐れを体験してももっと恐いことは起きない”という認知へと修正する。それによって「恐れa」の体験が実現する（図２−５）。

　「恐れ」と一言で表しても、「恐れa」「恐れb」「恐れc」のように別の感情である。それを同じ「恐れ」として一緒に処理することはできない。「恐れc」

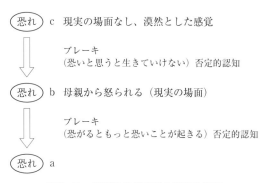

図2-5　魔術的思考を伴う否定的認知

を処理しても「恐れa」は体験できないのである。カウンセラーは、クライアントのどの感情にアプローチし支援しているのか明確に理解したうえで支援していることが求められる。

（4）養育者の感情表出のあり方が否定的認知に影響する

　また感情への否定的認知には、養育者の感情表出のあり方も影響を与える。その人が育った環境で、養育者がどのように感情を感じ、そして表出していたかが、否定的な認知の形成に一役買うことになる。あるクライアントは、不安になるとヒステリックになり泣きながら混乱し、父親を責める母親の姿を何度も目にして育った。その姿を見ることは、両親が仲良くしてほしいと願う小さな子どもにとって、両親が別れてしまう不安を抱かせるものでありとても恐く、悲しいものであった。そして成人したクライアントは、不安や恐れを感じようとするとき、ブレーキがかかり身体を緊張させてしまう。クライアントにとって恐れや不安は、母親のヒステリックな言動を繰り返し目の当たりにすることで取り入れた“感じるとコントロールができなくなるもの”であり、父母の関係から学んだ“人と仲良くできなくなってしまうもの”であった。この否定的認知を修正するためには、母親が父親を責めている姿を見ている幼少期の自分に身を置き、そのときの両親が別れてしまうのではという不安と、“恐れや不安を持つと人と仲良くできない”という否定的認知を再体験するのである。そのうえで、体験している不安を息を吐きながら処理し、そのとき否定的認知を

決断した幼い自分に共感することが必要である。

　ある30歳代の男性クライアントは、怒りが苦手であった。そして職場で後輩から心理的ないじめに、上司からは心理的なパワハラといえるような目に遭っていた。職場で後輩から不合理なことを押し付けられ、"先輩は地頭が悪いですよね""先輩の彼女を見て、先輩が面食いではないことがわかりました"など侮辱されるような言葉を投げかけられても、感情が動くことがない。怒りを覚えることが自然であると思われる状況においても、怒りを体験することがなかった。男性クライアントの父親は普段は優しかったのだが、酒に酔うと性格が変貌し、しばしば母親に対して怒鳴ったり、暴力をふるったりした。母親に対して怒りをむき出しにする父親の姿は、幼い男性クライアントにとっては恐怖の対象であった。そして怒りは、"大事な人を傷つける恐ろしいもの"であり"決して感じてはいけないもの"であった。このように養育者の感情表出のあり方が、感情の否定的な認知形成に大きく影響しているケースは少なくない。これらの場合にも、否定的な認知を決断した原初場面に身を置き、そのときの思いに共感的に寄り添うことが、否定的な認知を修正するために大切である。この男性クライアントの場合だと、酒に酔った父親が母親に対して怒りをぶつけている場面に身を置き、そのときの恐怖と、"怒りを決して感じてはならない"と決断したこと、そしてそのときの傷つきを再体験することである。そのとき体験した恐怖は再体験したうえで息を吐き感情処理したほうが良い。感情処理したほうがそのときの恐怖は少し減ることになり、それは怒りを感じることへの恐怖が減ることにもなるからである。そのうえでそのときの幼い自分の傷つきに共感するのである。

（5）文化や価値観が否定的認知に与える影響

　感情への否定的認知には、文化や価値観も影響を与えている。ある60歳代の女性クライアントは、祖父からの"女性はおしとやかでなければならない"という価値観に汚染を受けていた。汚染とは、事実ではないことを事実であるかのように思い込んでしまうことである。もしくは事実ではないと思考レベルでは理解していたとしても感情がついていかないことである。そのクライアントが育った家では、男性に比べて女性は立場が低く、専制君主のような祖父が気

に入るようにふるまい、祖父の価値観に沿っていることだけが認められること
であり、祖父の価値観に沿った言動をした場合のみ自身の価値が感じられた。
ただでさえ同胞の男の子と比較して女の子で生まれたというだけで無価値であ
るのに、おしとやかさまで失われるとますます無価値になってしまう。おしと
やかであるためには怒ってはいけない、そのために怒りを抑圧していた。

　また雪かきは女の仕事であるから、嫌と思ってはならないと、雪かきや家事
を嫌と感じることを抑えていた40歳代の女性クライアントもいた。彼女にその
価値観を押し付けたのは義母であった。このように性役割に関する価値観は、
感情に対する否定的認知に大きな影響を与えることがある。50歳代以降の男性
クライアントには、悲しみや恐れを抑えている人が多くいるように思える。彼
らの中には、悲しみや恐れを"弱さ"と同義に思っている人も多い。一方、50
歳代以降の女性クライアントには、怒りを女らしくないことと同じ意味に捉え
ている人も多い。これらも彼らが育った時代の価値観の影響を受けていると思
われる。

（6）否定的認知を決断した自分への共感

　感情への否定的認知は、理屈でわかるだけではなく、③どういう経緯でその
思い（非合理的な考え、決断）に至ったかを理解する、④その思いを抱いた自
分に共感する、⑤心から納得したうえで思いを修正する、の過程が大切である。
この過程があって初めて心でわかることができる。

　家族として大切に想っていた愛犬を亡くしたある女性カウンセラーは、愛犬
を亡くした日から1か月以上にわたり、仕事以外の時間に思い出しては悲しみ
涙する日々を過ごしていた。喪失体験では、悲しみから目を背けずに受け入れ
ることが大切であり、悲しみを受け入れない場合には心や身体の調子を崩す場
合もある（小此木, 1979）。心理師である彼女は、そういうことを知識として知っ
ており、自身にとっても悲しみを受け入れることが良いことであるとわかって
いたので、つらくはあってもただ悲しみに浸る時間を大切にしていたつもりで
あった。しかしながら1か月経過した頃、調子がますます悪くなっていること
に気づき、このままこの状態が続いたならばそれこそうつ状態になってしまう
のではないかと危惧し始めた。あるとき入浴中に泣いている自分の顔を鏡で見

て、彼女は自身の顔に、特に眉間に強く力が入っているのがわかった。すなわち悲しみを感じているものの、顔に力を入れているため、それを受け入れてはいなかったのである。彼女は、自身が"悲しみを受け入れたほうがいい"と思っているものの、それは理屈でそう思っているだけで、心からそれを納得していたわけではなかったことを理解した。その後彼女は、悲しみを受け入れることについてどう思っているのか、自身の悲しみに対する否定的認知を探ってみた。その結果、悲しみを受け入れることは愛しい愛犬とのほんとうのお別れになってしまうので、悲しみを受け入れたくないと思っていたことに気づいた。愛犬とお別れしたくないと思っていたために悲しみを抑えていたのである。

このように、頭では感情を受け入れることを理解していても、心がわかっていない場合がある。このような場合にも、身体に力が入り、その感情を抑えようとする。心から納得するには、否定的認知を持つに至った経緯を理解し、そのときの気持ちに共感する過程を経ることが重要である。否定的認知を決断した自分への共感の進め方は、次節で説明するやり方と同じように実施できる。

5 幼少期の自分に共感する

感情処理法を実施する過程で、クライアントが幼少期の自分に身を置いて感情を体験できないケースがある。それはほんとうの自分を他者に見せたことがなく、偽りの自分を見せてきていたクライアントに多い。クライアントは偽りの自分を見せてきたことを"鎧をまとって生きてきた""着ぐるみを着て生きてきた"などと形容する。このようなクライアントにとって、ほんとうの自分の感情を体験することは、鎧の中の傷ついた自分に触れることであり、傷ついていたことを受け入れることでもあり、強い恐れを伴うことである。

このようなクライアントが幼少期の自身の感情を体験するために効果的な方法は、幼い頃の自分に共感することである。そのための手法として「外在化」を使う。外在化とは、自身の内側の感情を外側から捉えるように客観視し、自分の外側にあるものとして対処することである。具体的な方法として、空椅子を使い、そこにほんとうの自分を見せないように生きなければならなかった幼い頃の自分を投影させ、そのときの感情を理解し共感するやり方を使う。

　ある40歳代の女性クライアントは、幼少期より親からありのままの自分では受け入れてもらえないと思っていた。そのために彼女は、親の期待に添う娘像を創造し、それを演じてきた。偽りの自分の演技を続けるうちに、ほんとうの自分がどういう自分なのか、また自分の感情が何なのかがわからなくなっていた。そして他者から受け入れられたと思えたときだけは満足できるものの、受け入れてもらっていないと思ったときにはヒステリックになることを繰り返していた。彼女が幼少期の自分、親からありのままの自分を受け入れてもらえなかったときの自分に身を置き、そのときの感情を再体験しようとしたとき、感情が遮断されるような感覚を感じ、感情の体験が阻害されるのを感じた。そこで空椅子にそのときの幼い自分を投影させ、自分がどのような感情を体験していたと思うか考えてもらった。そして彼女は、そのときの幼い自分を"つらかったと思う""ほんとうの自分を受け入れてもらえないのは悲しいはず""このときの私がかわいそう"と答えた。幼い頃の自分の気持ちがわかるのは自分だけだから、そのときの自分に共感するように促すと、彼女はそのときの自分を不憫でかわいそうと思い、そして悲しみを体験した。この悲しみの体験により彼女の感情処理は大きく進んだ。そしてありのままの自分でも良いと思えるようになるきっかけとなったのである。

　ある60歳代の女性カウンセラーは、幼い頃に姉妹の中で自分だけ親元から祖父母の家に預けられ、幼児期から児童期をずっと祖父母の家で暮らした。彼女は"私は親から捨てられた"と思い、親を恨み続けてきた。そう思うことで自分を支えてきたのである。もし彼女が恨みを持たなかったとしたら、姉妹の中で自分だけ両親と暮らすことができない悲しみに向き合わざるを得なくなる。それは耐え難いことであったのである。彼女が幼少期の自分に身を置いたとき、すべての思考がストップするような感覚を感じ、それ以降、感情を体験することができなかった。彼女が体験しているものが恨みではなく悲しみであることは、彼女の表情からも明らかだった。そこで空椅子に幼いころの自分を投影させ、幼い自分がどういう気持ちを感じているか考えてもらった。そして彼女は"多分深い悲しみを感じていると思う。耐え難いほどの悲しみだと思う"と答え、そして悲しみを体験し涙を流した。

　このように受け入れがたい自分の感情を外在化させ、幼少期の自分を客観的

に見ることにより、自分に共感する。その結果、受け入れがたい自分の感情を
体験することができるのである。

6 感情の肯定的な側面を理解する

（1）進化論的立場からみた感情の適応的意味

　感情の肯定的な側面を理解することは、感情に向き合い、受け入れ、体験す
ることに向けてプラスに働く。感情の肯定的な側面を理解するうえで、進化論
的に感情がなぜ備わっているのかから理解することは意味がある。進化論は、
ダーウィンの『種の起源』から始まり、現在も「進化心理学」などその流れを
くむ学問は発展を続けている。進化論的観点では、生物の身体や行動の特徴は
遺伝情報で形成され、次世代へと受け継がれる。遺伝情報は、細胞内のＤＮＡ
上の遺伝子という情報のまとまりにより伝えられる。感情も遺伝子によって受
け継がれている。その遺伝情報は複製エラーを起こし書き換わることで突然変
異を発生させ、多様化する。多様化した特徴は、生存競争、環境の中で淘汰さ
れる。すなわち感情を含む人が備える特徴のあらゆるものが、子孫を残し生き
残るために長い時間をかけて獲得されてきたものであり、生き残るために適し
ており淘汰されることなく残っているものである。そういう意味において、感
情は私たちが生きていく上において必要な意味を持っている、すなわち感情は
適応的側面を持っているといえる。

　それぞれの感情にどのような適応的側面があるかについて、表2－2と表2
－3を参照して考えることができる。表には記されていない感情であるが、た
とえばパートナーに対する嫉妬は好ましい感情とは受け取られにくい。しばし
ばトラブルを起こす基となる感情の一つである。だが進化論的立場からみると、
嫉妬はパートナーに性的な不義理があった場合それを糾弾する行動を起こすた
めの感情である。嫉妬が誘発されるパターンは、男性と女性で違いがあること
が知られている。男性は肉体関係に関する疑いでより強く嫉妬を感じる傾向が
あり、女性は愛情関係に関する疑いでより強く嫉妬を感じる傾向にある。それ
は、女性はパートナーの資源を自分と自分の子ども以外に配分されることを防
止するためであり、男性はパートナーが他の男性の子どもを産むことで、自分

表2-2　祖先に繰り返しふりかかった適応上の「難題」と情動

他個体あるいは環境との関係	繰り返し生じた事態・情況	情動
愛情（情緒的絆）	愛着対象といっしょになること、いること	喜び、愛情
	愛着関係の中断（分離）	困惑、不安
	愛着関係の回復（再開）	安堵（ときに怒り）
	愛着関係の喪失	悲しみ、絶望
世話、養育	乳幼児をはじめ他者を助けること	養護的愛情
協同	（協力）関係を確立しプランを打ち立てること	喜び
	プランの達成	喜び
	（行為やものの）やりとり	感謝
	性交、グルーミング（個体間の毛づくろい）	喜び、愛情
	（協力）関係が崩れプランが失敗に終わること	悲しみ
競合	地位や資源を獲得したり防衛したりすること	怒り
	敗北	恐れ、恥
捕食	狩猟	興奮、喜び
	自分自身が狙われること	恐れ
無生物との接触	物質的な資源を見つけること	喜び
	物理的な危険との遭遇	恐れ
	毒物や汚濁したものとの接触	嫌悪

（出所）　Oatley & Jenkins（1996）（遠藤（1996）p.23より転載）

の資源を他の男性の子どもに配分しないためであると考えられている。嫉妬は
しばしば問題を起こす感情ではあるものの、嫉妬がなければパートナー関係は
維持しにくい面もある。嫉妬のような感情であっても、そこに適応的な意味が
あるのである。

（2）感情の肯定的側面を理解する意味

　感情処理の対象は主に不快感情である。不快感情という表現からネガティブ
なものとして捉えられやすい。そのため不快感情には否定的な意味しかないか
のように誤解を受ける。あるクライアントは、"不安が何の役に立つんでしょ
うか。不安なんて感情はある意味が無いと思います"と、自身が体験する不安

表2-3　情動のシグナル的特性・適応的機能

情　　動	先行条件	自己システム内の機能	対人システム内の機能
怒　　り （anger）	目標の頓挫	目標達成の妨げとなっている障壁の除去	今まさに攻撃するかもしれないということの警告
悲しみ （sadness）	重要な対象の喪失、効力感の欠如	低レベルでは共感を促進、高レベルでは活動の抑止（おそらくはそれ以上の外傷体験がふりかかるのを阻止する）	養護・共感・援助の（他者からの）引き出し
恐　　れ （fear）	危機の知覚	脅威の同定、逃走あるいは闘争の促進	服従のシグナル、攻撃されるのを回避
軽　　蔑 （contempt）	優越の知覚	社会的地位・支配・優越感の確立・維持	他者に対する支配・優越のシグナル
恥／気恥ずかしさ （shame／shyness）	自己が注視の対象になっていることの知覚	それ以上のプライバシーの侵害から自己を守る行動の発動	プライバシー保護要求のシグナル
罪 （guilt）	何か悪いことをしてしまったという認識およびその場から逃れることができないという感じ	償い行動の促進	攻撃される確率を減らす服従的姿勢の生成
嫌　　悪 （disgust）	不快・有害物質／人物の知覚	不快・有害物質／人物の排除	受容する意図がないことのシグナル
興味／興奮 （interest／excitement）	新奇性、食い違い、期待	情報の取り込みのための感覚システムの作動	受容する意図があることのシグナル
喜　　び （joy）	親近性、快適刺激	現在の活動を継続せよという自分に対するシグナル	良好な内的情感の伝染による社会的絆の促進
驚　　き （surprise）	新奇性の知覚、期待との不一致	生体を新しい経験に対して準備させる機能	生体の素朴さ（無知・未経験）を示し、攻撃から生体防御する働き

（出所）　遠藤（1996）pp.36-37.

について、全面的に否定的な立場を主張していた。たしかに感情に否定的な側面しか見いだせなければ、その感情が自分にあることを到底容認できず、体験しないほうが良いとすら思うかもしれない。しかしながら、どのような不快感情であったとしてもそこに肯定的な側面があると理解してほしい。少なくとも生存競争を生き残るためには肯定的な意味を持っていた。不安を含むあらゆる感情を持った私たちヒトが生き残っているという一点において、肯定的な意味

を持っているのである。肯定的側面を理解することにより、自分がその感情を持っていることを許可できる。そしてそれに向き合い、感じることへと進んでいけるのである。

　クライアントが自身の不快感情の肯定的側面を理解することによって、感情を受け入れることへの助けになる。肯定的側面の理解は、カウンセラーが教示するものではない。クライアントの心からの理解を達成するためには、カウンセラーがクライアントに肯定的意味を質問し、クライアントの考えを受容したうえで一緒に検討し、肯定的側面について整理していくことが望ましい。

（3）感情の肯定的理解のポイント

　クライアントが受け入れていくことに取り組んでいる感情の肯定的側面を理解するために、話し合いを通して一緒に検討し理解を促進して欲しいいくつかのポイントがある。それらはそれぞれに感情を受け入れる動機となるものである。

　それらのポイントは、
・怒り、悲しみ、恐れ、嫌悪、寂しさ、喜びなどの感情がすべての人にあることを理解する
・感情の肯定的側面を理解する（考える）
・感情が自分の問題解決や症状改善に有用なことを理解する
・感情を感じることで人生が豊かになることを理解する
である。以下それぞれのポイントについて解説する。

●怒り、悲しみ、恐れ、嫌悪、寂しさ、喜びなどの感情がすべての人にあることを理解する

　クライアントの中には、"私には悲しみの感情がない""私は怒ることがない"などと言う人がいる。真面目にそう信じているクライアントに出会うのは、決して珍しいことではない。そして自分と同じようにある種の感情が無い人が世の中には多くいるとも思っている。もちろんこれらは間違った思い込みである。

　人が人種や文化を超えて基本的感情を持っているという理論がある。普遍的

な基本的感情が何かに関しては諸説あるものの、その代表的な研究者である
ポール・エクマン（Ekman, P.）は、表情から感情を分類し、幸福、驚き、恐れ、
悲しみ、怒り、嫌悪をあげた（後に他にも楽しさ、喜び、満足、困惑、興奮、軽蔑、
恥、罪悪感、功績にもとづく自負心、安心、納得などもあげている）。すべての文
化圏でこれらが同じ表情を通して共通して表れるか否かに関しては疑問も呈さ
れているものの、エクマンによるとこれらの感情は生得的なものであり、すべ
ての人が持っているものである。

　前述の通り（1節）ジョン・マクニールは、「すべての人が感情の世界を持っ
ている」といった。私たちはみな感情を豊かに持っている。脳に器質的な障害
がない限り、またよほど特殊な文化圏で育っていない限り豊かに感情を持って
いる。

　怒り、悲しみ、恐れ、嫌悪、寂しさ、喜びなどの感情がすべての人にあるの
であれば、私たちは日々様々な感情を体験していることになる。私たちは、怒
り、悲しみ、恐れ、嫌悪、寂しさ、喜びの全てを毎日体験している。仕事に行
き、家に帰り、食事や入浴を済ませて休むという変わり映えのない一日のよう
であっても、そこに多くの感情を体験しているのである。

　クライアントが、自分自身も本来感情を豊かに持っていること、それが自然
なことであるのを理解すること、これらは感情に向き合う上で大切なことであ
る。

●感情の肯定的側面を理解する（考える）

　感情は合理的な機能を持っている。感情によって人は何かの行動に駆り立て
られる。そして感情が何かの行動に没頭させる。また感情によって人は身体の
状態を整える。人が何らかの行動を取る際に必要な身体の状態を作るために感
情が一役買っている。そして感情は、他者との情報の伝達やコミュニケーショ
ンに大きな役割を果たしている。他者との関係構築にも役割を持っている。

　感情の肯定的側面は、クライアントが受け入れることができない感情に焦点
を当てて検討していくのが良い。クライアントが怒りを受け入れられないなら
ば、怒りの肯定的側面を考える、悲しみを受け入れられないなら悲しみの肯定
的側面を考えるなどである。進め方は、クライアントにその感情の肯定的側面

についてどう思うかを質問し、クライアントが回答した内容を基に話し合いながら整理していく。

　怒りは、パワーの源であり、やる気にもつながり、元気のもとにもなる。うつ病の患者は活力がかなり低下しているが、怒りが出ないことが特徴的である。うつ病のクライアントが感情処理で怒りを出せるようになってくると、少しずつやる気や活力が蘇ってくる。また怒りは、現状打破や危機突破にも役に立つ感情である。

　悲しみは、つらいことを乗り越えるために必要な感情である。悲しみに向き合えないと、体験したつらい出来事からなかなか抜け出せないこともある。悲しみは、過去を終わらせ未来に目を向け、そしてここから一歩を踏み出していくために必要な感情である。

　恐れは危機を回避するために必要な感情である。恐れを感じるからこそ危ない行動を避け、慎重に行動し、また事前に周到な準備へと誘う。恐れ知らずの人は危ない行動をしてしまう。また恐れは、将来にむけてきちんと戦略を立案しているときにも働いている感情である。

　その他にも、嫌悪は嫌なものを回避するために必要な感情である。また寂しさは孤独を回避し、人間関係の構築に誘う感情である。

　代表的な感情について肯定的な側面を記載したが、これらを基にクライアント自身が肯定的側面について考えること、そして肯定的な面があると納得することに意味がある。クライアントに肯定的側面を考えてもらうときには、なるべくクライアントにとってその感情を体験することにより、日常の生活において「自分にとって」また「他者との関係において」どのような変化があると思われるかを具体的に表してもらったほうがいい。たとえば、"(怒りを体験することで) パートナーに気を遣わなくなる、言いたいことを言えるようになる、相手から批判されているような感じを持たなくなる""(悲しみを表すことで) 友達から共感してもらえる、子どもがつらいときに共感できる、仕事でつらいことがわかるようになり自分を労わることができる""(恐れを感じることで) お金の無駄遣いが減る、身体の異常を放置し大きな病気になる前に病院に行けるようになる、仕事の事前準備がきちんとできるようになり仕事がうまくいくようになる""(嫌と思えることで) NOと言いやすくなる、嫌いな上司に自分か

ら機嫌を伺いに行くことがなくなる"　"嫌な仕事を簡単に引き受けなくなり忙しさが緩和される"などである（表2−3も参照）。

●感情が自分の問題解決や症状改善に有用なことを理解する

　抑うつ気分を解決したい、対人緊張を減らしたい、不安を減らしたい、痛みや吐き気を改善したい、キレやすい性格を改善したい、相手に迎合しすぎるのを改善したい、自信を持ちたい、他者とのコミュニケーションを良くしたいなどカウンセリングを利用する目的は様々である。ここではクライアントの主訴、もしくはカウンセリングを通して達成したい目的と、感情を体験することや自身が抑えている感情を感じることができるようになることとの関係について考えてみる。これもカウンセラーが教示するのではない。クライアントとの話し合いで、クライアント自身がたどり着く答えである必要がある。怒りを抑えているクライアントは対人緊張が強い傾向にある。自身が抑圧している怒りが投射され、他者から攻撃されている、もしくは批判的な言動を投げかけられていると誤解するために、他者に緊張しやすいのである。もし、怒りを感じることが不得手なクライアントが、自身が改善したい対人緊張と、怒りを感じることに関連があると理解できるようになるならば、怒りを受け入れ体験することに大きく動機づけられであろう。

●感情を感じることで人生が豊かになることを理解する

　不快感情の肯定的側面は、進化論的見地からだけでなくとも考えることができる。もし私たちが感じるものがポジティブ感情だけしかなかったら、自分に向き合おうとはしないであろう。不快感情があることで私たちは、自分と向き合い、自分について考える。それが不快であるからこそ、なぜその感情があるのか、また何故そのように考えてしまうのかを深く考える。それはほんとうの自分との対話である。その過程で、私たちは自分についてより深く理解することができる。

　そして不快感情は、それを少しでも減らそうとする行動を喚起する。どうすれば、その感情を回避できるのか、その感情を体験することなく過ごすことができるのかを考え自身の今までの行動を改善する。その過程で私たちは成長す

ることができる。少しでも楽な状態に変わりたい、それが成長へのモチベーションにもなるのである。

　そしてまた、恥や罪悪感、悲しみ、寂しさ、不安、恐れなどの感情は、道徳心や他者への思いやり、配慮などを育てる。人は恥をかかないよう、罪悪感を持たないよう行動するために道徳心が育つ。また寂しさを知っているからこそ思いやりも生まれ、悲しみを知っているからこそ他者のつらさに共感できるのである。

　ポジティブ感情と不快感情はどちらかだけを体験するものではなく、大切なのはそれらの割合である。どちらも必要な感情だと考えられる。ポジティブ感情の割合が高すぎるからといって、必ずしも幸せだとは言えない、ともわかっている。体験する感情のほとんどがポジティブであると訴えたクライアントは、不快感情を体験しているにもかかわらずそれを否認しているように見えた。つらいことがあったにもかかわらず、次に興奮することがあるとつらいことはなかったことになってしまうのである。また、つらさを乗り越えて何かを成し遂げる、悲しみを乗り越えて喜びを体験するなど、不快感情があるからこそポジティブ感情も際立ってくるという側面もある。人生においては、ポジティブ感情も不快感情もそれぞれの役割や必要性がある。このように不快感情は様々な肯定的側面があるだけではなく、人生において必要なものでもある。

（4）感情は人生に彩りを与える

　私たちは不快な感情を避けてポジティブな感情だけを感じることはできない。不快な感情のドアを閉じれば、ポジティブな感情のドアも閉めることになる。感情はネガティブもポジティブも受け入れ感じていくことが必要である。ネガティブな感情は心地よくないものかもしれない、しかしながらそれを受け入れていくからこそポジティブな感情も活き活きと感じることができる。これが自然な姿である。

　感情をあまり感じないように過ごしてきたが、感情処理を通して不快感情もポジティブな感情もたくさん感じるようになったというクライアントが語ってくれた、"感情を感じなかった頃は、つらいこともないと思い生きてきた。でも嬉しいことも楽しいこともこれといってなく、生きていてつまらなかった。

しかし感情を活き活きと感じるようになって、つらいときはつらいと感じ、苦しいときは苦しいと感じるが、楽しさや喜びもたくさんある。以前はモノクロだった自分の人生のすべての場面に色がついて華やかになった印象です。"という感想は、感情を感じることの意味をはっきり物語ってくれている。確かに私たちは、不快感情を抑えると、喜びや楽しさや幸せなどのポジティブな感情も抑えてしまうのである。どれか一つの感情だけを抑圧しているように見えたとしても、その影響はその他の全ての感情に及ぼされてしまうのである。

　感情を体験することにより戸惑うクライアントもいる。ある日突然寂しさを感じるようになったクライアントがいた。30歳代の女性クライアントは、あるカウンセリングの後から、寂しさを突然体験するようになった。いままで彼女は寂しさを感じたことがなかった。夫が長期の出張に行っているときも寂しさを全く感じなかったが、突然、寂しいと感じるようになり戸惑った。不慣れな寂しさにどう対処していいかわからなかったのである。そして彼女は、出張中の夫に電話することや、友達と会って話をすることが増えた。寂しさを感じるようになった結果、人との交流が増えたのである。不慣れな不快な感情に突然曝されることは戸惑うことかもしれない。しかしながらそれは人生に建設的な意味を与えてくれるものであると思う。

　前述の通り私たちは怒り、悲しみ、恐れ、嫌悪、寂しさ、喜びの感情を毎日体験している。戦争のニュースを見て悲しみや怒りを覚え、家族や友達の顔を見て喜びを覚える。何気ないように思える日常の様々な出来事を活き活きとした感情と共に体験する。それはまさに出来事に彩りが加わり華やかになることである。クライアントに "あなたは今日、怒り、悲しみ、恐れ、嫌悪、寂しさ、喜びをそれぞれ何回体験しましたか？" と質問することがある。最初はそれに答えられなかったクライアントが、感情処理が進むにつれそれぞれの感情体験を話すことができるようになる。たとえば、"今日目の前でエレベータのドアが閉まってしまい、悲しみを感じました" "オンラインでミーティング中にWiFiが何度も切れてしまい、腹立たしかった" などと、小さな怒り、悲しみ、恐れ、嫌悪、寂しさ、喜びに気づけるようになっていく。するとクライアントは、毎日がより豊かになっていることを実感できるようになってくる。感情を感じることにより、私たちの人生はより豊かになっていくのである。

7　身体に力を入れること

　ローウェン（Lowen, A.）は、感情をエネルギーの流れとして説明し、本能、衝動、感情は身体の中心から筋肉系を活性化させてから表面に到達し、身体の外に放出されると述べた（Lowen/村本・国永（訳）、1988）（図2-6）。筋肉は感情を身体の外に放出するために運動を実行することができ、抑制することもできる。抑制するときには筋肉または皮膚を緊張させる。緊張は表面で起きる現象であり、外部に放出されず内側に貯えられた感情エネルギーが増大すると表面膜（皮膚や筋肉の表面）が収縮し、表面は緊張する。すなわち、感情がわきあがったときに、それを筋肉の運動を通して身体の外に出すという感情の流れに対し、抑制は筋肉や皮膚を緊張させてそれを内側に圧しとどめる働きである。

　また感情を抑圧している人は、本人は全く意識することなく、筋肉のいずれかの部分をいつも緊張させており、力を入れている。自我の力による適応的な感情のコントロールは随意筋に対するコントロールとして行っており、自我の強さは随意筋の意識的コントロールの程度で決まると考えた。自我の働きが適切に機能するためには、随意筋の柔軟さと弾力性が必要であるとした。

　したがって感情処理を実施する際には、筋肉の緊張している箇所を探し、それを弛緩させることは、抑制された感情や抑圧した感情を吐き出すために必要なこととなる。

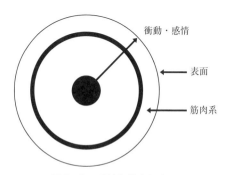

図2-6　感情と筋肉と表面

（出所）　Lowen/村本・国永（訳）（1988）p.13.（一部加筆）

また筋肉の緊張を弛緩させることにより、抑制されたあるいは抑圧された感情に気づくための手掛かりになることがある。30歳代の男性クライアントは、首や顎に力を入れ緊張させていた。首や顎の緊張を指摘し、弛緩を試み、首や顎の緊張が和らいでくるにしたがい、悲しさがこみ上げ涙を流した。クライアントは当初、自分でもなぜ悲しさがこみ上げ涙が流れるのか理解できなかった。カウンセラーは"涙の理由を考えるのではなく、ただ涙が流れていること、悲しみがこみ上げてきていることに意識を向けて寄り添ってください"と提案した。その結果男性クライアントは、"今までずっと弱音を吐かないように生きてきたけど、ずっとつらかったんだ"と言った。そのとき男性クライアントはいままで我慢してきたつらさを感じ、それを吐き出しているのである。男性クライアントは、首や顎に力を入れることによってつらさを抑えてきたのである。

8　筋弛緩

（1）筋弛緩とは

　身体に力が入っている場合、感情を吐き出し処理することができない。力が入っている箇所で感情を止めてしまっているのである。どの箇所に力を入れて感情を止めているかに関しては個人差がある。身体に力が入っているのは、身体のその箇所が硬くなっていることでわかることが多い。クライアントの筋肉が発達している場合は、その筋肉に弾力があるかをチェックするといい。いかに筋肉が発達していたとしても、力が入っていない筋肉には弾力がある。

　カウンセリングにおいては、クライアントの身体に力が入っている場合、力が入っている箇所の筋弛緩を支援する。基本的なやり方は、力が入っている箇所（筋肉）に逆に力を入れた状態をしばらく維持し、一気に脱力する方法が効果的である。力を抜く場合には徐々にではなく一気に抜く。そのやり方は、ジェイコブソン（Jacobson, E.）の漸進的筋弛緩法（Progressive muscle relaxation）（Jacobson, 1938）のやり方を参考にするといい。漸進的筋弛緩法は、筋肉の緊張を緩めることで、術後の痛みの低減、不安障害の改善、不安の低減などのほか、集中力の向上、睡眠の質の向上など多くの効果が示されている。

　やり方は、力が入っている筋肉を特定し、そこに強く力を入れ（緊張）、5

〜10秒緊張状態を維持し、一気に脱力（弛緩）させる。力を入れるときには息を止める。そののち力を抜く、または力を入れることをやめて息を吐くことにより、筋肉を緊張状態から脱力状態にするものである。力を入れるのは、本人がその箇所に力を入れていると意識できるまで実施する。1回で筋肉の緊張が解けない場合には、筋肉の緊張がやわらぐまで複数回繰り返してみるといい。

（2）身体の各部位の力の入れ方

　緊張箇所ごとの弛緩のための力の入れ方は下記のとおりである。ただし、紹介するやり方は、唯一の正解ではない。クライアントに合ったやり方、すなわち最も筋緊張が解けるやり方を模索し、それを実施するのは好ましいことである。

●腕

　ひじの関節を曲げ、手を肩に近づけ、力こぶができるようなイメージで腕に力を入れ、軽く手を握る。

●手

　腕を伸ばして握りこぶしを作り、力を入れる。爪の先が手のひらに立たないようにする。

　腕と一緒に力を入れる場合は、腕の力を入れるときと同様にひじの関節を曲げて握りこぶしを作り、力を入れる。

●肩

　肩を耳に近づける。首は引っ込めるイメージで。肩だけの力を抜く場合には腕は力を入れずに下に垂らすイメージで肩にだけ力を入れる。

●首

　顔を上げて正面を向き首をまっすぐにする（顔が下を向いていると首をひねっ
たときに首の反対側に力が入ってしまう）。左右に順にひねる。先に左右どちら
かの方向にゆっくりひねり止める、まっすぐに戻して反対の方向にゆっくりひ
ねり止める。

　または、歯を食いしばり、顎を胸につけるようにして、力を入れる。

●脚

　椅子に浅く腰掛け、かかとを床につけて両足を伸ばす。そしてつま先を身体
の方向に向ける。またはつま先をまっすぐに伸ばし、力を入れる。

●顔・眉間

　目をつむり、眉間のしわを鼻の部分に寄せるようなイメージ、または目鼻口を顔の真ん中に寄せるイメージで力を入れる。

　口を小さくしてすぼめて（おちょぼ口）、鼻より先に出すイメージで、力を入れる。顎や頬も力を入れる。そのときには歯を食いしばり、舌を上顎に強くつけて力を入れる。

　または、口には力を入れずに顔全体をすぼめて力を入れる。

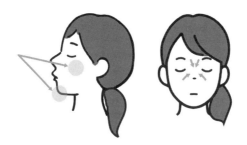

●頭

　目を大きく開き、眉を上げ、額に横しわを作る。額から頭皮全体に力が入っているイメージで力を入れる。

●背中・胸

肩を左右に広げ（胸を左右に開き）、肩甲骨を近づけて、力を入れる。

または、ひじの関節を曲げ、握りこぶしを作った手を肩に近づけ、そのまま腕を左右に広げて力を入れる。

●腹

椅子に座り、腹部をへこませる。腹筋に力を入れ、腹部が背中につくイメージで力を入れる。

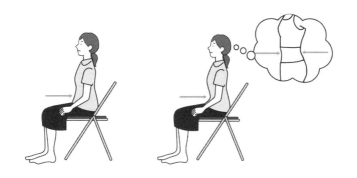

腹の上部に力が入っている場合には、みぞおちのあたりに力を入れてへこませる。

　腹の真ん中に力が入っている場合には、臍のあたりに力を入れてへこませる。

　腹の下部に力が入っている場合には、臍の握りこぶし一つ分下のあたりに力を入れ、へこませて、上にあげる。

（３）身体の内側の力の抜き方

　身体の外側の筋肉に力は入っていないが、身体の内側に力が入っていると訴えるクライアントがいる。その場合もやはり感情は止められている。身体の内側の力を抜くためには、

・口にストローをくわえているようなイメージをしてもらい、鼻から息を吸い口から吐く

・鼻から吸う時間の３倍くらいの時間をかけて、ゆっくり吐く

を実施してもらうことで力を抜く。

（４）全身の筋弛緩

　最後に全身の筋弛緩をする方法を紹介する。

　手順は、足、ふくらはぎ、太腿、お尻、お腹、背中、胸、上腕、前腕、手を握る、顔面、と順に力を入れていき、力を入れた個所は緊張状態をキープしたまま、全部に力を入れた状態を作り、５〜10秒維持し、一気に緩める。

　筋弛緩は簡単に筋肉の緊張が解ける有効な方法であるが、その箇所に疾患や痛みがある場合には避けるべきである。疾患や痛みがある場合には次節の方法を試すのが好ましい。

9　筋弛緩以外の弛緩方法

　筋弛緩法以外の方法で、カウンセリングにおいてクライアントの筋肉の緊張箇所をほぐす方法を紹介したい。

（1）緊張箇所の擬人化

　緊張箇所の擬人化は、下記の手順で実施する。

　まず、緊張している箇所の筋肉に意識を向ける。そのうえで、「もしその筋肉がしゃべるとしたら、何と言うか？」の問いに答えてもらう。その際には、この質問には正解がないこと、答えは「わからない」を含めて何でも構わないことを告げる。その箇所がしゃべるとしたらと仮定してクライアントが発する言葉は、その箇所の筋緊張の意味そのものである。なぜその箇所を緊張させているのか、そのことについて気持ちを吐露しているのである。もしクライアントが、何かを答えたとしたらそれに対して、次の二つの方法で進める。

　たとえばクライアントが、その箇所の言葉として「もう嫌だ」と言ったとしたら、一つ目の方法として、カウンセラーが受容・共感的に対応する。たとえば、“もう嫌なんだね”“そんなに嫌だったんだね”“何がそんなに嫌だったの？　よかったら教えて”などの応答である。クライアントは、筋緊張を引き起こしている気持ちや思いを、そのまま受け入れられることによって、筋肉の緊張を和らげることができる。

　二つ目は、その箇所と、クライアント自身で対話をしてもらう方法である。たとえば、“もう嫌だ”の緊張箇所からの発言に対して、“その言葉に応えてください”と指示し、会話を進めてもらう。“もう嫌だ”“嫌でも我慢しなきゃいけない”“我慢が嫌なんだ”“嫌でも仕方ない”などと会話を進めてもらうものである。その際には、二つの空椅子に交互に座り、対話を進めるのも効果的である。フリッツ・パールズ（Perls, F.）が提唱した「ゲシュタルト療法（gestalt therapy）」の考え方によると、葛藤を顕在化して会話を徹底して進めた場合、最後はその葛藤は終わり統合されるとある（Perls／倉戸（監訳）、1990）。筋肉の緊張を生み出している葛藤を顕在化させて対話させる方法は、その葛藤が解決に向かい、その結果、筋肉の緊張がほぐれることにつながる。

（2）イメージ法

　この方法は、カウンセリングにおいて、カウンセラーがクライアントに誘導し、イメージを行うことで筋肉の緊張をほぐす方法である。イメージ法は二つの方法がある。

一つ目の方法は下記の手順で行う。

　最初に、クライアントが望むときにいつでも止めて良いことを伝える。

　そして思い切り背伸びをしてもらい身体をリラックスさせ、イメージへの誘導を開始する。

　目を閉じてどこか自身がリラックスできそうな場所を空想してもらう。空想する場所は、

・小さい頃の大好きだった場所。

・行ってみたかったところ（リラックスできるところ）。

・きれいな景色、心地よい音や匂いがする好きな場所。

・これらが空想できない場合は、架空の場所を空想する。

などである。

　その場所に身を置き、ゆっくりとくつろぐ。自身が見えるもの、聞こえる音、匂いやお日様や心地よい風やきれいな水に触れる感覚を楽しんでもらう。そしてゆっくりと楽に呼吸する。そのうえで、力が入っていた筋肉の力が抜け、弛緩し、やわらかくなっていくイメージをする。数分間その場所でリラックスしたのち、「いまここ」に戻ってくる。

　二つ目の方法は下記の手順で行う。

　緊張している箇所の筋肉を意識する。その箇所に緊張があるということは、その箇所に力を入れて、感情を感じないようにストップしたということである。それは、その感情を感じないようにするほうが、感情を感じるよりもずっと生きやすかったからである。すなわち、その箇所の緊張は、生きにくくならないように自分を守ってきたものである。その箇所の緊張に感謝の気持ちを持っていいことを理解する。そのうえで下記の空想ワークを実施する。以下の空想ワークをホームワークで実施する場合は、お風呂や布団に入ってからなどくつろげる場所を選んで実施するほうがよい。

・その箇所に力を入れている幼少期の自分を目の前にイメージする。

　その箇所に力を入れ感情を止めた時期がわかれば、幼少期ではなくその頃の自分をイメージするほうがよい。

・目の前の自分に "今まで感情を止めることで私を守ってきてくれてありがとう" と（頭の中で）告げる。

・目の前の昔の自分を抱きしめる。
・抱きしめられた昔の自分の、その箇所の緊張が緩んできている空想をする。
　以上の方法の中からクライアントに合うものを選び実施すると良い。

（3）ストレッチ
　感情処理法をグループワークで実施する際、もしくはホームワークで実施する際には、ストレッチを推奨している。感情処理法のワークを行う前に数分間時間を取り実施する。
・椅子に、楽な姿勢で腰掛ける。
・軽く目を閉じて、ゆっくりと呼吸する。
　呼吸は、最初に時間をかけて息を全部吐き切る、その後鼻から息を吸う、そして息を吸うときの倍の時間をかけて口から息を吐く。息を吸う4秒、息を吐く8秒を目安とする。
　ゆっくりとした呼吸は、心拍や血圧を安定させ、ストレスを和らげる効果がある。上記の呼吸が難しければ呼吸は楽なやり方で行っても構わない。
・首筋を痛めないように、優しく首をゆっくり回す。
・手を組んで手のひらを天井に向けながら、息を吸いながらまっすぐ伸ばし全身で伸びをする、手を下ろして脱力させ息を吐く。
・手首と足首をぶらぶらさせる。
・身体の声に耳を傾けてみる。身体の感覚を味わう。
　グループワークでは、始める前にこれらのストレッチを実施するだけで、感情処理法のワーク（次章参照）を実施したときの自身の感情への気づきが高まる。

10　感情処理法を始める前に知っておきたいこと

　感情処理法を始めるにあたって、いくつかの考え方について知ってもらいたい。それは感情処理法を効果あるものにするうえで前提となるものであり、重要である。

（1）感情を再体験する

　最初は、感情処理を実施する際の身の置き方ともいえるものについてである。

　感情を体験した場面を語るとき、クライアントは感情を再体験している。クライアントが体験している感情を受容し共感することで感情処理が進む。受容共感的な関わりを通して、クライアントの語りを聴きながらでも感情処理は可能である。なお過去の出来事が語られるとき、クライアントはそれを過去形で表現することが多い。そしてそのときの感情に関しても"悲しかった""そのときは腹が立った"などと過去形で語ることになる。それでも問題はない場合も多い。しかしながら過去の出来事を過去形で語るよりも、今ここでその感情を体験しているかのように現在形で語ったほうが、そのときの感情をより鮮明に体験できる。

　そのための方法を「感情処理のワーク」という。感情処理のワークは、その出来事の場面に身を置いたうえで（再体験したうえで）実施する。クライアントが語りを通して感情を体験したときに、語りを止めて、その感情を体験した場面を、今あたかも自分が体験しているかのようなイメージのもと、今ここで感情を再体験し、その感情を息で吐き出すことで感情処理を実施する。

　身を置いたときには、その出来事でまず今何が起きていて、そしてそれに対して今自分がどう反応しているか、現在進行中のように表現する。したがって身を置いたときに出来事を描写するために語られる表現は現在形である。今起きていることに対して、今感じているのである。

　感情は今ここで体験するものである。過去形で語ったときには、その出来事から時間が経過し、振り返ってその出来事を評価したときの感情にも焦点が当たってしまう。たとえば、他者のしかめ面が苦手なのを克服したいと感情処理している人がいたとする。今日、彼は上司が顔をしかめたときに「恐れ」を体験し何も言えなくなってしまったが、時間が経ってその出来事を振り返ると何も言えなくなった自分への「情けない」感情が優勢になってしまい、そちらのほうに意識が向いてしまうということである。相手がしかめ面をしたときに何も言えなくなってしまうことについて問題解決したいのであれば、しかめ面を見たときの恐さを減らすことに焦点を当てたほうが良い。情けない気持ちに焦点を当てるのが悪いわけではないが、問題解決には遠回りである。上司がしか

め面をしたときの場面に身を置いたならば、鮮明にそのときの恐さを体験することができ、処理へと進めるであろう。

　感情は今ここで体験し、処理するほうがより効果的に進めることができるのである。

　また感情は複雑である。一つの状況で「怒り」「悲しみ」「恥ずかしさ」など複数のものを体験する。身を置くことによってそれらを一つずつ今体験しながら処理することができる。しかしながら回想したときにはそれらが混ざり合っていることがあり、一つずつの感情が鮮明にならないこともある。混ざり合っている感情を処理できないわけではないが、処理が難しくなるときがある。

（2）思考・感情・行動は自分が管理している

　二つ目は、自分の思考・感情・行動は自分が管理しているものであるということである。私たちは誰かによってイライラさせられているのではない。同じことを言われてもイライラしない人だっている。誰かのせいではなく、私が自分の意志でイライラしているのである。私たちは自分で感情を選択できるのである。自我の力で自分の感情をコントロールすることができる。他者からイライラさせられているという立場に立ってしまうと、私たちはそのエネルギーを他者の言動を変えるという不毛な心理ゲーム（第1章8節参照）に注ぎ続けることになる。そして心理ゲームは馴染みある不快感情を感じ続けるという結果に終わるため、心地よい感情を感じつつ生活することと離れてしまう。交流分析においてカウンセリングのゴールは「自律（autonomy）」である。自律には、いくつもの感情の中でその場にふさわしい感情を選ぶことが含まれている。自分の感情の責任を取ること、これが自律の大切な要素である。自分の意志による自分の感情であるとの立場に立つときに、他者の言動を変えようとする心理ゲームから解放され、自分の感情処理がうまく進んでいくのである。

（3）過去と他人は変えられない

　三つ目に「他人は変えられない」のを理解することである。私たちは相手にわかってもらいたい、納得してもらいたいと願い、感情をぶつけることがある。しかし、これらは相手を変えようとしている。明確に理解して欲しいことは、

相手を変えようとしているときに体験している感情はラケット感情（第1章8節参照）である。したがって処理できない（すっきりしない）。そしてラケット感情をぶつけているときには心理ゲームにもなっている。

　ある40歳代の女性クライアントは怒りの感情を体験するのが苦手だった。怒りを体験しても良い場面で、自身の怒りに気づけなかった。感情処理を続けていくうちに次第に怒りを体験できるようになった。今までは怒りを感じなかった、自分を見下したような夫の言動に怒りを感じるようになった。それから彼女は、何度も夫に怒りをぶつけるようになった。そのときには、"何でわかってくれないの？"と訴えているようなぶつけかたになってしまっていた。何とかわかってもらおうと、ときには涙しながら何度も訴えた。相手にわかって欲しい、態度を改めて欲しいという気持ちは十分に理解できる。しかしながら相手は変えられないのである。彼女が夫を変えようと怒りを表しているうちは、すっきりしないし、楽にはならない。そして同じ訴えを繰り返すだけになってしまう。彼女は心地よくならないし、同じ話をしては減らない嫌な感情を体験し続けるだけで、彼女にとってその長い時間は不快な気分を味わうことだけのためのもったいない時間である。自分に都合よくわかってもらう、都合よく言動を改めてくれる、今までのことを反省して変わってくれる、それらを期待しているうちは、感情処理はできない。

　他人は変えられないのと同じく過去も変えることはできない。つらい出来事を体験した気持ちは共感できるとしても、どんなに嘆き続けたとしても、どんなに恨みに思い続けたとしても、過去にあった出来事は変えようがない。夫にDVを受けてきた女性クライアントは、夫がDV加害者プログラムを受講したのち、DVを止め優しく接するように変化した。しかしながら夫が自分に危害を加えないとわかり始めると、次第に女性クライアントは夫に対して支配的・攻撃的になっていった。"いま穏やかに暮らすことができるのは、私が夫を許したおかげである。私は何年も子どものために耐えたから、今度は夫が私に尽くすべきだ"と彼女は言った。彼女の中には過去の出来事に対する強い恨みがあった。彼女がつらい体験してきたことには十分に共感できる。しかしながら、そのままでは彼女自身も楽になることができないのである。

　「過去と他人は変えられない。変えられるのは今の自分だけ」である。他者

や過去の出来事を変えようとすることから自分を解放すること、それがその怒りをスッキリさせるために、その嫌な感情を処理し減らすために必要なのである。

（4）感情はぶつけても処理できない

　四つ目に、感情は相手にぶつけてもすっきりしないと理解することである。基本的に感情は相手にぶつけてもすっきりしないのでぶつけるものではないが、相手にぶつけるという表現から怒りが最も連想しやすいので、ここでは怒りを使って説明する。

　感情処理というと、相手に感情をはっきりと表現できるようになることと誤解されることも多い。しかしながらそうではない。感情処理で、感情を「表出する」ではなく「体験する」と表現するのには、相手にぶつけることと処理することを明確に分けて理解したいためである。

　怒りを相手にぶつけてすっきりすることはまれである。怒りを相手にぶつけるとき、私たちは身体に力を入れている。力を入れながら相手に何かを訴えている。前述の通り、身体に力を入れている状態では、怒りの感情は身体の外に出て行かない。身体の中を巡回しているような状態になる。したがって、怒りは吐き出されることがなく、すっきりすることもないのである。怒りを相手にぶつけながら、身体の力が抜けているという状態が作れるのであれば、相手にぶつけても怒りはすっきりするかもしれないが、そもそも怒りを相手にぶつけているとき、私たちの感情は怒りだけではない。そのときには攻撃心、相手を責める気持ちや、悲しみなどさまざまな感情が入り乱れている。感情は複雑なものである。次章で感情処理のやり方を詳述するが、複雑な感情をひとつひとつ順に処理していくことが必要になる。この手順無くして、攻撃や相手を責める気持ちを前面に出して怒りを処理するのは困難である。

　大切なことは、怒りは相手に向けるのではなく自分で処理することを知っておくことである。怒りだけではなく、悲しみも恐れも不安も寂しさも、相手にぶつけるのではなく自分で処理するのである。そのときに相手に向けるよりも、後で自分一人になったときに独りで感情処理をやるほうが怒りはよほどすっきり処理される。ときどき私たちは友人などに怒りを抱いたことを聴いてもらい、

それですっきりすることがある。それは相手に対してではなく別の人に聴いてもらったために、そのときに身構えることなく身体の力が抜け、怒りがうまく身体の外に出せたためである。また友人との信頼関係による安心感が、怒りの気持ちを話しているときに身体の力を弛緩させる効果もあると考えられる。自分一人で処理するだけではなく、当事者ではない信頼できる誰かに話を聴いてもらうというのも怒りを処理する方法の一つである。繰り返すが、怒りを処理するとは、身体の中にある怒りを身体の外に出すことなのである。

　怒りは攻撃ではない。怒りに対して否定的な認知を持つ人の中には、怒りと攻撃を同じものであると誤解している人も多い。攻撃とは「相手を責めなじること、非難すること」であり、感情ではなく行動である。怒りは、人間の基本的な感情の一つに必ずあげられるほど、原初的な感情である。怒りを持つことそのものは、私たちを守る肯定的な側面が多い。怒りを抑圧・抑制することでの不利益も多い。怒りという感情は、私たちにとって大切なものである。怒りを体験することはOKである。そして、攻撃は多くの場合適応的でなくNOT OKである。怒りを感じることと攻撃という行動とは切り離して考えるものである。そして怒りは相手にぶつけるのではなく自分一人で処理すればいい。

　あるプログラム参加者が面白い質問をしてくれた。彼はしばしば他者に暴力をふるうことがあり、傷害の前科があった。"怒りを相手にぶつけないと、相手に良いようにやられるだけで損じゃないか？"というものだ。このように考える人は多いかもしれない。私はさらに"あなたは相手に怒りをぶつけてどういう結果になれば損ではないのか？"と尋ねた。するとこの参加者は"相手をぶん殴ってでも相手に謝らせたら勝ちだ"と答えた。"それをやって、あなたは心地いいのか？"と私が尋ねると、参加者は黙り返事をしなかった。この参加者に私は"あなたが人生において獲得しなきゃいけないのは幸せである。仕事も人間関係もそのための手段のようなものだ。あなたが勝ちを手に入れるのは、心地よく幸せに生きたときだ。たとえ相手を殴って謝らせたとしても、その結果あなたが心地よく幸せでなければ勝ちではない。怒りを一人で処理するのは、あなたが心地よく生きるためである"と説明した。参加者はそれを納得してくれた様子だった。不快な感情を減らすのは何のためだろうか。ストレスの軽減、人間関係の改善など目先の目的は様々である。しかしながら、そのべ

クトルは幸せな人生に向いている必要がある。幸せになること、毎日を心地よく生きること、このことは私たちが値引きをしてはならない大切なことなのである。

11　感情を表現するには

　感情を相手にぶつけることなく、感情を表現し相手に伝えることは大切なことであると同時に難しいことでもある。感情を自分一人で処理するだけならば、自分の気持ちは相手に伝わらない。自分の感情を伝えることは、親密な関係を構築するうえでも重要である。

　相手に自分の気持ちを伝える適応的な方法は、感情的になることなく冷静に伝えることである。成人の自我状態A（第4章5節参照）を使い、相手に自分の感情を伝える。そして相手に変わることを要求しないことである。"あなたがそんなことをするから悲しい、だからそんなことはしないでくれ"と相手に変わることを要求したならば、感情が伝わりにくくなってしまう。ただ自分の気持ちを相手に伝わりやすいように言葉にする。

　そのやり方を身につける効果的な技法として、「アサーション（assertion）」の手法であるDESC法のいくつかを紹介し、相手に感情を表現する方法としてクライアントに伝えている。

　アサーションは、「私はOK、あなたはOK（I'm OK, you are OK）」の実存的立場に立つ自己表現方法であり、自分の価値や権利も尊重すると同時に、相手の人権や価値も尊重するものである。またアサーションは行動療法の一つであり、練習によってスキルを向上させることができる。

　DESC法は、自己表現に必要な要素を整理し、表現方法を考えるために使う手法である。D（describe, 描写する）は"あなたの口調が強くなったように感じた""あなたから返事を聞けなかった"など客観的事実を描写すること、E（express, 表現する）は"私は恐い""私は寂しいと感じた"など自分の気持ちを表現することであり、表現するときは自分を主語にした表現（私メッセージ, I-message）を使う。S（specify, 提案する）は"…をするのはどうだろうか"と特定の提案をすること、C（choose, 選択する）は相手からのNOの返事も想

客観的事実の描写、または私メッセージに置き換えてください。

何度も言わせないで。	→	
いつもそうだよね。	→	
この通りにやってって言ったでしょう。	→	
いいからじっとしてて。	→	
私の話聞いてる？	→	
だから言ったじゃない。	→	
忙しいのがわからないの？	→	
なんで言うこと聞かないの？	→	
なんでそんなことするの？	→	
だから言ったじゃない。	→	
文句ばかり言わないで。	→	
責めないで。	→	
ちょっと待ってって言ってるでしょう。	→	
なぜ真面目にやらないの？	→	
無視しないで。	→	
なんで怒るわけ？	→	
そんな目をしないで。	→	
私がどれだけ大変かわかってる？	→	

図2-7　アサーション練習シート

定したうえで結果を選択することである。

　これらすべてを習得するのは少々骨が折れるが、これらの中の、

・客観的事実を描写する、

・私メッセージで感情を表現する、

の二つだけならば身につけ実践しやすい。

　この二つの習得のために、一般的によく使われがちなセリフをいくつか提示し、それを客観的事実の描写と私メッセージの表現に従って考え修正してもらうというエクササイズを実施する。客観的事実の描写では、たとえば〝あなたが嫌な言い方するから…〟は客観的事実ではない。嫌な言い方をしたと思ったのは自分であり、こちらの主観に基づいて話をしていることになる。そこで〝あ

なたが嫌な言い方するから…"を、客観的事実で描写するならば、どういう描写になるだろうかを考えてもらう。"そんな言い方しないで"は私メッセージではない。私の気持ちを話しているのでなく、あなたの言い方について批判している。"そんな言い方しないで"が、私メッセージならばどういう表現になるかを考えてもらうのである。客観的事実の描写と私メッセージでの表現の練習のために使っているシートが図2-7である。

　いくらアサーション技法を使った表現方法であっても、感情的に伝えてしまうならば意味はない。感情的にならないように伝えることが必要である。そのために一つの方法として、先に感情処理法を実施して不快感情を減らし、そのうえで落ち着いて冷静にそのときの自分の気持ちと提案を伝えることが有効である。そのときの自我状態は成人の自我状態であるAが好ましい。

　感情処理法をやり始めた当初は、後で一人になって時間を十分に取ってやらないと感情の受け入れや体験や処理ができないものの、感情処理の実践を重ねていくと、次第にその場で相手と会話しながら感情の受け入れと体験、そして処理ができるように上達していくため、時間を置かなくてもその場で落ち着いて冷静に表現ができるようになっていく。

　そして、自分の気持ちを伝える際に大事なのは、"だからああしろ、こうしろ"と言わないことである。そういう伝え方をした場合、それは相手を変えようとしていることになるだけでなく、攻撃的なものにもなる可能性がある。DESC法に「提案」があるが、この提案は相手が「NO」と断っても良い言い方、そして断られることも前提にしたものである。"ああしてくれ"と押し付けるのは、好ましい表現方法ではないことを知っておくのは大切である。

　また、まだ感情処理をその場でできるようにスキル向上していないもののどうしてもその場で伝えなくてはならないときには、感情処理のスキルが上がるまでの場つなぎとして「アンガーマネジメント」の「6秒ルール」を使い、6秒心の中で数えた後に伝えるという方法を使うのも良い。怒りのピークは6秒で過ぎ去るのを利用したのが6秒ルールである。すぐに伝えるよりは、怒りのピークが過ぎている分、少しは冷静に伝えることができるであろう。

　このように感情を表現するスキルを身につけ、適応的に感情を伝えることができるようになることは、自分の感情を一人で処理する感情処理法を意味ある

ものとするうえでも重要である。

12　感情処理の禁忌

　本章の最後に、感情処理に関する禁忌について触れておきたい。

　統合失調症のクライアントに対して不安や恐れの感情処理は禁忌である。統合失調症のクライアントは不安が強くなると状態が悪化する。また恐れの感情処理ができない。処理しようとしても恐れが減っていかないのである。恐れを長い時間体験することにより、むしろ不安や恐れが強くなってしまうリスクがある。統合失調症のクライアントが不安や恐れを体験している場合、その不安や恐れに共感するのは良いが、それを長時間体験しないように支援する。

　双極性障害のクライアントに対して怒りの感情処理は禁忌である。彼らが怒りを訴えたとしても、それに共感するのは良いが、それを強く長く体験してしまうよう関わらないほうが良い。強い怒りを長い時間体験することによって躁状態になるリスクがある。クライアントが怒りを体験しており、それを処理するとしたら、新聞紙でクッションを叩くといった方法は使わずに、4〜5回の呼吸だけで軽く処理する。怒りだけではなく悲しみや恐れも強く長い時間体験し続けると躁状態とまではならないまでも、気分が高揚しすぎてしまう可能性がある。感情を体験するときにはあまり強く長く体験し続けることがないように支援することが好ましい。

第3章　感情処理法の実践

1　感情処理法の進め方

　感情処理法は、ワークとして演習のように実施する場合と、クライアントの話を聴きながら自然に感情処理が進んでいくように支援する場合がある。自然に感情処理が進むのは、クライアントにとって最も負担が少ない方法であるため、推奨したいやり方ではあるものの、ワークとして実施するほうが感情処理法の効果は高い。どちらを選ぶかは、クライアントの状況を考慮したうえで決定するとよい。効果が高いとはいえ、クライアントが話を遮ぎられ、ワークを強制されているように受け取られてしまうような導入は避けたほうが良い。クライアントの話を聴きながら自然に感情処理を進める方法は5節を参照してほしい。

（1）感情処理の目的

　感情処理法は二つの目的がある。一つは、現在体験している不快感情を処理する、減らすという目的である。現在強く感じているイライラや不安を減らすために感情処理を実施する。このときクライアントはすでに不快感情に気づき体験しており、それを対処可能で不快ではないレベルに減らすために感情を処理する。この場合の感情処理は、すでに体験している不快感情に焦点を当て、それを処理する。

　もう一つは、その状況にふさわしい自然な感情を感じるための方法としての感情処理である。本来怒りを感じるはずの場面で怒りを体験できない、そのために身体に痛みがあるといった場合、怒りを適切に体験できたほうが好ましい。そのために感情処理を活用するのである。感情を適切に体験できないことには

怒りの抑圧や抑制の問題が関わっている。その場にふさわしい自然な感情を感じるとは、その状況において問題解決的な感情を抑圧・抑制することなく感じることである。この場合クライアントは、その場面で自身の感情に気づいていない、または気づいていても受け入れることができていない。この場合の感情処理は、自然な感情に気づき、受け入れ、体験できることを目的に実施する。

そのために感情処理の進め方に則り、感情に気づかなかった、または気づいても受け入れることができなかった場面に身を置き、そのときの自然な感情を体験できるよう支援する。

（2）感情処理の進め方

感情処理の進め方はシンプルである（第1章1節を参照）。基本的には以下の手順で実施する。

①感情を体験した場面に身を置く

②感情に気づく

③感情を受容する

④感情を再体験する

⑤感情を吐き出す

現在すでに体験している不快感情を減らすために実施する場合には、上記②は必要ない。クライアントは感情処理を始める前からすでに自身の不快感情に気づいている。③も必要ないかもしれない。その場合は、

①感情を体験した場面に身を置く

④感情を再体験する

⑤感情を吐き出す

という手順で実施することになる。ただその際は④で体験している感情はラケット感情（第1章8節参照）かもしれない。ラケット感情である場合には、その感情を処理してもすっきりはしない。そのためにほんものの感情に気づき体験し、それを処理することが必要である。また④で体験している感情は一つではなく複数であることが多い。その場合にもその場面で体験している感情すべてを処理しなくてはすっきりしない。そのために一つの感情を処理したのち、ほかに感情を体験していないかチェックし、体験している感情があればそれを

処理する。体験する感情が無くなり、すっきりするまで④と⑤を繰り返すことになる。

（3）感情を体験した場面に身を置く

●ラケット感情の処理と決断の見直し

　感情処理ワークは、感情を体験した場面、または自然な感情に気づけなかった場面に身を置くことからはじまる。第2章4節で説明したが、身を置くとは再体験であり、その出来事を体験している時点の自分に戻ったつもりで、その出来事が現在進行形で行われているようにイメージし、再び体験しているつもりになることである。身を置くことにより、そのときの感情を活き活きと体験できると同時に、そのときに見逃していた感情に気づきやすくなる。身を置いたときには、クライアントに「あたかも今その出来事を体験しているかのように」現在形で表現してもらう。"夫が嫌そうな顔だった"ではなく"夫が今嫌そうな顔をしている"、"私は悲しかった"ではなく"私は悲しい"と表現する。現在形で表現することによって感情との距離は近くなり、気づきやすくなり活き活きと体験しやすくなる。

　不快感情を減らすために実施する感情処理では、クライアントがその不快感情を最近体験した場面を選択し再体験する。その場面の感情処理を実施することで、そのときの不快感情を減らすことができる。

　その場面の不快感情が馴染みあるものであり、しばしば同じような状況で繰り返し体験されるものであるならば、それは「ラケット感情」である。その場合、ラケット感情を体験した最近の場面の感情処理を実施することで、その場面の不快感情が処理できたとしても、根本的解決にはなっていないことが多い。今後も同様の場面に遭遇すれば、同じように建設的ではないラケット感情を体験することになってしまう。同様の状況に遭遇したときに、同じラケット感情の体験を繰り返さないためには、ラケット感情を使うことを決断した場面の感情処理とその思考（決断）の修正を実施するほうが良い。思考とはたとえば"振り向いてもらえないときにはイライラを相手にぶつけて振り向いてもらう""わかってもらえないときには悲しみに浸っていればわかってもらえる"など、特定のストレスを感じる状況でラケット感情を使うと決めた決断のこと

である。そのために、クライアントの記憶の中で、それに似た状況と同じ不快感情を体験した最も古い場面に身を置いてもらう。これは「原初場面」であり、原初場面は幼少期までさかのぼることが多い。ラケット感情を体験するパターンを取り入れるのが幼少期であることが多いためである。ラケット感情を体験するパターンそのものを解決するために原初場面の感情処理を実施し、そのときの思考、すなわち決断の見直しを進めるのである。ラケット感情は何かの理由があって使うことを決断している。まずは原初場面の感情処理を実施し、そのときの不快感情を軽くしたうえで、どうしてその感情を使うようになったかを考え、それをやめることを決めていくのである。たとえば、相手の関心を得るためにイライラするのをやめよう、思い通りの反応が返ってこないときにふてくされることで相手を操作するのをやめよう、などである。

●過去の場面に身を置くのが難しいクライアント

　不快感情を体験した最近の場面であれそれを決断した原初場面であれ、それを出来事が起きたのち、その出来事から時間が経過して感情処理を実施する場合には、前述のようにあたかもその場面を今体験しているかのように身を置くほうが、感情を再体験しやすい。その場面での、自身の感情や思考、そして身体の感覚などを活き活きと感じることができるためである。そのためにクライアントに対して、"その感情を感じた場面に身を置いてください" "いまその場面にいてその出来事を体験しているつもりになってください" などの教示を行う。

　過去の場面に身を置くことが苦手なクライアント、その場面があいまいではっきりしないクライアントなどに対しては、どこで起きたか、その場面に誰がいたか、そのときに何があったのか、なぜそれが起きたのか、その出来事がどう展開していったのか、について質問していく。クライアントがそのときの感情や身体の感覚や思考について話をしたときにそこに意識を向けるよう促す。そしてクライアントがその場面での感情を活き活きと体験することができるよう支援する。

　また身を置くワークをすることを嫌悪するクライアントもいる。そういうクライアントに身を置くことを強制すると、カウンセリングに対する防衛が強く

なる。感情に距離を置きたい人にとって感情処理のワークは受け入れがたい。これは、冷静で、感情と距離を置き淡々とした口調で、自分を俯瞰したような話し方をするクライアントに多い印象を受ける。事前にその場面に身を置くワークのやり方やそれをやる目的を説明し、了解を得たうえで進めるほうが良い。クライアントがその提案に難色を示すならば、ワーク形式ではなく自然な会話形式で、その場面について詳細に語ってもらいつつ感情を体験し、体験した感情を処理していくという方法で感情処理を実施する。

●トラウマ場面における感情

　またその場面が、トラウマ場面、もしくはクライアントにとって強い恐怖を伴う感情を体験する恐れがある場合も、身を置くのは避けるべきである。たとえば虐待を受けた子どものときの場面に身を置くというのは、強い恐怖を体験することになる。それがクライアントにとってたいへんな負担であることは言うまでもない上に、わきあがる強い恐怖に圧倒され対処できない状態に陥る危険性すらある。したがってトラウマ場面のように強い恐怖を伴う出来事には、「身を置かない」ことで感情と距離を取って体験するところからスタートし、徐々に感情の体験が強くなっていくよう支援する。

　トラウマ体験については、クライアントの話を聴きただ共感する。その出来事は過去の出来事として、過去形で表現しながら語ってもらう。"あのときはこうだった"と回想するように話すようにする。また"だったと思う""だったのではないかな"などと出来事を他人事のように表現することも、感情と距離を置くには効果的である。注意することは、クライアントがその場面での感情と一定の距離を保ちつつ話ができるように配慮することである。そしてクライアントがその感情と距離を縮めても大丈夫であると判断したら、感情について質問していく。そのときもいきなり感情との距離が近くなり過ぎないように配慮する。"一般的にそういう出来事にどう思うんだろうか？""そのときはどんな気持ちだったんだろうか？""そのとき恐かったのかもしれないね？""そのときどんな気持ちだったの？""そのとき恐かったでしょう？"と徐々に感情との距離を近づけていけるように質問のやり方を工夫する。

（4）現実とのコンタクト

　感情処理を実施する過程で、カウンセラーと全く目が合わずに会話をするクライアントの態度にも注意が必要である。目が合わないのは、クライアントが独り言のように何かをつぶやいているだけで、カウンセラーと交流していないことを表している。自分の世界に引きこもって、自分自身と交流しているだけである。自身が体験した場面に思いを馳せていることは悪いことではないと思えるかもしれないが、カウンセラーと全く目が合わないクライアントは、現実ともコンタクトしていない。感情は自分の中で体験するだけでなく、それを外界とコンタクトさせないといけない。外界とコンタクトするということは現実とコンタクトするということである。現実とコンタクトすることにより現実との調整が生まれる。そのために、クライアントがカウンセラーと全く目を合わせない場合、そこに対決し、"私を見てください""私に話をしてください"と言葉をかける。

　過去の場面に身を置くというのではなく、過去の自分になりきり、まるでフラッシュバック体験をしているかのように感情処理をするクライアントもいる。そのときクライアントは感情を強く体験しているように見えるため、感情の再体験と処理が効果的に進んでいるように見えるかもしれない。しかしながらそれは効果的ではない。その場合も現実とコンタクトしていないのである。感情処理のときにその場面に身を置くというのは、過去の場面に入り込んでしまうことではない。過去の場面を体験しているようにイメージしつつも、現実とコンタクトしていることが必要である。多くの場合、過去の自分になりきってしまったように感情処理してしまうと、その場面の感情未処理の体験をリピートするだけで終わってしまう。再体験して、また未処理で終わり、結局その出来事は完了しないままの状態で残ってしまう。過去の自分ではなく、今の自分が関与していること、過去の場面を体験しつつもどこかで客観的に現実を見ている現在の自分が認識できる状態に身を置くことが好ましいのである。

（5）感情に気づく

　感情は主観的な体験である。他者からどう見えるかということではなく、自分がどのように感じているかが大切である。イライラを他者にぶつけていると、

他者からは怒っているように見えるであろうが、本人は悲しいのかもしれない。それは怒りと悲しみのどちらかが正しいというものではない。他者から見ると怒っていることも、自分が悲しいことも事実というだけである。そして自分がどう感じているか、自分の感情がどういうものかに気づくことが大切になるのである。ほんとうの感情、たとえば自分は悲しいと気づくことが、他者との意思疎通を円滑にすることにも、他者との関係を適切なものにすることにも役立ってくる。

　感情に気づくとは、その場面において、自身がどのような感情を体験しているのかをわかることである。クライアントが自身の感情に気づけていない場合に、感情に気づくための支援が必要になる。

　感情に気づけない状態と一言でいっても、クライアントによってその背景は様々である。アレキシサイミアのように感情体験が苦手な人がいるかと思えば、その場面で体験した感情の心理的負荷が強すぎるためにそのときの感情を自分のものではないように距離を置いている人もいる。怒りや悲しみなど特定の感情に対する否定的な認知を持っているためブレーキをかけてしまい、それらの感情に限定して気づきにくい人もいる。また、直接的に自身の感情に気づきにくいパーソナリティの人もいる。その場合は、感情としては気づきにくいものの、その場面での思考や身体感覚からアプローチすることで自身の感情に気づいていく支援ができる。クライアントが感情に気づけない背景を理解したうえで、クライアントに合った気づきに向けた支援を実施する。クライアントが自身の感情に気づくための支援の進め方は、第2章の1～3節や、第4章などを参照して欲しい。

　感情に気づくことが不得手な人の場合、自分の思考（思い）や身体の感覚に目を向けると気づきやすくなる。特に身体の感覚は感情への手掛かりとなる。たとえば、不安なときには首に力が入り重く感じる、腹が立っているときには胸のあたりが重く感じるなど、身体の感覚が特定の感情と結びついていることが多い。自分の身体の感覚とそのときの感情がわかることにより、身体の感覚から感情に気づきやすくなる。

　自分の感情への気づきが困難な人は、自身の身体の感覚にもなかなか気づきにくいことも多い。自分の身体の感覚に意識を向け、集中しないとその感覚を

見逃してしまうのである。そこで状況と身体の感覚を体験する特定のパターンを見つけだすといい。肩が凝ったようになる、頭が痛くなるなど自分の身体の感覚と、他者から責められた、わかってもらえなかったなどその身体の感覚を経験したときに起きた状況を検討していくことにより、特定の状況と身体の感覚のつながりを理解できるようになる。そのうえで、日常でその身体の感覚に気づくよう意識していくことにより、身体の感覚を見逃すことなく体験しやすくなってくる。それが感情に気づきやすくなる入り口になる。

　自分の感情に気づく方法として、相手の感情を手掛かりにすることもできる。相手が自分を責めているように感じるとき、自分も相手を責める気持ちを持っていることがあるのである。相手がつらそうにみえるときには自分がつらいのかもしれないのである。

　さらにマインドフルネス瞑想を実践することにより、感情への気づきの能力を高めることもできる。

（6）感情を受容する
●感情は間違っているものではない

　感情を受容するとは、体験した感情を否定的に評価せず、ありのままに受け入れることである。感情には、適応的か不適応的かというものはあったとしても、良いとか悪いというものはない。それがラケット感情であったとしても悪いものではなく、それを体験する以上はその感情はその人にとって事実であり、受け入れうる対象である。

　ある40歳代の女性クライアントは、夫から家事についての小言を言われている場面を再体験した。その場面に身を置き、夫の小言に対して嫌悪や怒り、そして悲しみを体験した。しかしながら彼女は、夫の小言に対する嫌悪や怒りを受け入れることができなかった。夫の小言はもっともであり正当なものであり、自分の嫌悪や怒りは筋が通らない間違ったものと思っていた。彼女は、長年義母との関係がうまくいかないストレスから、家事のために活動することが困難なほど強い疲労感を感じるようになり、家事がうまくできなくなっていた。片付けや食事の支度などは、自分のように専業主婦という立場であればやって当たり前であり、やるべきことができていない自分に対して夫は我慢してくれて

いる。したがって小言くらい言われてもそれは仕方のないことであり、それに嫌悪や怒りを覚えるのはおかしいという理屈であった。もちろん彼女の嫌悪も怒りも悪いものでも間違いでもなく、受け入れうるものである。

　また医療機関で医師として働く30歳代の女性クライアントは、数年の育児休暇を経て職場に復帰し間もなく、長いブランクのせいで仕事になかなかついていけずに自信を失っており落ち込んでいた。上司である医師からは仕事に不慣れな状態に理解を示してもらえているものの、職場の看護師たちからは意地悪をされていた。看護師たちから向けられる冷ややかな目と不愛想な態度、呼びかけても無視される態度などに繰り返し悲しみを体験していたものの、それを感じるのは自分が甘えているだけであり、それを感じる自分のほうが悪いと思っていた。子どもが幼く残業が全くできないために、他の医師たちや看護師たちに負担をかけてしまっているのは事実であり、周囲に迷惑をかけてしまっている自分が悲しみを覚えるとしたら、それは間違ったことであると思っていた。当然ながら彼女の悲しみも間違っているものではなく受け入れうるものである。

　感情は出来事が自分にとってどういうものであるかを評価することで生じるものである。夫から言われた小言を心地よくないと評価しているから怒りや嫌悪を体験している。看護師たちの態度が心地よくないから悲しみを体験している。しかしながら、理性的かつ論理的に考えることで体験している感情にブレーキをかけようとしている。自分の感情が正しくなく間違ったものであるから体験しないようにと試みているのである。感情は理性や理屈で無理に抑えられるとは限らず、これらの例のように自身の感情にブレーキをかけてもなかなかうまくいかないことが多いものである。そしてそれが疲労感や自信のなさや落ち込みなどの状況を作り出してしまっている。体験している以上、その感情はほんとうである。それを受け入れることによりその先の処理、その不快感情を減らしていくことへと進んでいけるのである。

●感情も思考も事実

　このように自身が体験した感情を自然なものとして受け入れられないクライアントに、「感情には良い悪いはなく、体験している以上それは事実である」

と説明する。理屈（思考）は理屈で正当なのかもしれないが、その理屈と感情は切り離して受け入れるよう促すのである。"怒りを感じていいとは思えない"ではなく、怒りを感じたことは事実であり、怒りを感じることは良くないと思っていることも事実である。思考と感情は脳の別の部位の働きで体験しているものである。感情と思考はどちらが正しいとか間違いとかではない。どちらも事実である。そして、その事実はどちらも受け入れていいと理解してもらえるよう支援する。

　前述の30歳代の女性クライアントが、看護師の言動に悲しみを覚えるのも自然であり、看護師たちに仕事で負担をかけ迷惑をかけていると考えているのも悪いことではない。このことを理解してもらうことがなければ、体験しようとしても感情がすぐに引っ込んでいき、感情を処理するまでの間、それを継続して体験することができない。感じたものをありのままに受け入れる、そのうえで次の感情を再体験する手順に移ることができるのである。

●感情の否定的認知

　感情への否定的な認知が強固にみられる場合には、次の手順である再体験に進むことができない。たとえば先の40歳代の女性クライアントと似たケースであるが、ある30歳代の女性クライアントは共働きであったが、子どもの学業成績の不振や家の掃除が行き届いていないことに関して自分を責めていた。感情体験では悲しみを感じていることを理解したもののそれを受け入れることには抵抗があった。彼女にとっては、悲しみを受け入れることは子どものケアや家事がますますできなくなってしまうことを意味しており、良くないことであった。良い悪いではなく、悲しみを感じることが自然であることを説明しても、"頭ではそれも正しいとわかるけれど、心から納得し受け入れられない"と、それを心で理解することを拒否した。

　不仲な父母のもとで育った30歳代の男性クライアントは、幼少期より自分がしっかりしていないと家がバラバラになってしまうと思い込んでおり、彼にとって悲しみを受け入れることはしっかりできなくなることと同義であった。彼は、悲しみを受け入れて良いことを頭で理解できるものの、心がそれを拒否してしまう。そのために身体の力を抜くことができなかった。

カウンセリングでは、幼少期から彼のしっかりした生き方を支えてきた、悲しみについての否定的認知を振り返り、それを修正するために時間を費やすことになった。このように感情についての否定的認知が幼少期からそのクライアントの生き方を支えてきたもののように強固である場合、感情を受け入れるためには、その否定的認知の修正に取り組んでいけるよう、教育的というよりも共感的に寄り添うことが必要となる。この詳細は第2章4節を参照して欲しい。

●気分が悪くなる

感情処理を実践していると気分が悪くなると訴えるクライアントがいる。これらのクライアントの多くは、感情を体験しつつあるもののそれを受容できていない状態であることが多い。このときクライアントは、めまい、吐き気、乗り物酔いのような気分などといった気分の悪さを報告する。気分が悪くなるのは葛藤しているからである。感情を感じ始めているものの、それを受容できず〝受け入れたくない〟思いがそれを抑えようとしている。感情を体験しようとしている部分（NCの自我状態、第4章5節参照）と、感情を体験してはならないと抑える部分（CPの自我状態）が葛藤しているのである。この場合にも、感情を受容できるよう支援が必要になる。体験したくないと自身の感情を抑える部分が弱まり、感情を受容できるようになれば、気分の悪さは解消される。

ある60歳代のクライアントは、夫に対する怒りを棒状に丸めた新聞紙を使いクッションを叩くうちに（怒りの感情処理のやり方の一つ、6節参照）次第に吐き気を感じ始めた。彼女は、怒りを吐き出すことが夫を攻撃しているように思えてきたために気分が悪くなってきたのである。NCで怒りを感じようとしているのに対し、夫を攻撃してはならないとCPで抑えているのである。カウンセラーは新聞紙で叩く動作をストップさせ、クライアントに〝怒りを出しているのは夫を攻撃しているのではない、ただあなたの中にある怒りをここに吐き出しているだけと思って怒りを出してください〟と説明したうえで、引き続き新聞紙でクッションを叩きながら怒りを吐き出してもらった。説明を受けた後は、クッションを叩いても吐き気は全く感じることがなかった。

（7）感情を再体験する

●感情を一つずつ体験し直す

　再体験とは、その出来事にあたかも今遭遇しているかのように活き活きと体験することである。出来事の再体験によってその出来事の感情も再体験できる。また、感情だけではなくそのときの身体の感覚や思考も再体験できる。そしてその場面で自分がどのような感情を体験していたか、自身の感情を見つめなおすことができる。

　実際にその出来事に遭遇したときには、自分がどのような感情を体験したのかを理解できておらず、何も感じていなかったと思い込んでいる場合も多い。そこでその場面に身を置いて、時間の経過を追い、ゆっくりとまたはその出来事をスローモーションで、または一時停止しつつ体験し直してみる。そして自身の内側に意識を向けて丁寧に感情や思考や身体の感覚を見つめてみる。そうすることにより、その出来事が起きたときには見落としていた自身の感情に気づき、改めて体験できるかもしれない。

　またその場面ではたとえば「怒り」という一つの感情しか体験していないと認識していたものが、身を置くことにより「怒り」の他にも「悲しみ」を体験していたことに気づくかもしれない。ときには腹が立っているはずと思っていた出来事に悲しみを持っていたなど、その出来事の自身の評価とは相反しているような感情を持っていたことに気づき驚くこともある。感情は理屈では簡単に割り切れない複雑なものである。

　感情をいくつも体験している場合、一番強く感じるものから順に体験していく。たとえばわかってもらえない悲しみと怒りを感じている場合、それらを悲しくて腹が立つというまとまりとしてではなく、悲しみと怒りを一つずつ順に体験し処理していく。そのために、いまどちらの感情を強く体験しているか、または体験できそうかで順番に感じていく。

　この過程を実施する場合は、クライアントがその場面では体験していることに気づいていなかった感情も体験できるよう支援していくことが重要である。そのために、クライアントが気づいた感情を体験した後に“他に感じている感情は無いか？”もしくは“何か残っている感じはないか？”を質問する。これについては3節を参照して欲しい。

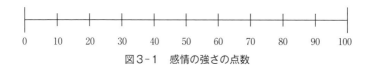

図3-1　感情の強さの点数

●感情の強さを上げていく

　感情処理を、現在体験している不快感情を処理するためではなく、抑圧や抑制を解決しその場面にふさわしい感情を体験できるようにするために実施している場合、感情を体験するプロセスは感情を強く体験するためのものとなる。感情に気づき、受け入れることができたならば、感情は体験できるようになる。

　今までは抑圧していた感情を体験することが自然だと考えられる場面を選択し、その場面に身を置き、感情を体験していく。そのときには、感情処理を重ねることにより体験する感情の強さが徐々に上がっていく。抑圧していた人が感情を体験できるようになるには練習が必要である。目指す感情体験の強さを100とした場合、最初は10や20くらいかもしれない。そこからスタートし、30、40と体験できる感情の強さを上げていくことを目標にし、取り組んでいく。クライアントが現在の感情の強さを認識できるよう点数化するほうが良い（図3-1）。練習を続けていくと、日によって感情の強さが違うことがわかる。点数化することで、感情が強く体験できるときのコツを摑むことにも役立つ。感情処理の練習を継続することにより、そのうちに感情は60、70の強さで体験できるようになる。そのときには、以前は抑圧し感じることができなかったものを、日常で意識することなく体験できるようになる。

2　感情を吐き出す（呼吸で吐き出す）

　感情を「吐き出す」ことは感情処理法の重要なプロセスである。これを「処理する」もしくは「消化する」ともよんでいる。感情処理法は二つの目的で実施するが、現在体験している不快感情を処理する場合も、抑圧や抑制を解決しその場面にふさわしい感情を体験できるようにする場合も、感情を体験した後はその感情を吐き出す。

　たとえば怒りを抑圧しているために怒りを体験できない問題を抱えるクライ

アントがその解決を目指し感情処理法を実施するケースは多い。そのクライアントが感情処理を重ねるうちに、特定の場面で、今までは感じることがなかった怒りを体験できるようになったとしても、その怒りを体験して終わりにせずに、その怒りを吐き出すことで怒りを減らしすっきりして終わるようにする。

　吐き出すとは独りで静かに発散するイメージである。感情が身体の内に存在するものであり、その身体の内側にあるものを身体の外に出すというイメージを「吐き出す」と表現している。筋肉や皮膚の緊張を和らげて、身体の内側にある感情を身体の外に出すことにより、不快感情を減らしていくのが「吐き出す」ことである。以下、感情を吐き出すいくつかの方法について説明する（3〜7節）。

　感情処理で使う最も一般的な方法は、呼吸を処理の手続きとして用い、呼吸に合わせ息を吐くときに感情を一緒に吐き出すというものである。クライアントは不快感情を抑えるために、呼吸を止め、あるいは呼吸を浅くすると同時に身体に力を入れ緊張させる。不快感情を抑えることを日常当たり前にしてしまっている人は、身体のいずれかの部分に力を入れているだけでなく、日ごろから呼吸も浅くなってしまっている。それらを改善し、呼吸に合わせて感情を吐き出すことにより、不快感情を減らすことができる。呼吸法をカウンセリングに取り入れることは一般的に珍しくないが、感情処理においては呼吸を活用することで、不快感情を軽減させるのである。

　クライアントには、"いま感じている気持ちを、ゆっくり呼吸しながら（息で吐きながら）身体の外に出してください"と教示する。身体の力を抜いてゆっくり呼吸することにより、吐く息と一緒に身体の内にある不快感情が外に出ていくイメージで呼吸する（図3−2）。呼吸で吐き出すときには、呼吸は自分が楽なようにしてもらう。息を吐くときに勢いよく、強くならないように、ゆっくりと吐くよう支援する。勢いよく、または強く息を吐こうとすると、身体のどこかの箇所に力が入ってしまうことが多く、感情が処理されなくなる。

●姿勢に気をつける
　呼吸を通して感情処理する際に気を付けるのは姿勢である。姿勢は、明確に

図3-2　感情を吐き出す

意識されないもののクライアントが体験している感情への考え（思い）そのもの、あるいはそれを処理することに対する抵抗や感情への否定的認知などを表している場合がある。たとえば、下を向いて背を丸めて怒りを吐き出そうとしている場合、そのクライアントは怒りを自分の内側で巡回させているだけで外に吐き出すつもりは無いのである。それは怒りを手放したくなく、まだ怒りを持っておきたいという思い、そして怒りを処理することへの抵抗を表している。また恐れを感じながら肩や背中を丸め怯えているような態度でいる場合、彼らは恐れを感じ吐き出そうとしつつも、恐れを感じること自体を恐がっている。

　ある30歳代の女性クライアントは、幼い頃よりしばしば暴力的に接してきた父親に対する恨みを減らそうとした。そのためにまず幼少期に父親から暴力を受けた場面を思い出し、その場面に身を置き、父親に対する恐れを処理することにした。恐れを感じ息で吐き出そうとしたものの、その瞬間にそれまでまっすぐ伸びていたクライアントの背中が猫背のように丸くなってしまった。カウンセラーが何度かそれを指摘し、背中をまっすぐにしてもらった。カウンセラーから指摘を受けたときには、背筋がまっすぐに伸びるものの、恐れを感じ始めると背中が曲がる。クライアントは3回のやり直しを経てようやく背中をまっすぐにして息を吐き恐れを処理することができた。背中が猫背で丸まっているままで恐れを吐き出そうとしたときには、息を吐いたのちクライアントは恐れが減った感じがしなかった。恐れが減らず余計に"あの人のせいでこんな思いをしている"と父親への恨みが強くなった気すらした。しかしながら背中をまっすぐにして息を吐いたときには、息を吐くたびに恐れの気持ちが減っていくのを体験できた。感情処理の後クライアントは、猫背で感情処理を試みたときには、気持ちのどこかで"父親への恨みを手放したくなく恨み続けたい""そ

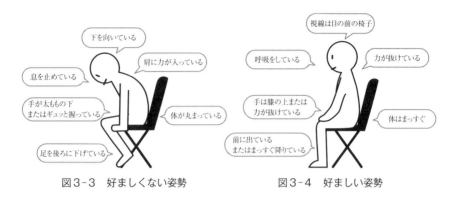

図3-3 好ましくない姿勢　　　　図3-4 好ましい姿勢

のために自分が体験した恐さは忘れずに覚えておきたい”“なぜつらい思いを
してきた私がカウンセリングを受けて恨みを手放さなきゃいけないんだ”とい
う思いがあったが、背中をまっすぐにしたときに、“父親のために自分が恨み
という不快感情を持ち続けるのは馬鹿らしい、もう恨みを手放してしまいた
い”“そのために叩かれたときの恐さも減らしていい”と思うことができたと
振り返った。

　このように姿勢の悪さは、感じるまたは感じようとしている感情を処理する
ことに対する否定的な考えを表していることがある。姿勢が悪ければ感情は処
理されない。クライアントに、感情を処理することへの抵抗があることを示し
ているのかもしれない。感情処理に茶道の作法のような正しい姿勢があるとい
うわけではなく、楽な姿勢で構わない。しかしながら、身体に力が入る、また
呼吸が楽にできない姿勢は好ましくない。呼吸と共に感情を吐き出せるのが好
ましい姿勢である。

　図3-3、図3-4のように、クライアントの姿勢に関して、下記のことに
注意を払い、好ましい姿勢で感情が吐き出せるよう支援する。

・身体が前かがみになっている場合
　　→身体をなるべくまっすぐにする（つらくない程度に）
・背中が丸まっている
　　→背中をなるべくまっすぐにする（つらくない程度に）
・下を向いている
　　→顔を上げる（まっすぐまたは斜め上を見上げるくらい）

図3-5　閉じた姿勢

・肩が上がっている

　→肩を下す

・手を脚の下に入れている

　→手は太ももの上、もしくは脚の横に垂らす

・足先を後ろに引いている

　→足先は膝より前、もしくは膝と同じ位置あたりに置く

・腕や手、脚が閉じている

　→腕や手、脚が閉じないようにする

　腕や手、脚が閉じているとは、腕組みをしている、右手で左腕を触れているもしくは左手で右腕を触れている、手を組んでいる、脚組みをしている、足首がクロスしているといった姿勢を指す。これらの姿勢を取っているとき、体験しているあるいは体験しようとしている感情と距離を取ろうとしている。または体験しているあるいは体験しようとしている感情に対して、批判的、拒否的、防衛的などの心の状態になっていることが多い。図3－5は左端から腕が閉じている、次は腕脚ともに閉じている、次は脚が閉じている、右端は腕が閉じている状態を表している。

　姿勢に注意しながら、ゆっくりと数回呼吸しながら感情処理を実施する。感情処理を実施している間は、身体のいずれかの箇所に力が入っていないかに注意を払う。いずれかの箇所に力が入っている場合には、筋弛緩などを実施し（第2章8節参照）力が抜けるよう支援する。

　通常5～6回息を吐くと、感情は減っていく。感情が減るとは、不快感情が

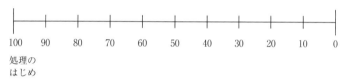

図3-6 感情処理の程度の点数化

無くなってしまうことではない。感情処理を始めるときに体験している不快感情のレベルを100とした場合、40か50くらいになる程度を減っていると判断して良い（図3-6）。不快感情を無くしてしまおう、0にしよう、全部吐き出してしまおうなどと考えて感情処理を実施すると、「完全主義」思考に陥り身体に力が入り、その結果、感情が減らないことが多い。感情を吐き出すときに心にとめておいて欲しいことは「完全であるな」であり、完璧にやろうとしないことを目指すことである。ある程度まで減らす感情処理を繰り返すうちに、最終的には不快感情は〝無くなった〟と認識できる水準にまで、不快感情は減るものである。

　感情処理を始めると逆に不快感情が増え、100を超えた点数になると訴える人がいる。それは、体験した感情を受け入れることができていない状態である。感情への否定的認知が体験している感情を抑えている状態でもある。筋弛緩によって身体の力を抜いて実施するか、感情の否定的認知を解決したうえで（第2章4節参照）感情処理を実施するほうが良い。

●感情が減っているか確認する

　感情が減ったか否かを確認するには、〝悲しみが減ったら教えてください〟〝恐れは減りましたか？〟などと直接クライアントに確認するか、または感情処理を実施してもらう前に、〝何度か呼吸をして恐れを身体の外に吐き出してください、恐れが40か50くらいに減ったと思ったら声をかけてください〟と不快感情が減ったと感じたときに報告するよう伝えておくと良い。

　クライアントの報告通りに感情が減ったかどうかを確認するためには、クライアントの言動が一致しているか否かをチェックすると良い。言動の一致とは、クライアントが述べている言葉の内容と、クライアントの表情や姿勢、ジェスチャーが一致しているか否かを確認することである。

　ある男性クライアントは他者に過剰に気を遣う性格だった。そのことが、男性クライアントが職業生活上大きなストレスを抱える一因となっていた。男性クライアントは、怒りを感情処理した後、怒りは減ったと報告したが、彼の眉間には力が入っており、顔はひきつったような表情だった。ある中学生のクライアントは、感情処理のワークを実施した後、カウンセラーからの"いまの気分はどう？"という質問に対して、"はい、良い気分です"と言いながら、質問に驚いた表情を見せ、まるで"NO"と言うように首を横に振っていた。これらは言動不一致の例であるが、このようなケースもまれに目にする。クライアントが、"感情が減った""すっきりした"と報告しても、その言葉と表情やジェスチャーが一致していないとクライアントの報告通りの状態にはなっていない。これを見落としてしまうと、クライアントは感情処理を何度やっても問題が改善しない状態に留まってしまう。またクライアントは、言動不一致を示していることに本人も気づいていないことも少なくない。そしてクライアント自身、感情処理がうまく行われたと誤解したまま思い込んでしまっているケースもある。その場合クライアントは、何度うまく感情処理をやっても、自身の問題解決が進まないと思い、カウンセリングに取り組む意欲が無くなっていくことも考えられる。カウンセラーは、言動不一致に気づき、クライアントの感情処理がうまく進んでいないことをフィードバックすることも必要である。そのためにもクライアントの表情・ジェスチャー・姿勢に常に注意を向け、言動不一致があればそれに気づくこと、それを見逃さないこと、そしてクライアントが受け入れやすいよう直面化させる（対決する）支援を行うことが求められる。言動不一致が見られた場合の直面化（対決）は、"スッキリしたと言っているとき顔をしかめていたのを知っていますか？"と言動不一致を指摘する、"今何を感じたり思ったりしていますか？"とどのような体験をしているのかを尋ねる、"スッキリしたいけど、何か引っかかることがあるんですね"と言動不一致に至る心情を思いやり、その心情に共感的に寄り添う、などの対応をする。

3　別の感情を探し処理する

（1）一つの状況に複数の感情が存在する

　感情を処理する過程を経て、感情が減ったと認識した後、別の感情を感じていないかチェックする。これは、不快感情が減ったと報告したクライアントに“別の気持ちや思いはありませんか？”と問いかけることで行う。一つの状況に怒りを感じつつも悲しみを感じるなど感情は一つとは限らない。誰かにわかってもらえない状況において、わかってもらえない腹立たしさと悲しみをどちらも感じるのはよくあることである。また、わかってもらえないことへの不安も感じるかもしれない。複数の感情がある場合には、それらを順に処理していく。

　ある60歳代の女性クライアントは、夫からわかってもらえないという状況で、最初は夫への怒りを感じ、それを息で吐き出し感情処理した。ゆっくり呼吸し、吐く息と一緒に怒りが身体の外に出ていくイメージと共に、いわゆる息で吐き出す感情処理の基本的プロセス通りに実施した。5回ほど息で怒りを吐き出すと、怒りは息を吐く前に比べて30くらいに減った。そのうえで、自身が何か別の気持ちを感じていないか、意識を自身の今の気持ちに向けてみた。その結果、不安を感じていることに気づいた。わかってもらえないことは不安なことであるとも感じていたのである。そこで不安に焦点を当て、それを息で吐き出す感情処理を実施した。不安も怒り同様、5回ほど呼吸を使い身体の外に吐き出すイメージと共に感情処理した。そして不安が40くらいに減っていることを理解した。そのうえで再度、何か別の感情を感じていないか、意識を今の気持ちに向けた。その結果、悲しみを感じていることに気づいた。わかってもらえないという悲しみである。そこで今度は悲しみに焦点を当て、それを息で吐き感情処理を実施した。悲しみは息で吐き出すのに少々回数を要し、最初5回ほど実施したときには肩と首に力が入っており、“息で悲しみが吐き出せない、悲しみが減らない”と訴えた。そこで筋弛緩を実施し肩と首の力を抜き、その後10回ほど息で悲しみを吐き出した。その結果、悲しみは始めたときの100と比べ20くらいに減った。カウンセラーは、再度“何か別の気持ちを感じていないか”

尋ねたが、"特に感じない、スッキリしている"と報告した。このクライアントは、「怒り→不安→悲しみ」という順で感情処理したことになる。この一連の感情処理により、感情処理は終了した。

　感情は生理的な反応や情動（第1章4節参照）と比べて、大脳皮質が関与する部分が大きいため、思考と同様に複雑である。感情は客観的なものではなく主観的な体験であり、内的な心の状態である。したがってクライアントは、一つの状況において様々なことを思うのと同様に様々な感情を体験している。怒りも不安も悲しみも、"どの感情を感じているのか""私の感情は一体どれなのか"とどれか一つの感情に決めるという考え方をするものではなく、これらの感情すべてクライアントが体験する事実であり、ほんものであると捉える。クライアントは"怒りを処理したら、その奥に悲しみがあった"といった表現をするので、感情はいくつも重なるように存在しているというイメージで考えるとわかりやすい。

（2）ラケット感情とほんものの感情を意識する

　前述の交流分析の「ラケット感情（racket feelings）」という概念（第1章8節）では、感情を「ラケット感情（にせものの感情）」と「ほんものの感情（自然な感情）（authentic feelings）」とに分類して説明している。ラケット感情とは、その状況に適応するためにほんものの感情の代用として使ったものであり、その後も同様の状況で使用し続けるものである。そしてラケット感情はほんものの感情を覆い隠すように使われ、ほんものの感情が問題解決的であるのに対し、ラケット感情は問題解決的ではないと考えられている。

　たとえば上記の60歳代の女性クライアントのケースでは、夫にわかってもらえない怒りはラケット感情である。そして、夫にわかってもらえない悲しみはほんものの感情になる。そして、怒りは問題解決的ではない。たしかに夫に対して、わかってもらえない怒りを表現したとしても、それは問題解決的ではないであろう。夫との交流は批判的で険悪なものになるかもしれない。では悲しみはどうであろうか。悲しみを表現したとすれば、夫は責められているようには感じないかもしれないので、夫との交流は険悪なものにはならないかもしれない。

またラケット感情は不快感情であり、幼少期に親の愛情を得る手段として取り入れたものが多く、心理ゲーム（第1章8節参照）と結びつき、取り入れた後にも同様の状況においてくり返してきたものであるため、そのくり返しをやめる、すなわち同様の状況でラケット感情を体験しないようになるならば問題解決的であるといえる。それは不快なやり取り、不快な感情を体験するという、心地よくない時間を減らすことにつながるのである。

　このようなラケット感情とほんものの感情の関係についての考え方は、クライアントの感情と行動のある部分を理解し、その解決への支援をするうえで役立つ部分がある。夫にわかってもらえない怒りは、ラケット感情であるため、処理を実施したとしても、その怒りは減っても、問題解決的な思考や行動には結び付きにくい。このクライアントのケースでいえば、怒りだけを処理してそのときはすっきりしたとしても、ほんものの感情は処理できていないためにすっきりできない。ほんものの感情である悲しみを処理することではじめて、夫にわかってもらえない状況を客観的に捉えることができ、違う思考や行動を選択できるようになるのである。ほんものの感情を処理することにより、問題解決的な思考や行動に結びつくのである。

　ラケット感情とほんものの感情の考え方を背景に、クライアントが今感じているものがラケット感情なのかほんものの感情なのかを理解し、ほんものの感情の処理ができるよう支援することは意味がある。ラケット感情だけの感情処理で終わらないために、クライアントが体験しているのがラケット感情かほんものの感情かを見分けなければならない。ラケット感情は、同様の状況で生起されるパターン化された不快な感情であり、ストレス状況で体験されるものであり、クライアントはしばしば体験する馴染み深いものである。子どものころに親の愛情を得る手段として取り入れたものが多く、適応的ではない行動や不合理な思考と結びついているものである。クライアントが体験しているものがラケット感情であることを理解するために“その不快感情は馴染みがあるものですか？”と質問するのは効果的である。クライアントがそれを、しばしば体験する馴染みあるものであると答えるならば、ラケット感情である可能性が高くなる。

　クライアントが体験しているものがラケット感情であれば、そのラケット感

情を使うことを決断した原初場面の感情処理を実施し、そのときのほんものの
感情の感情処理まで実施する。これはクライアントが同様の状況で同じラケッ
ト感情を体験するパターンを修正するうえで有効である。ラケット感情を決断
した原初場面の感情処理は、その決断（考え方）の内容が、クライアントの生
き方に深く関連している場合もあり、その場合は1回の感情処理で感情はすっ
きりしたとしても決断の修正までいけないことが多い。その人の生き方に深く
関連する思考（決断）をビリーフ（信条、belief）といい、代表的なビリーフと
して禁止令決断がある。ビリーフに関連し幼少期から馴染みあるラケット感情
は、最近の場面だけで感情処理を進めていると、クライアントが“感情を処理
しようとすると何かが引っかかって先に進めない”と、感情処理がうまくいか
ないことを報告してくれることが多い。引っかかっている何かとは、ビリーフ
すなわち思考である。その場合には、感情処理を先に進めるために、過去の決
断（ビリーフ）をテーマにして、それを決断した原初場面の感情処理を実施す
る必要が出てくる。ビリーフ、すなわち思考の修正と感情処理に関しては、14
節で詳述する。

　ラケット感情を使うことを決断した原初場面におけるほんものの感情の処理
が進むにつれ、クライアントは次第に同様の状況で使う感情に変化が現れる。
たとえば、夫がわかってくれなかったという状況において、今までは夫に対し
て強い怒りを使っていたクライアントが、次第に怒りよりも悲しみを体験する
ようになるのである。それに伴い、思考や行動にも変化が現れる。先の60歳代
のクライアントは、“私は構ってもらえていない”“私はわかってもらえない、
受け入れてもらえない存在である”という否定的な思考が浮かび、“夫に文句
を言う”“過去の言動もあげつらい、夫の言動を責める”という行動を取って
いた。そしてほんものの感情である悲しみの処理が進むにつれて、“夫が無口
な性格なのは理解できるけど、もう少しは私の話に興味を示してほしい”と考
え、“返事してほしいと夫に要求する”という行動に変化するという具合である。

　ラケット感情とほんものの感情を意識してクライアントの支援をすることは
効果的であるものの、注意しなければならないこともある。それはカウンセラー
が感情を決めつけることである。多くの場合、イライラはラケット感情で、ほ
んものの感情は悲しみである。それは正しいのだが、すべてのクライアントの

イライラがラケット感情と決まっているわけではない。イライラがほんものの感情である場合があってもおかしくないのである。またほんものの感情が悲しみとも決まっているわけでもない。イライラのほんものの感情が不安という場合や怒りという場合があってもおかしくない。ラケット感情とほんものの感情という概念を利用する際、カウンセラーが決めつけをしてしまい、クライアントを特定の感情に誘導するように感情処理を実施してしまうのは避けなければならない。カウンセラーは常に、感情は人それぞれであり、正解がないことを知っていなければならないのである。

4 感情の処理レベルの数値化

　前述の通り感情処理では、感情を体験できた程度、感情を処理できた程度を数値化して表すことが多い。数値化は0から100までの数字で表す。体験できた程度は、感情を体験し始めたときを0として、現在体験している程度を数値で表す（図3－1参照）。処理できた程度は、たとえば感情処理を始める前の不安が100とした場合、現在の不安がどの程度かを数値で表す（図3－6参照）。

　数値化により、たとえばクライアントの不安がどれくらいなのかを知ることができる。そして不安の処理を引き続き継続するのか、そのほかの感情が無いかを探ることに移るのかの判断材料になる。感情は100：0ではない。100％感情が処理されるとは考えられない。感情処理では、100だった不快感情が、40～50くらいに減ったならば十分に処理ができていると考える。今まで体験できなかった感情の体験を試みる場合、20～30程度の体験でも良しとする。前述（2節）のように頑張って処理を続けることはあまり得策ではない。ちょっとした変化を確認しつつ前に進むほうが感情処理は効果的である。頑張ってやろうとすると「完全主義」思考や「～すべき」思考に陥ってしまい、逆に感情を減らす、または体験するという効果が出にくくなってしまう。

　また、数値化には別の意味もある。クライアントの100：0思考を緩和してくれるのである。クライアントの100：0思考は、小さな変化を台無しにしてしまうことがある。感情処理による変化は、小さな一歩の積み重ねである。もちろん、1回の感情処理で劇的に変化するクライアントのケースもいくつも存

在している。しかしながら、それはたまたまいくつも好条件が重なった結果である。多くのケースでは、劇的に変化するものではなく一歩一歩積み重ねていくものである。しかしながら100：0思考では、良くなったと認識していてもちょっとした良くないことを体験しただけで、全く変化できていないと極端に考えてしまう傾向が強い。そのために、せっかくの小さな変化が無かったかのように扱われてしまい、ほんとうに0の状態に戻してしまう。

　人目が気になってしまう、人目を気にしすぎて自分らしく振舞えないことにストレスを感じるあるクライアントは、感情処理を続けていくうちに人目が気にならない瞬間を何度か体験できるようになった。ある日クライアントは、一日中人目が気にならない体験をした。そして人に気を遣うことなく楽に振舞うことができた。しかしながら翌日は前日とは違い人目が気になってしまうことが何度かあった。そして“やっぱり私は全然変わっていない”“やっぱり人目が気になるのは治らないんだ”と落胆してしまった。それから次のカウンセリングまでの1週間、クライアントは毎日かなり人目を気にして自分らしく振舞えない状態で過ごすことになった。クライアントによるとその1週間は、“カウンセリングを受ける前に完全に戻ってしまった”と感じていた。このように100：0思考は、せっかく変化が起きているにもかかわらず、全く変化が無いような気分になり、ほんとうに変化が無い状態に自分を追いやってしまう。そしてせっかくの変化の歩みを邪魔してしまう。今の状態を正しく認識すること、小さな変化を正しく認識していくことが、一歩一歩着実に変化を重ねるためには重要なのである。

5　感情を吐き出す（会話で吐き出す）

（1）受容と共感
　感情処理の基本的な過程は呼吸と共に不快感情を吐き出すことであるが、カウンセリングにおいて感情をすっきりさせる方法として最も使われるのは、会話をしながら自然と感情をすっきりさせることである。わざわざ呼吸で感情を吐き出すワークを実施しなくとも、カウンセラーと話をしているうちに自然にクライアントが自身の感情に気づき、それを体験し処理することができるなら

ば、クライアントにとって負担も少ない。とはいえ単に会話をするだけで感情
処理ができる訳ではない。会話を通して感情処理ができるには、カウンセラー
に受容・共感・自己一致の態度で話を聴くことが求められる。受容・共感・自
己一致は、カウンセラーが学ぶべき基本的なことであり、その説明について紙
幅を割く余裕はないが、こうしたカウンセラーの態度はクライアントの感情が
処理できるか否かに重要な役割を果たす。クライアントが自身の感情に焦点を
当て、その感情を体験することができるのは、その場が安全であるからである。
感情を探るには、自身の内側に意識を集中させる必要がある。場が安全でなけ
れば、集中はできない。そしてカウンセラーの前でその感情を体験することは、
クライアントが自身の心を開くことなしに不可能である。クライアントは、カ
ウンセラーに対して信頼感を持つことなくそれはできない。そして場の安全や
信頼感は、カウンセラーが受容的・共感的な関わりをするところから生まれる
のである。

　前述のようにクライアントが感情処理に向かうためには、クライアントはそ
の感情を言葉で表現するだけではなく、語りながらその感情を体験し吐き出す
必要がある。自身の感情に距離を置いて話をするのではなく、自身の感情を受
け入れ、感情に浸りながら語るのである。そのためにカウンセラーは、クライ
アントの心に寄り添うように関わる必要がある。

（2）聞き返しのテクニック

　クライアントが自身の感情に焦点を当て、それを体験できるようにするため
に、受容・共感・自己一致を前提とした聞き返しを実施する。

　聞き返しは、クライアントの話した内容を、言葉や文章を大きく変えずにク
ライアントに返す「単純な聞き返し」と、クライアントの言葉にカウンセラー
の解釈を入れて聞き返す「複雑な聞き返し」の二つがあり、どちらも上手に活
用したい。

　複雑な聞き返しは、クライアントが使っていない考え方や感情の言葉を使う。
クライアントは自分が表現したものとは違う表現による思いや気持ちをカウン
セラーからの聞き返しにより聞くことになる。それはカウンセラーの解釈を含
んだものであり、クライアントはそれが自身の思いや気持ちと合うのかどうか

を判断するため自身の内面を見つめる。カウンセラーの表現が自身の思いや気持ちと一致しないときには、カウンセラーに理解してもらおうとまた違った表現で自身の思いや気持ちを表現しようと試みる。このやり取りを繰り返す過程で、クライアントは何度も自身の内面を見つめ、それが明確に言語化しにくいものであっても、それをカウンセラーに伝えるために言語化しようとする。それはクライアントにとって、深く自身の内側を見て、自身の感情や考えに気づくきっかけにもなる。したがって、クライアントが自身の感情や思いに気づいていくプロセスにおいては複雑な聞き返しが効果的である。

　クライアント自身の感情が明確になり、自身の気持ちを語りながらその感情を体験していくよう支援するときは、クライアントの語りにそのまま寄り添うように交流することが好ましい。したがって、クライアントが使った感情の言葉や考え方の表現を変えずにそのまま使って聞き返す単純な聞き返しを多く使う。そのときのクライアントの感情表現の言葉は、「ガクッ！」「シュン！」「あー？！」などの擬音のようなものかもしれない。それでもそこに感情が十分に表れていると思えたならばその言葉を大切にそのまま使うことが好ましい。単純な聞き返しの表現は淡々と返すものではなく、クライアントにとって自分が表現する気持ちがこもった共感的なものである必要がある。クライアントが自身の感情を明確な言葉で表現し、カウンセラーがそれに言葉を加えずにただ聞き返すことにより、クライアントは自身の気持ちを、相手からの言葉として聞き、その気持ちに焦点を当てることになる。そしてその気持ちを体験することができる。またそれを通して、クライアントが自分の気持ちにカウンセラーから共感的に寄り添われていると受け取れるとき、クライアントは体験している気持ちが軽くなっていく。その感情が減り処理されていくのである。

　気持ちが明確に語られる段階では、複雑な聞き返しはあまり効果的ではない。クライアントは、自身が使っていない感情の言葉で聞き返しされたとき、カウンセラーが使った言葉が自身の気持ちを表現するものであるかどうか、自身の感情や感覚とのすり合わせを行う。このプロセスにおいては多分に思考を働かせている。それは自身の感情に気づき明らかにしていくには効果的であるものの、感情を体験しそれを処理する段階ではあまり効果的ではない。体験するより自身の気持ちを探るほうに意識が向いてしまうのである。たとえば、下記の

図3-7　複雑な聞き返しと単純な聞き返し

二つのやり取りを基に考えてみたい。

〈複雑な聞き返し〉
　クライアント：いま何とも言えないような、なんだかなあという気分で
　カウンセラー：何か納得できない気分なんですね
　クライアント：うーん、納得できないというか、自分が情けないような
　カウンセラー：何か釈然としないような感じなんですね

〈単純な聞き返し〉
　クライアント：いま何とも言えないような、なんだかなあという気分で
　カウンセラー：なんだかなあなんだね
　クライアント：なんだかなあ、そんな感じです
　カウンセラー：なんだかなあという感じなんだね

　複雑な聞き返しは気づきを深める方向に働いている。それを重ねていくことでより自分の感情に気づいていくことができる。一方、単純な聞き返しは感情を体験する方向に働いている。そのくり返しによって、自身の感情を体験し、処理することができるのである。クライアントが感情に気づき、それを体験できるよう二つの聞き返しをうまく活用する（図3-7）。
　また、カウンセリングにおいて感情の言葉を使わず、出来事の事実のみを描写して語るクライアントも少なくない。もちろん感情処理は、出来事に伴う感情や思いを表現していかないことにはうまくいかない。出来事に伴う感情を語ってもらうためには、クライアントに対する質問をうまく使うことが望ましい。

　質問はたとえば、"なぜこういう行動をしようと思ったのですか？"とクライアントの行動の意図や理由を問う、または"なぜこの行動をしなきゃいけないと思ったのですか？"と行動の必要性を問うと、クライアントからその行動の背景にある思考や行動の基となる価値観について返答される。"私がやらなきゃいけないと思ったから""自分の役割はきちんと果たしたいから"など、返答された思考や価値観に、"やらなきゃいけないと思ってやっていたんですね""自分の役割を果たしたいと思って今までやってきたんですね"などと共感的に寄り添うとき、クライアントは感情に気づき始める。その感情に丁寧に寄り添っていくことで感情を体験していけるようになり、感情処理へと進むことができるようになる。

（3）頑張ってやってきたことへの共感

　交流分析では、感情の抑圧や抑制の状態を、「感じるな」の禁止令の影響と考える（第1章1節、本章14節参照）。これは幼少期に"感情を感じてはならない"という親の非言語的なメッセージを受け、"私は感情を感じないようにする"と決断した結果と考えるのである。親の非言語的なメッセージとなるのは、親がその感情を使わないこと、また子どもにその感情を使うことを禁止することなどである。たとえば親が怒りを使わないとするならば、幼い子どもは怒りを使うことで受け入れてもらえなくなると思い危険だと思うであろう。また子どもが泣いているときに親が"泣くな"と叱ると、悲しみを禁止したことになり、悲しみを感じることは危ないことになるであろう。それらを受け、子どもは感じないことを決断するのである。これを「感じるな」の禁止令決断という。「感じるな」の禁止令決断をした後、悲しみを感じることは危険なことだという禁止令の絶望的なポジションの苦痛を和らげるために、感情を感じないようにするために必要なことは何でもやろうとするのである。これを禁止令決断に対して反抗的に生きようとする「反抗的決断」という。

　「感じるな」だけでなく、他の禁止令決断でも同様である。禁止令決断の絶望的なポジションの苦痛を和らげるために、それぞれの反抗的決断に従おうとする。「存在するな」の禁止令決断の場合は、生きていることを正当化しようとしており、「信頼するな」の場合には、自分だけを当てにしてやってきている。

クライアントが禁止令を持ちながらも頑張って生きてきたことを理解し、クライアントの頑張りに共感的に寄り添うこと、またそれを賞賛することにより、クライアントが自身の感情に触れやすくなる。クライアントの反抗的な決断に基づく頑張りに対し、肯定・受容・賞賛・共感を行うのである。

　このやり方は、クライアントがどのような禁止令決断を持ち、どのように絶望的なポジションを体験してきたかなどの見立てやアセスメントが進み、クライアントに対する理解が深まった段階で使うことが好ましい。この流れで禁止令決断の絶望的側面が本人の意思とは関係なく表面化してしまう場合があり、それを癒すことを準備しなければならないからである。それが本人にとっても心理的負荷が強すぎるもので、現段階では受け入れがたいものである可能性もある。それが「生存に関する禁止令」のカテゴリー内の禁止令決断であれば、自身の生きることや死ぬことに関わるものなので、その心理的負担はかなりのものになる。したがって共感的な関わりにより感情を体験した後、癒しや再決断へと進むプロセスを理解したうえで慎重に行うべきである。

6　感情を吐き出すその他の方法

　ここでは、呼吸で吐き出す以外の方法について解説する。

（1）新聞紙で叩いて怒りを吐き出す
●身体の感覚を動員する
　感情を吐き出すその他の方法に、表情やジェスチャーによってその感情を表すやり方がある。表情やジェスチャーによって表すとは、感情的に表現するという意味ではない。たとえば、怒りや嫌悪の感情処理において、「棒状に丸めた新聞紙でクッションを叩く」という方法は効果が高い。棒状に丸めた新聞紙の代わりに、タオルやハンカチを使用するのも良い。タオルやハンカチを持ち、野球のボールを投げるように腕を振り下ろす動作を通して処理するものである。新聞紙を使って怒りを出すと、呼吸で出すときよりも強い怒りが出る。したがって強く怒りを出したい場面では効果的である（図3-8）。

　過去にいじめを受けた体験から学校を辞め、その後数年にわたり抑うつ気分

図3-8　新聞紙を使った感情処理

　と対人不安を抱えている20歳代のクライアントは、いじめの体験のつらさは繰り返し話すものの、いじめの加害者であるクラスメイト3人に対する怒りは感じることができなかった。"ほんとうは腹が立っているはずだとは思うのですが、怒りは湧いてこないんです"と語っていた。カウンセラーは、怒りを感じる支援をするために、丸めた新聞紙を渡し、それでクッションを叩き、怒りを吐き出すよう指示した。クライアントは当初ためらっていたものの、カウンセラーが"怒りを感じるジェスチャーを試しにやってみてください。やっていると怒りが湧くこともあるから"と促した。5～10回ほど無表情のまま新聞紙でクッションを叩いていたが、そのうち次第に怒りが湧きあがり、"ちくしょう"と声を出しながら強く叩き始めた。クライアントの表情からも怒りが湧きあがっているのは明らかであった。10回ほど強く新聞紙でクッションを叩いた後、5回ほど力を抜いて息をゆっくり吐きながら新聞紙でクッションを叩いてもらった。強く叩いたときは怒りが湧きあがるものの身体に力が入っていたために、その後力を抜いて息で吐き出したのである。このように強くブレーキがかかっている怒りを湧きあがらせるのに新聞紙でクッションを叩くジェスチャーは効果がある場合が多い。

　新聞紙を使う怒りの感情処理は、精神疾患や、いじめや被虐待体験など、怒りが出にくいクライアントには特に効果的である。精神疾患のクライアントは怒りを感じにくい。特にうつ病のクライアントはそれが顕著である。またいじめや虐待を体験したクライアントは、その体験の恐れが先行しすぎているため、その奥にある怒りを体験しにくい。そういうクライアントは、会話ではなかな

か自身の怒りに触れにくい、また呼吸で吐き出すにもなかなか自身の怒りを
しっかりととらえることができない。新聞紙を使うやり方は身体全体を使った怒
りの表現である。そのために自身の感情だけでなく、身体の感覚をも総動員し
て怒りを感じることができる。そのために、新聞紙を使った怒りの感情処理を
やってみて初めて、自身の怒りに気づくクライアントもいる。

●注意点
　新聞紙でクッションを叩くジェスチャーは効果的ではあるものの注意すべき
点がある。それは、そのジェスチャー自体、少なからず身体に力が入ることで
ある。完全に脱力した状態でこれを実施することはできない。なるべく、力を
入れずに、"叩く"のではなく"新聞紙を使って吐き出す"というイメージを
持って取り組んでもらう。したがってカウンセラーは、クライアントが新聞紙
を使ってクッションを叩いているときに、腕や肩や脚に強く力が入っていない
かを観察し、強く力が入っている場合にはそれを抜いてもらうよう支援する。
新聞紙で力を入れて叩いているときには、前述の20歳代のクライアントのよう
に、力を入れて数回叩いた後で、力を抜いて数回叩いてもらう。また新聞紙で
クッションを叩くときに、呼吸を止めずに行えるよう支援する。叩くタイミン
グに合わせて息を吐くようにしたほうが良い。クライアントの中には、呼吸を
止めて新聞紙でクッションを叩く人もおり、その場合にクライアントの怒りの
感情処理は進んでいない。さらに新聞紙で怒りを処理するときには、下を向く
のではなく顔はまっすぐにしておいたほうがよい。下を向いていると、怒りは
身体の外に出て行かずに、身体の中を回り巡ってしまう。
　新聞紙でクッションを叩くジェスチャーを通して怒りを吐き出したのち、
ゆっくり呼吸をしてもらうのも良い。それにより身体に残った怒りが吐き出さ
れる。前述のとおり、新聞紙でクッションを叩く動作は、力を抜いて実施した
つもりであっても、少なからず身体に力が入っている。したがって、新聞紙で
クッションを叩いた後は、身体の外側に出しきれなかった怒りが、身体の中に
残っている状態になる場合がある。そこでそのジェスチャーの後、残っている
怒りを身体の外に呼吸で吐き出す。そのために、クライアントに、身体の中に
残った怒りが身体の外に抜けていくイメージでゆっくり呼吸することを勧める。

図3-9　力を入れた怒りの処理

　または、呼吸を落ち着けて今クラスメイトに表現した怒りについて話を聴くのも良い。"今の怒りを振り返ってどう思うか？""今は何を思ったり感じたりしているか？"などと質問し、クライアントが怒りについて静かに振り返ることができるよう支援する。そのやり取りを通して、クライアントは身体の中に残った怒りを吐き出すことができる。

　また、怒りに関して強くブレーキがかかっている場合には、逆に身体に強く力を入れて新聞紙でクッションに怒りを叩きつけるようなイメージでやってもらうのも良い（図3-9）。

　たとえばあるクライアントは、新聞紙を使ってクッションを叩くとき"怒りが一瞬湧きあがるがすぐに消えてしまう"と訴えた。カウンセラーは"腕と肩と脚に力を入れて新聞紙を使ってクッションを叩く"よう指示した。クライアントが、指示通りに身体にグッと力を入れた状態を意識したうえで5回叩いた後、怒りがしっかり湧いてきたと報告した。力を抜いて実施したときには、"湧いた怒りがすぐに消えてしまう感じだった"ものが、肩や腕に力を入れて叩いたときには"怒りが消えるのではなく身体の中に残り、次第にたまっていくようだった"と表現した。強くブレーキがかかっている場合、力を入れることによって意図的に、怒りが身体の外に出ることができず、身体の中を循環してたまっていく状態を作るのである。それによって、怒りが湧きあがるよう支援ができる。これを実施したのちは、身体から湧きあがった怒りを外に出すために、ゆっくりと呼吸することが必要である。あるクライアントは身体に力を入れ新聞紙でクッションを叩きながら強く怒りを表現したのち、身体の力を抜いて

ゆっくり呼吸をするよう促され、"これほど大きな怒りが表現されたことに自分でも驚いた"こと、"出来事の渦中にあるときは、これほど腹が立っていたことに気づかなかった"こと、"腹が立っているのに気づくことは自分を大事にすることでもある"ことなど、落ち着いた口調で自身が表現した怒りを振り返る会話をしながら、徐々に怒りを身体の外に出していった。

●嫌悪を吐き出す

　嫌悪は怒りと違う感情ではあるものの、これに関しても怒りと同様に、新聞紙でクッションを叩きながら吐き出すことができる。嫌悪は人や物やタスクなどに対する「嫌」という感情であるが、特に人に対する嫌悪はこのやり方で処理を進めやすい。嫌悪に関しては、嫌と思わないように自身の感情を抑えているうちに、かなりたまってしまっていることが少なくない。「嫌」は、抑えれば抑えるほどたまり、そしてより嫌悪感が強くなる。

　最近夫の声を聞くだけで嫌悪感を抱いてしまう40歳代の女性クライアントは、夫の金遣いのずぼらさが嫌と感じていた。ローン会社から借金をするほどではないものの、生活費から勝手にお金を引き出す、子どもが貯めたお年玉を勝手に使うなど目に余る行為がたびたびあった。夫に対して嫌とは感じつつも、それを呼吸で吐き出そうとすると、自分の家事の不完全さや夫への配慮の至らなさが頭に浮かんでしまいなかなかうまくいかない。そこで新聞紙でクッションを叩きつつ、嫌と感じながら吐き出してもらうようにした。するとクライアントは勢いよくクッションを叩き始め、ためていた嫌という気持ちを強く感じた。10回ほどクッションを叩き終えたのち、呼吸を整えてもらい、夫への嫌という気持ちについて振り返りつつ会話した。そこでは"夫に対して嫌だと思わないように自身に言い聞かせてきたこと""そうすればするほど余計に夫への嫌悪感を募らせてしまっていたこと""自分が夫のことを嫌だと感じても良いと思ったこと"などが語られた。その後、夫に対して嫌だと感じたことは言葉に出すようになった。するとそれと共にたまっていた嫌悪が処理され、声を聞くだけで嫌悪感を覚えることはなくなった。このケースのように、強くブレーキがかかっている嫌悪は、怒りと同じように処理することができる。

　怒りや嫌悪に限らず、感情を表現することに強くブレーキがかかる場合には、

その感情に対する否定的な認知を解決するための支援をするほうが効果的な場合もある。前述のお金にずぼらな夫に嫌悪感を持つ40歳代の女性クライアントも、嫌悪に対して否定的な認知が認められた。"夫を嫌と思えば、夫のことをますます嫌になってしまう"と思っており、また"妻は夫を大切にするものであり、夫のことを嫌になってはならない"とも思っていた。このクライアントの場合は、否定的な認知を解決する支援をすることなく、新聞紙でクッションを叩きながら嫌を表現し、その後"嫌と感じることと、大切にしないことは違うことである"と自ら気づき理解した。しかしながらいくら新聞紙でクッションを叩きながら表現するよう提案したとしても、否定的な認知を優先して解決することなしにそれはできないという場合もある。否定的認知に関する決断が、その人の生き方に大きな影響を与えている場合は否定的認知を優先して解決することが求められることが多い。

（2）表情を作ることで感情を体験する

　表情は内面の感情体験によって生み出されるものである。逆にストラックら（Strack, F., Martin, L. L., & Stepper, S.　1988）の研究で知られるとおり、顔の表情を作ることにより、その表情に対応した感情が生み出されるという「顔面フィードバック理論」がある。実際に、感情を感じないクライアントに対して、ある特定の表情を作らせることにより、その表情に対応した感情を感じる、もしくは表情に対応した感情に似た感覚を感じ始めることがある。表情を作ることで感情を体験するとは、表情を作る練習をすることにより、感情を体験できるよう支援するものである。エクマンら（Ekman, P., & Friesen, W. V./工藤（訳編）、1987）による、感情に対応した表情は下記の通りである。

【恐れ】
・両眉が引き上げられ、共に引き寄せられる
・上瞼は持ち上げられ、下瞼は緊張しピンと張る
・口は開き、唇はわずかに緊張し後方に引かれるか、押し広げられ後ろに引かれる

【怒り】
・眉が下がり、引き寄せられる

・目を見開いている
・唇は押し付けられるように結ばれているか四角に開口している
【悲しみ】
・眉の内側の両端が引き上げられている
・唇の両端が下がっている
【嫌悪】
・上唇は引き上げられる
・頬は持ち上げられる
・鼻にしわが寄り、下瞼の下にしわができる

（3）気持ちを書くことで感情を吐き出す

　感情を処理するためにそれを表現する方法として、クライアントによっては書くことも効果的である。呼吸でも、ジェスチャーでも、なかなか表現が難しいクライアントがいる。これらのクライアントは、自身の感情を認識して、それを表現しようとすると身体の痛みや不調を体験することが多い。これらのクライアントは、"感情を出すことは危ないこと（見捨てられること）である"という否定的認知を決断していることが多い。彼らにとっては、感情を表現することは見捨てられることであり、生きていけなくなる危険にさらされることなのである。

　たとえばあるクライアントは、パートナーからわかってもらえない悲しみを呼吸で吐き出そうとすると、汗が出て胸の鼓動が早くなるほどの恐怖を感じていた。当初クライアント本人も、なぜそれほど感情を表現することが恐いのかについて理解できなかった。カウンセリングが進むにつれクライアントはその理由について理解できはじめた。クライアントが悲しみを表現するときの恐怖は、幼少期の自分が泣くことで母親につらい思いをさせてしまうのではないかと思う恐さ、母親がつらいからもう出て行きたいとこぼしていたのを聞いていたときの恐さ、母親が出て行ってしまい母親から見捨てられることになるという絶望感や独りで生きていけなくなったらどうしようと思うときの恐怖と同じものであるとわかった。クライアントは、"感情（悲しみ）を表現することは、大切な人から見捨てられる""感情（悲しみ）を表現すると、独りぼっちになっ

て生きていけなくなる"という否定的認知を決断していたのである。大切な人
から見捨てられる、孤独になり生きていけなくなるなどの考えは、クライアン
トにとって、感情を表現することが危ないものであるという想いにつながって
いた。クライアント本人が意識しているにせよ意識していないにせよ、その感
情を表現することが危険なことであるという信念（思考）を持っているならば、
その感情を表現することは困難であろう。このクライアントは、自身の気持ち
を手紙のような形式で書くことにした。クライアントの手紙は、わかってくれ
ない現在のパートナーに対して、そして幼少期に出て行きたいとこぼしていた
母親に対してのものだった。クライアントは、カウンセリングごとにパートナー
と母親に宛てた手紙を1通ずつ書いてきて、カウンセラーに手渡した。手紙に
は、パートナーや母親に対して、怒りや悲しみが綴られていた。その後5通の
手紙を書いて持ってくるうちに、クライアントは次第に悲しみの感情が処理さ
れていくのを感じるようになった。

　悲しみや怒りや恐れなどの感情を表現することが危険であるという思い込み
を持っているというクライアントは、何が危険であるかを認識しておらず、感
情を体験しようとするときに身体の緊張と対象がはっきりしない恐れなどの感
情を体験する。何が危険と思っているのかを明確にするためには、緊張してい
る身体の感覚と感情を手掛かりにして、同様の感覚を体験した過去の場面を探
すと見つかりやすい。

　怒りを表現することが危険だと思っていたクライアントがいた。そのクライ
アントは、怒りを呼吸で吐き出そうとすると、胸が痛くなり、意識せずに身体
を緊張させ息を止めてしまう。感情処理をストップさせてしまうのである。ク
ライアントは、怒りを表現しようとすると恐れが湧きあがった。クライアント
に"怒りを表現しようとすると湧きあがる恐さ"がいつ頃から馴染みがあるも
のか探ってもらった。その結果、それが何度となく殴られたことがある幼少期
の暴力的な父親の前にいるときと同じ感覚であると理解した。もし幼少期の
クライアントが怒りを表現したならば、父親からもっとひどい目に遭わされたで
あろう。"怒りを表現すると、ひどい目に遭う"という否定的認知を決断した
クライアントにとっては、怒りの表現はまさに危険なことであった。クライア
ントは、日記形式で日常の出来事について感情を交えて書く、という課題に取

り組んだ。出来事だけではなく、特に意識してその出来事のときの自身の怒りの感情について少しだけでも書くように心がけてもらった。その出来事のときに、どういう怒りを感じたか、それをどう抑えたのかについて書いてもらった。それを通して感情処理を行っていった。3か月ほど書くことを続けた結果、怒りの感情は次第に処理されていった。

　書くことを通しての感情処理は、
・手紙形式で書く
・日記形式で書く
という方法があるが、大切なのは出来事や事実だけを書くのではなく、
・感情を交えて書く
・意識的に処理したい感情について書く
ことである。

　その他、感情処理のために感情を表現する方法としては、
・絵を描く
・紙に色を塗る
・紙を千切る
などの方法がある。紙を千切る方法は、発達の問題を抱えた子どもに気に入られることが多い。

7　子どもの感情処理（「感情カード」の利用）

（1）「感情カード」とは

　子どもに対しては、「感情カード」を使って感情処理を行うワークができる。幼児期や児童期の子どもに対するカウンセリングはプレイセラピーを実施することが多い。会話での交流が可能な子どもに対しては「感情カード」を使ってみると良い。またプレイセラピーの遊具の一つとして使うのも良い。

　「感情カード」は36枚の名刺サイズのカード（図3-10参照）で、1枚ずつに感情が記されている。そして、子どもの今の気持ちに近いもの、また子どもが話している出来事のときに体験した感情に近いものを複数選んでもらい、それを受け入れ、言葉で子どもに返し、それについて話し合うものである。子ども

あきる	あこがれ	あせり	あまえ	いや
イライラ	うたがい	うらやましい	うれしい	おどろく
がっかり	かなしい	きもちいい	きょうふ	キレる
くやしい	こわい	ざわざわ	じっと できない	しんぱい
たのしい	ダメな きぶん	どきどき	はずかしい	はらがたつ
ビクビク	びっくり する	ひとり ぼっち	ふあん	ふまん
まけたく ない	みじめ	むかつく	むなしい	よくない
ワクワク				

図 3-10　感情カードサンプル

は複雑な自身の感情を言語化するのが難しい。「感情カード」は言語化が未熟な部分を助けてくれる。言語化されたものがポジティブではなく不快感情であるとき、それを否定する、そこから気を逸らそうとするなどの大人の関わりが、後の感情の抑圧や抑制を生み出す。したがって、言語化した不快感情を自然なものとして受け止められるよう関わることが重要である。不快感情をどう受け止め、それにどう対処するかという能力を伸ばしていくことが、子どものしなやかな心を作る。そして、子どもが自身の不快感情を認識し受け入れていくことで、感情のコントロールが良好になり、ストレスへの対処力やレジリエンスにも良い影響があるといわれている。

　子どもの感情は乳幼児期から児童期までにかけて急速に発達する。子どもは次々と自身の感情を言語化していくようになる。感情のコントロール力を高めることを考えるならば、子どもが感情を言語化し、それを受け入れ、対処できるよう支援するための親の関わりが重要である。子どもが体験する様々な感情、特に不快感情に対する受容的な関わりが大切である。

　言語化した感情が受け入れられることで、子どもは自身の不快感情を否定することなく自分の中の一部として認めることができるようになる。それは感情を自分の中に置きながら発達していくことであり、豊かな感情の発達を助けるものである。また不快感情を感じる自分をも受け入れることは、ありのままの自分を受け入れ肯定することになり、自尊感情を高めることにも寄与する。

　子どもが自身の気持ちに近いものを「感情カード」から選び、それを大人から言葉として返してもらう。子どもは大人が返した言葉を自分の耳で聞くことで、自分の内面のうまく言語化できなかった感覚と感情の言葉が結びつき理解できる。理解できた感情は自分の一部として位置づけられる。それにより自身の気持ちを高ぶらせるのではなく冷静に見ることができるようになる。

（2）感情の発達

　子どもは生後まもなく、刺激の内容に応じ先駆的情動といわれる苦痛、嫌悪、驚き、快さなどを表すようになり（これは物事の評価が介入していない）、6か月頃から物事の意味を評価できるようになり、出来事の内容や評価に基づいて感情が生まれる。感情の発達に関する知見としては、子どもの感情が未分化な

生後6か月まで　　　　　　　1歳半〜2歳　　　　　　　　2歳〜3歳

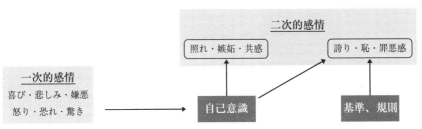

図3-11　ルイスの感情の発達理論

（出所）　Lewis/高橋（監訳）（1997）

状態から始まり様々な感情に分化していくという古典的なブリッジス（Bridges, B.）の感情の分化図式から始まった。その後、新生児の感情についても新たな発見があり、最近では、ルイス（Lewis, M./高橋（監訳）、1997）が提唱した発達理論が有名である。この理論では、ある月齢で発現する基本的感情と、それをベースにして自己意識が介在することで発達する二次的感情を分けて表している（図3–11）。表情から人の感情を識別するキャロルら（Carroll, J. M., & Russell, J. A., 1996）の研究では、快・不快・興味・嫌悪・喜び・驚き・悲しみ・怒り・失望などの基本的感情は生後7〜8か月までに表れ、罪悪感・恥・軽蔑は生後8か月以降に表れるとされている。

　2歳頃になると、子どもは感情を言葉で表すようになる。規範を取り入れ、自身の行動が適切か否か評価し始める。そのため他者から認められることや批判されることに敏感になる。また他者の表情から感情理解ができるようになり、さらに感情を調整する能力も発達し、感情のコントロールができるようになりはじめる。

　3歳頃になると、感情を調整する能力がさらに発達し、他者の目があるところでは欲求を短時間我慢できるようになり、我慢するための行動も選択できるようになる。嫌な気持ちを抑えて行動する能力も大きく発達する。また、二つの感情を同時に体験することを理解し、過去の出来事を回想しそのときと同じ気持ちに浸ることができるようになる。また、4歳頃になると親からの規範をより取り入れるようになり罪悪感が発達する。

子どもの感情面の発達を支援するためには周囲の関わりが大切になる。特に親は、子どもの豊かに感情を体験する能力、感情を適切に調整する能力、直面する問題を適切に解決する能力などを育むために、子どもの感情に気づいてあげて、子どもの感情に共感的に接し言語化に導き、感情のコントロールが難しいときに受容し解決法に導く、などの関わりを通して支援していく。

　子どもは5歳くらいになると、一つの出来事でポジティブな感情とネガティブな感情の両方を感じるという多重な感情を理解するようになる。これに対して、どちらかが悪い感情でどちらかが良い感情と教えるのではなく、どちらも自然で大切な感情であると学ぶことが必要である。これは子どものその後の社会情緒的な発達を促す。さらに、子どもが経験する多様な感情に対処する方法について一緒に考えてあげるのである。

　そして子どもは、小学校に入学する頃になるとますます表現力が豊かになる。たんなる悲しみや喜びの感情ではなく、とても嬉しいとか、すごく嫌な気分になったと、自分の感じ方の程度や状況を説明するようになる。また気持ちが何によって引き起こされているかという因果関係についても理解するようになる。8歳頃になると、義務を果たさない、約束を破る、などに善悪の感情を持つようになる。10歳頃になると、信頼を裏切る、不誠実な対応をするといったことに、道徳的な善悪の感情を持つようになる。感情についての理解や表現はその後も経験とともに深められていくものである。

（3）「感情カード」を使ったやりとり

　小学生くらいになると「感情カード」を使った支援ができる。「感情カード」を使ったやり取りを通して、子どもはネガティブな感情を処理し、コントロールすることを次第に学んでいく。

　「感情カード」を使ったやり取りでは、子どもの話した出来事について、カルタのように一枚一枚視認できるよう広げた「感情カード」を道具として使用し進める。子どもが話す出来事について、

・感情カードで自分の感情を複数選んでもらう
・その気持ちをどう表現したかを話してもらう
・そのときにどう表現したらよかったかを話してもらう

・その出来事への他者の感情を推測し選んでもらう

・どうしてそう思うか話してもらう

などのやり取りを行う。カウンセラーの受容・共感的関わりや効果的な質問を通して、「感情カード」を使うことで多くの効果が期待できる。

　子どもが選んだカードについて話し合うことを通して、子どもが自身の感情を言語化し表現する能力の発達を支援できる。子どもがカードを一つ選んだら、"他にどんな気持ちがある？" と質問し、子どもがもう一つカードを選んだときには、"あなたは恥ずかしくて嬉しいんだね" と返してあげることにより、自身に多様な感情があることを理解する。子どもが選んだカードについて、"そんな気持ちのとき、あなたはどんな行動をとるの？" "こんな気持ちのとき、（身体は）どうなるの？" などと質問することにより、感情が身体や行動面にも影響を与えることへの理解を促進する。"お母さんが妹の話をしているときに腹が立つんだね" と状況と感情を伝え返すことを通して、感情を引き起こす引き金と自身の感情との関係について理解する。そして、感情を表現するやり方、自身の感情への対処のやり方などを質問し、一緒に考えていくことを通して、感情を処理する術を学んでいくことになる。

8　処理する感情の特定

　感情処理のワークを実施するにあたり、最初に処理する感情を特定しなければならない。クライアントが不快な感情を訴える場合には、クライアントが訴えている感情から処理していくことを提案し、感情処理のプロセスに入る。またクライアントが話をしながらある種の感情を感じているならば、話を一旦止めて、その感情を呼吸で吐き出すように提案し、感情処理のプロセスに入っていくことができる。

　クライアントの語る話の多くは感情を伴っている。感情を伴っているからといってすべてを感情処理するわけではない。解決したい問題が明確な場合にはそれに伴う感情を処理していけばいいが、それが明確ではない場合には、処理することによってクライアントが楽になる不快感情を特定し、それに焦点を当てるよう支援することもカウンセラーの大切な役割である。

クライアントが不快感情を感じていて楽になれないとき、その背景には葛藤が存在する。"…ねばならない"と"…したい"という葛藤である。ある60歳代のクライアントは、どうにも身動きできないような感覚を伴う葛藤を抱えていた。人間関係の中で、他の人たちに良かれと思ってしたことから、他の人たちに嫌な思いをさせてしまう結果になってしまったのである。自分は良かれと思ってしたことだとわかってほしい気持ち、他の人から嫌がられてしまってつらい気持ちがカウンセリングで語られた。クライアントの中では、良かれと思ってしたことだからわかってほしい思いと、わかってもらえず嫌われてしまっているつらさが存在した。そこでまず嫌われてしまったつらさに焦点を当て、それを処理した。つらさが少しだけ楽になっていったときに、他の人たちに申し訳ないと思い謝りたい気持ちがあることが語られた。ここで葛藤の図式が明確になってきた。"申し訳ないと思っていてごめんなさい"という思いと、"でも良かれと思ってやったことだからわかってほしい"という気持ちが葛藤しているのである。

　カウンセラーは、"申し訳ないと認めてしまうとどういう気分になるか？また自分が悪かったと認めたとき自分をどういう存在だと思うか？"について尋ねた。クライアントからの答えは、"自分がここに居てはいけなくて消えてしまわなきゃいけないような感じがする"というものであった。ここで葛藤が葛藤として成立している理由も明確になった。"自分がここに居てはいけなくて消えてしまわなきゃいけないような感じがする"から、自分が悪かったと認められない、そして認められないからこそ"良かれと思ってやったことだからわかってほしい"という思いと葛藤しているのである。その葛藤、すなわち自分が悪いから謝りたいという気持ちに正直になれないのは、それを受け入れてしまうとここに居てはいけないし消えてしまわなければならないような感覚に襲われてしまうからである。

　クライアントには、"自分がここに居てはいけなくて消えてしまわなきゃいけないような感じがする"という原初場面、小さい頃の自分に身を置いて感情処理を実施した。そうすることにより、自分が悪いから謝りたいという気持ちの輪郭が明確になり、謝りたい気持ちが強くなった。そして、自分が謝りたい気持ちと悪気はなかったことをわかってほしい気持ちの葛藤を抱えていること

をわかり楽になった。このようにクライアントの抱える葛藤の図式が明らかになることによって、処理すべき対象の感情が明らかになる。それを処理していくことで葛藤が解決し、楽になっていくことができるのである。

9　怒りの感情処理

（1）うつ状態と怒り

　カウンセリングを利用する人で抑うつ状態のクライアントは多いが、抑うつ気分は怒りを抑えることと関係が深い。抑うつ状態のクライアントは自責が強い。"ちゃんとできない自分が悪い""自分が情けない""他者に迷惑をかけている""いつまでもこんな状態でいるわけにはいかない"などと自分を責め続けている。抑うつ状態が強くなると頑張りがきかなくなるため、自分を責めて奮い立たせようとしても、気持ちに反して身体は思うように動かない。懸命に前に進もうとしているのだが前に進めない。まるでチェーンが外れた自転車を懸命に漕いでいるような状態である。自分を責めれば責めるほど、落ち込みはひどくなり、抑うつ状態も悪化するという悪循環に陥ってしまう。

　抑うつ状態は、本来外に向くべき怒りが抑え込まれて、反転して自分に向いてしまったもの（怒りの内向）だと考えられている（図3-12）。すなわち、怒りが自分に向いて自分を責めている状態である。怒りの感情処理をすることにより、怒りのベクトルが外に向く。それによって自分を責めることがなくなり、抑うつ状態が改善されるケースも多い。

　いじめを受けた後、高校に行けなくなりそのまま退学、その後5年間にわたっ

図3-12　怒りの内向

て抑うつ気分を感じ続けている20歳代のクライアントは、いじめを受け始めた頃、その行為の理不尽さに怒りを感じていたという。怒りは感じるものの、いじめの加害者である同級生たちにぶつけられるはずもなく、ただ怒りを飲み込むしかなかった。そのうちに怒りを感じることはなくなり、いじめを受けても言い返せない、嫌だときっぱり言えない自分が情けなくなった。そしてそういう自分をだめだと思うようになり、自分が嫌になっていった。高校を退学して5年経過しカウンセリングに来たときは、いじめの体験を語りながらも時折笑みを浮かべ、怒りを感じることは全く無いと言った。それよりも強い自己嫌悪を訴えていた。クライアントの話に、怒りが次第に自分に向いて、自分を責めるようになるプロセスがわかりやすく表現されている。最初は感じていたはずの怒りを飲み込み続けているうちに、次第に自分が嫌に感じるようになっているのである。

　怒りの感情は本来外に向けられるものである。たまに"自分に腹が立つ"というクライアントがいるが、自分への怒りを感情処理してはならない。感情処理して自分への怒りを受け入れると、自責の念や自己嫌悪が強くなるからである。怒りは必ず外に向けて感情処理する。このクライアントも、いじめを受けた場面に身を置いてもらい、その頃感じていた怒りを思い出し、再体験してもらった。今は怒りを感じなくとも、怒りを感じていた時期があるのであれば、そのときに身を置いて再体験してもらうといい。その上で再体験した怒りを、新聞紙でクッションを叩き吐き出していった。そして最後には、"私は悪くない"と声に出してもらった。それを言葉に出しても"しっくりこない""腑に落ちない"うちは、再度怒りを吐き出すのを繰り返した。繰り返すうちに次第にその言葉が腑に落ちるようになる。"私は悪くない"が腑に落ちてはじめて、クライアントは"今まで自分が悪いとどこかで思っていたことに気づいた""心から自分が悪くないと思えた""溜まっていた怒りが吐き出せた感じがした"と報告した。このクライアントは、自己嫌悪の他に抑うつ気分や疲労感も強かった。"毎日何もやる気がしない""少し動くと疲れてしまう"と語っていた。カウンセリング後から、クライアントの自己嫌悪は大幅に改善され、抑うつ気分と疲労感も減った。

　怒りが自分に向くことにより、自己批判、自責の念、罪悪感、自信喪失、自

己嫌悪、落ち込み、ゆううつ感、無力感、疲労感などが強くなる。本来怒りを感じたはずのところでそれを抑えこんでしまっているために、怒りが自分に向いた結果これらの感情が強くなってしまうのである。クライアントが自己批判、自責の念、罪悪感、自信喪失、自己嫌悪、落ち込み、ゆううつ感、無力感、疲労感などを訴える場合、怒りの感情について感じるべき場面で感じることができているか否かをチェックする。怒りを感じることができていないと判断したならば自身の怒りに気づきそれを処理する支援をすることが好ましい。それにより、クライアントは自己批判、自責の念、罪悪感、自信喪失、自己嫌悪、落ち込み、ゆううつ感、無力感、疲労感などの状態を改善していける。

（2）日本人と怒りの感情

　怒りの感情は日本人にとってあまり得意なものではなさそうである。欧米の心理療法を日本に取り入れる際にもそこに配慮したほうが良いと思われる。欧米人は、怒りを表出することが日本人より得意であり、それを前提に心理療法の技法が組み立てられていると思われるからである。筆者も欧米人が参加するワークショップで、欧米人がワークを受ける場面を見るときに、欧米人が怒りを表すことに長けていると強く感じる。

　マーカスと北山（Markus, H. R., & Kitayama, S., 1991）は、西欧社会を、個人のアイデンティティおよび人格特性を重視し、あらゆる対人関係で変わらない自分を貫こうとする文化、あるいはその人の権利や要求や目的をまず第一に追求しようとする「相互独立性の自己（independent construal of self）の文化」と考えた。一方、日本は、個人の権利や要求よりも他者との関係性の維持・確立に重点を置いており、また他者との関係のなかで自分を位置づけようとする「相互協調的自己（interdependent construal of self）の文化」と考えた。西欧では自分を中心とした考えがまず働くために、それを脅かすような出来事に対して強く反応し、「自我焦点型情動」という怒りが惹起されやすくなり、その頻度も多くなる。日本人は、他者との関係の維持や協調に意識が働いてしまうために、怒りの頻度は低くなり、「他者焦点型情動」という恥や罪や尊敬などが多くなる傾向にある。また日本人は、親密な関係の人には怒りがわきにくいが、欧米人は知らない人よりも親密な関係の人に怒りがわきやすいことも、日本人

が本来感じるべき怒りを経験することが苦手であるということを裏付けていると思える。欧米人は自主性を重視しているのに対し、日本人は周囲との調和を重視している。また欧米人は、周りの人とは関係なく自分を認識し、社会的な結びつきが低く自分自身の感情を体験する傾向が強いのに対し、日本人は周囲の人と重なり合わせるように自分を認識し、周囲との結びつきが強い感情を体験する傾向がある（Varnum et al., 2010）。これらから、欧米人と日本人とでは明らかに違った自己感を持っているといえる。

　このように考えていくと、欧米人は怒りだけでなく他の感情も含めて感情処理が日本人より上手に日常で実施できると思われる。自分の感情に意識が向きやすく、自分がどう感じるかを大切にするために、日常でも自然に自身の感情に気づきそれを吐き出すことができているのである。一方、日本人は周囲との関係で自分を位置づけ、自身の環境にも配慮する傾向にある。自身の感情を感じるというよりも、周囲との関係で自身の感情をコントロールしてしまうのである。そう考えると日本人は自身の自然な感情に気づきにくく、吐き出しにくい。その意味においては、日本人こそ感情処理のワークを実施していくことが必要ともいえる。筆者が欧米の心理療法をそのまま日本人に使うことに違和感を覚えるのは、欧米人と日本人は感情の気づき、受け入れ、体験、表現の全てにおいて異なるからである。筆者が欧米から輸入された心理療法に感情処理を組み合わせることの効果を感じるのは、それが日本人に合うと感じるからである。いやむしろ感情処理を組み合わせることによって、欧米の心理療法は日本人にとって本来の効果を発揮しやすくなるとも考えている。

（3）怒りと攻撃の違い

　怒りは周囲との関係を重視するときに、最もコントロールすべき感情になる。そのために怒りは抑えがちになってしまうのである。そこで前に述べたように（1節）怒りは攻撃ではないという理解が必要である。怒りは単なる自分の感情であって、相手を攻撃する行動とは異なるものである。むしろ相手を攻撃しているときに、純粋な怒りは損なわれており、怒りは吐き出せていないのである。したがって攻撃を続けても怒りが処理されることはまれである。怒りがあるからといって相手を攻撃するわけではない。怒りと攻撃は別である。怒りを

処理するためには、攻撃ではなくただ自分の内側にある怒りを外に吐き出すだけというイメージを持ち実施することが重要である。

（4）怒りの感情処理へのカウンセラーの関わり

　怒りの表現を苦手としているクライアントには、カウンセラーが一緒に新聞紙を使って、怒りを吐き出すのも一つの方法である（図3-13）。カウンセラーが、クライアントが直面した理不尽さ、不正さ、残酷さに怒りを表すのである。その一つのわかりやすい方法がこれである。カウンセラーが表現する怒りを傍で体験して、クライアントは、"本来ならばこれほどの怒りを感じることなのだ"と気づくきっかけになる。そして自身が怒りを感じることができていないこと、もっと強く怒りを感じていいことを理解することができる。

　また、クライアントは一緒に怒りを表現しているカウンセラーが自分の味方になっていると感じ、安心することができる。それにより自身の怒りに気づきやすくなる。このようにクライアントは一緒に怒りを吐き出してもらうことにより、今までよりも強い怒りに気づきそれを表現し処理するきっかけになるのである。

　カウンセラーがクライアントの代わりに、体験した出来事の理不尽さ、不正さ、残酷さに怒りを表す方法として、クライアントの受けた傷つきに十分に共感し、"今の話を聞いて、私はとても腹が立っている"と伝えることは良い方法である。またはカウンセラーが代わりに新聞紙を使って怒りを表してみせるのも良い。カウンセラーが怒りを体験していることを表すことによって、クライアントは怒りを体験することについて受け入れることができるようになる。

図3-13　クライアントと一緒に処理する

（5）怒りの感情を処理しても問題が解決しないケース

　感情処理の基本的な進め方では、怒りを処理したのちには別の感情が無いかを探すことになる。怒りを処理してもすっきりしないとき、二つの可能性について考えてみてほしい。一つは「ほんものの感情」や「解決感情」として別の感情があるのではないかということ、もう一つは怒りがうまく吐き出されていないということである。

　別の感情を探すには、怒りを処理したのちに、他の感情は無いかを探っていけばいい。怒りの感情処理を実施して怒りが減るところからスタートして、そのほかの感情を探しそれを処理し、それが減ったらまた別の感情を探す。それを繰り返すうちに、「ほんものの感情」や「解決感情」といったものを探し当てることになる。解決感情は、ほんものの感情と同じことが多いが、違う場合もある。ほんものの感情は、その状況において自然な感情であり、問題解決に向けては体験し処理していくことが必要である。解決感情は、必ずしも自然なものとは限らないが、不快感情を減らすことができる。たとえば、喪失体験後の抑うつ気分に対して、多くの場合悲しみはほんものの感情であるが、それを処理するには時間がかかるため、感情処理を継続して実施することが必要になる。そして喪失体験の理不尽さへの怒りを処理した場合、当面抑うつ気分を減らすことに役立つ。この場合は、怒りが解決感情であり、悲しみはほんものの感情である。感情を処理し、減ったら別の感情を探すことを続けるうちに、ほんものの感情や解決感情を体験する。これらの感情が最初の不快感情である怒りを処理したのち次の感情として出てくるのか、またその次の感情なのか、そのまた次に出てくる感情なのか、特にパターンがあるわけではないが、ほんものの感情や解決感情を探し当てることが大事である。ほんものの感情は１回で処理できるものではない場合もあるため、処理した後に、すっきりしたというよりもまだ残っているが少し楽になった程度に終わることもあるが、解決感情を処理した後には、クライアントはその感情処理で他の感情の存在を感じることは無い。解決感情の処理ですっきりしたと感じることになる。

　怒りを処理してもすっきりしない二つの可能性のもう一つは、怒りが十分に処理できないことである。怒りが抑圧・抑制されていると処理できにくくなるのはもちろん、恐れの感情が体験できていない場合も怒りを吐き出せない。恐

れを体験できないクライアントは、怒りを処理しているときに、怒りを体験し
吐き出していると本人は信じているかもしれない。しかしながら純粋な怒りは
損なわれており体験し吐き出しているように見えても処理できていない。恐れ
を体験できないことがそれを邪魔してしまうのである。そしてカウンセラーが
知っておいてもらいたいことは、逆に怒りを感じることができないと恐れは処
理できないのである。怒りと恐れ、どちらかの感情が苦手だともう一方の処理
もうまくいかないのである。したがって、怒りを体験しているつもりでも処理
できないとき、恐れを体験できるかを確認したほうが良い。そして恐れを感じ
ることができないのであれば、怒りを処理するために恐れを体験できるよう支
援する（この場合の恐れは解決感情だが、ほんものの感情であるとは限らない）。

　感情処理を実施しても問題が解決しないケースで、二つの可能性について検
討するのは、怒りだけでなく、恐れや悲しみの場合も同様である。

（6）怒りと恐れを感じない場合

　怒りと恐れの両方を感じることができないクライアントはどうすれば良いの
であろう。強迫性障害をはじめそういうクライアントは少なくない。怒りと恐
れは、どちらかを感じないともう片方も感じることができないという関係にあ
る。恐れを少し感じることができるようになれば、怒りを少し体験できるよう
になる。怒りの感情処理が少し進むと、恐れも少し感情処理が進むのである。
怒りと恐れを交互に少しずつ感情処理を進め、それぞれを少しずつ感じること
ができるように支援していくのである。怒りを処理したら次は恐れ、恐れを処
理したら次は怒りと、交互に処理していく。それを進めていくことで、怒りと
恐れのどちらも感じることができるようになっていくのである。

　怒りも恐れも感じないクライアントは、怒りや恐れを身体の違和感として体
験する場合がある。それはたとえば、気分が悪い、身体がだるくなる（面倒く
さい）、気持ち悪くなるなどの訴えによって表される。それらの感覚に焦点を
当て擬人化することにより、感情への手掛かりを得ることができる場合もある
（第2章3節参照）。

　恐れと怒りを同時に処理していったケースを紹介する。ある男性クライアン
トは、恐れも怒りも苦手であった。彼は幼少期に父親からの虐待を経験してい

た。父親がお酒を飲んで、機嫌が悪いと言いがかりをつけては叩かれ蹴られた。勉強しないと叩かれ、勉強すると生意気と叩かれた。家を片付けないといっては蹴られ、片付けるとイイ子ぶるなと蹴られた。彼にとって怒りは持つと危険な感情であった。もし怒りを表したならば、彼はもっとひどい虐待を受けたであろう。恐れも抑えなければならなかった。恐れを感じることは、虐待の日々がより恐ろしいものになったであろう。彼は何も感じないようにすることで自分の心を守るしかなかった。彼が感情処理をはじめたとき、怒りも恐れもどちらも感じないところからのスタートであった。クライアントとの話し合いで、どちらの感情のほうがより自分にとって危険性が少ないと思っているか考えてもらった。その結果、怒りからスタートすることにした。新聞紙を使いクッションに怒りを吐き出すことを実施したが、そのときに彼が口にしたのは"恐いけど腹が立つ"という言葉だった。その言葉を口にすると怒りが100のうち20くらい出せるようになった。そして新聞紙でクッションを叩き終えた後は、恐れを息で吐きだした。恐れも20くらいであった。これをカウンセリングごとに繰り返し、6回目の感情処理では60の怒りと恐れを出せるようになった。このように恐れと怒りの両方を少しずつ出せるよう支援していくのである。

（7）怒りに似たにせものの感情（ラケット感情）

　怒りの感情に似たにせものの感情に関して例を挙げておきたい。ここで説明するにせものの感情とは、ラケット感情でもある。クライアントは、以下のにせものの感情を怒りと表現することが多い。話が進むと、それらは怒りではなく、怒りに似たにせものの感情であるとわかる。それらは多くの場合、怒りの処理をしても問題は解決しない（その不快感情は減らない）。さらに、怒りやにせものの感情の他に「解決感情」が隠れている。したがって、はじめは怒りの感情処理から実施するものの、その他にある感情（解決感情）にクライアントが気づき、それを受け入れ、体験し、処理するプロセスを支援することが重要である。

　競争心（ライバル意識）、闘争心、イライラ、恨み、かんしゃく、責めたい気持ち、くやしさなどは、クライアントが怒りを体験していると報告することが多いが、怒りの処理では不十分である。

　営業職として働いている20歳代女性は、同部署の男性社員には負けたくない
と思っていた。毎月末に明らかにされる営業成績で男性社員に勝つと元気にな
り、負けると落ち込むことを繰り返し、毎月気分が激しく上がり下がりしてい
た。彼女は、しばしば他の男性社員に理由もなく怒りを覚えてしまい、周囲か
らも棘のあるような言動を注意されることもあった。彼女が生まれたとき、家
長である祖父は女の子の誕生を望んでなかった。彼女は男に負けないくらい男
らしい自分でいることで自身の存在価値を維持していた。運動や勉強で同級生
の男子に勝ったときには、祖父から認められていると感じていたのである。彼
女は闘争心について感情処理を始めると怒りの後ろになぜか悲しみを体験した。
感情処理を始めた最初はそれがなぜなのかわからなかったが、その背景を探っ
ていくうちに、女の子の自分を望まれていない、ありのままの自分を認めても
らっていない悲しさだったことに気づいていった。その悲しみを受け入れ処理
していくと、男の人に負けてはいけないという気持ちが減った。そして周りか
らは角が取れたみたいに丸くなったと評価されるよう変化した。そして闘争心
を糧にしなくても彼女の営業成績は落ちることはなかった。彼女が怒りだと
思っていた闘争心は、悲しみが解決感情だったのである。

　また、外向的で明るい性格でありながらも人間関係が長続きしないことに悩
む、40歳代の男性のケースである。彼は時間の経過とともに次第に他者が自分
と距離を置き始めることの理由がわかっていなかった。わかっていたのは、し
ばしば他者に怒りを感じること、しかしその怒りは表現しないように飲み込ん
でいたことであった。カウンセリングを通して自己分析と感情処理を進めた結
果、彼がしばしば感じる怒りは他者への競争心に由来していること、他者に対
して競争心を強く持ち過剰に勝ち負けを気にしてしまうこと、そしてそれを意
識することなく言動に表していることなどに気づいた。たとえば相手が自分の
友達のことを話せば、自分にもこんな友達がいるという話をし、相手が中学時
代の部活で大変だった話をすると、自分は部活でもっと大変だったという話を
するという具合である。また状況が悪くなりそうで何かがうまくいきそうにな
いときには、先に自分がそのことについて気にしていないことを、まるで敗北
の言い訳について先手を打つように繰り返し話をしていた。彼は他者との関係
を競争の枠組みで捉えており、いつも負けないようにしていたのである。その

ことに気づいた彼は、なぜそうしているのかを探ってみた。そして、負けることは周りから人が居なくなることであり、恐いことだと気づいた。彼は幼少期から自分が優れていないとちやほやされず周りから人が居なくなっていく恐さを感じていた。彼はその後、恐れについて感情処理を進めた。数回のカウンセリングを通して恐れを体験できるようになるにつれ、人と競うことをやめ、自分の良くない部分も受け入れ開示できるようになり、人付き合いが楽になっていった。彼が怒りだと思っていた過剰な競争心は、恐れの感情処理を通して減っていったのである。

　このように、恐れをごまかすために怒りを表すクライアントがいる。彼らの怒りを処理しても、またたとえそれですっきりしたような気がしたとしても、彼らが恐れをごまかすために怒りを表現するという問題は解決しない。彼らが怒りの感情処理をした後に、その奥にある恐れの感情を処理することが必要である。

　思い通りにいかないことがあると妻に暴力を振るっていた30歳代のクライアントは、怒りの感情処理を実施した。自分が思い通りにいかないと思ったときに暴力を振るいたくなるほどのコントロール不能な怒りがわいてしまうということである。怒りの感情処理を実施しただけでカウンセリングを終了したならば、思い通りにいかないときに暴力を振るいたくなるほどの怒りがわくことのパターンはこれからも繰り返されるであろう。感情処理では、怒りが減ったのちに、その他に感情は無いかを探る。この30歳代のクライアントは、怒りが減ったのちに恐れや不安を感じた。その恐れや不安の感情処理を実施していくうちに、思い通りにいかないときに暴力を振るいたくなるような怒りがわくことは無くなっていった。思い通りにいかないときに暴力を振るう代わりに、不安を感じるようになり、それを"不安だ"と言葉で妻に伝えるように変わっていったのである。クライアントが感じている感情を処理したのちに感じる他の感情、それが解決感情である可能性があり、その解決感情を処理したときにはじめて、問題解決へと進むことができるのである。

　これらのケースのように、怒りを減らすために他の感情の処理が必要になることがある。これらの他にも、イライラは悲しみ、恨みも深い悲しみ、かんしゃくは恐れ、責めたい気持ちやくやしさは悲しみか恐れが解決感情であることが

多い。

（8）自己愛の傷つきによる怒り

●「二次的感情」としての怒り

　感情処理において怒りをテーマで扱うことは多いため、怒りがどのような感情なのか、もう少し説明する。怒りは元々本能と結びついている感情として理解されている。人間という種が進化してくる過程でずっと持ち続けてきたものであり、自分自身を守るため、また自分の遺伝子・子孫を残していくために必要な感情であった。過去には、怒りは攻撃と関係があるものとして説明されてきた。したがって動物が攻撃されたときに反撃するときの反応、これが怒りであり、人間が生来持っているものも同じようなものと考えられてきた。しかしながらそれは違うことがわかっている。

　脳を三層に分けて説明したポール・マクリーン（MacLean, P.）によると、脳は本能的なものをつかさどる「爬虫類脳」、感情を主につかさどる「哺乳類脳」、思考をつかさどる「人間脳」に分けて考えられる（MacLean／法橋（編訳・解説）、2018）。進化の過程では爬虫類脳がもっとも古く、人間脳がもっとも新しくなる。そして攻撃はもっとも古い爬虫類脳に備わっている。爬虫類脳はその名の通り爬虫類にも備わっており、人間の脳幹と小脳の部分で、心拍、呼吸、血圧、体温などの調整や基本的な生命維持の機能を担う。爬虫類は、自分の縄張りを侵されると攻撃する。それは一見怒っているように見えるものの実はそうではない。縄張りを守るための攻撃であって怒りではないと考えられている。怒りと攻撃は違うのである。

　哺乳類脳は大脳辺縁系を中心とした部分で、哺乳類に備わっている。ウォルター・キャノン（Cannon, W.）は、動物が危機にさらされたときの反応を「闘争逃走反応（fight-or-flight response）」と表現した。危機に瀕したときに、大脳辺縁系の扁桃核や中脳の青斑核が刺激され、交感神経系が興奮し、闘うか逃走するかの反応をする。このときその動物は怒りや恐怖を感じていると考えられ、これが本能的な怒りの感情である。このような怒りの感情を、「一次的感情」という。この感情は、自己保存本能からきている。この怒りは、どんなに穏やかな人でも持っており、自分や自分の縄張りを守るという正当なものであり、

自分を守るための怒りである。

　人間脳による怒りは、学習や経験が関係しており、自意識または自己意識が関与しているものである。この怒りは自分の心の傷つきや心の痛みが関係する。自意識または自己意識とは、自分についての意識で、他の人との区別で意識している自分であり、自分と母親を一体化している産まれたばかりの乳児には見られないものである。鏡の前に立つ自分がわかるようになり、自分のことを自分の名前で"○○ちゃんはね…"と表現するようになった頃に自己意識が生まれている。"わかってもらえない""思い通りにならない"ときにわきあがる怒り、それは自意識が関与している怒りである。そのような怒りがわきあがるとき、人は傷つきを経験している。与えられた仕事を頑張ってやりとげようとしたけれども、それが最後までできなかった人が、同僚から仕事が最後までできていないことを批判されたとき、その人に怒りがわき上がったとしたら、その人はその直前に傷ついている。

　怒りがわきあがる直前に、傷つきという怒りとは別の感情を体験し、その反応として怒りがわきあがるというように、怒りは二層構造になっていて、傷つきの層、そして怒りの層という構造になっている。このような怒りは、「二次的感情」としての怒りである。

● 正当な怒りとそうでない怒り

　二次的感情としての怒り、自意識が関与する怒りは、さらに二つに分けて考える。これは明確に二つに分けることができるというものではなく、後に感情処理を実施するにあたって、二つに分けて考えるほうがやりやすいということである。傷ついたから怒るといっても、それが正当な範疇のものと、とても正当とは思えないものがある。したがって二次的感情としての怒りを、正当な範疇のものと、正当とは思えないものの二つに分けて考える。

　飲み会で会社の同僚から自分のパートナーのことを悪く言われたとしたら、そしてそれが同席した人たちが聞いていても、"これは侮辱だ"と思えるような発言であったとしたら、怒りがわきあがる。これは正当な怒りである。

　ある男性が、父親が創業した会社で常務取締役として働き、父親の死後、3年間は父親の遺言で父親と創業以来一緒にやって来た専務取締役が2代目社長

図3-14　健全な自己愛と肥大化した自己愛

を務め、その後に男性は３代目社長に就任した。全社員と取引先が集まった３代目の就任パーティで、２代目社長が"亡き御父様が築いてこられた会社をご長男が引き継いでいかれることを、いま御父様は心から喜んでおられると思います"とあいさつをしたところ、３代目社長である彼は、"俺が社長になったのは俺の力だ、おやじとは関係ない。俺を馬鹿にするな"と激昂して大声で叫んだ。周囲の人が彼をなだめようとしたものの、彼の怒りは収まらず、自分の就任パーティを退席してしまった。パーティに居た人たちは驚いてしばらく言葉もなかったという。これは正当な怒りではない。彼は彼なりに傷ついたかもしれず、本人は正当と思っているのかもしれないが、周囲が見て正当ではない。このような怒りを、コフートは「自己愛憤怒（narcissistic rage）」と呼んだ。自己愛憤怒とは自己愛の傷つきから生じる怒りであり、正当な怒りも自己愛の傷つきには違いないが、正当ではない怒りは自己愛が等身大で健全なものではない、肥大化した自己愛の傷つきなのである（図3-14）。

　自己愛は極めて幼い頃から存在するものであり、健全な部分もある。小さな子どもは、それまで一体と思っていた親を自分と別の存在であると認識し、一人の人間として親から離れて動き回るなど親からの分離をはじめるとき、自分を愛することで親から離れる苦痛から身を守ろうとする欲求を持つ。これが自己愛であり、健全な成長である。自己愛は自分を愛する気持ちではあるが、その欲求が親（または周囲）からの愛情ある適切な関わりによって満たされたならば、自己愛欲求が愛情で満たされ、その後他者を愛する対象愛へと発達していく。そして自己愛は、等身大の自分を愛する気持ちとしてその後も健全に働いていく。等身大の自分を愛する気持ちが自尊心の基にもなる。しかし自己愛が親から自分への愛情が不十分で満たされなかったり、甘やかされ過ぎたりし

た場合、自分で自分を愛し続けることにしがみつくしかなくなり、"自分はすごいんだ"と思い込むしかなくなる。これが等身大ではなく肥大化した自己愛である。等身大の実際以上に、自分は偉い、自分は優れている、自分は特別といった感覚を持ち続ける。このように肥大化した自己愛を持つ人は、いつも相手から実際以上にすごいと認めてもらわないと傷ついてしまい、自分のほうを向いてちやほやしてもらわないと傷ついてしまう。自己愛が満たされていないため対象愛は未熟であり、相手の気持ちや立場を考え共感し思いやりを持ち愛情を与えることができず、自分ばかりいたわって欲しいし愛して欲しいと求めてしまう。パートナーのことも、自分を愛してくれる対象で、支えてくれる対象で、ほめてくれる対象としてしかみないかもしれない。パートナーに何かをしてあげるのも、実は自分が満たして欲しいからかもしれない。場合によっては、誇大的で自己愛的な欲求を満たすために他者を平気で利用するようにすらなる。しかしその反面、他者の評価にとても敏感で、常に傷つきやすい。その傷つきが怒りを生み出してしまう。

　自己愛が健全な部分と肥大化した部分とで連続している以上、それが侵害されたと感じたのが健全な部分か病的な部分かは、当人にも区別がつかない。怒りを処理する方法は、自己愛が肥大化しないようにすること、この認知を修正することとなるだろうが、自己愛が肥大化すればするほどそれが健全ではないというチェック機能は損なわれてしまうため、それが問題意識に上らなくなる。

　以上のように二次的感情としての怒りは健全な自己愛と肥大化した自己愛の傷つきの二つがある。そしていずれも怒りの前に傷つきの相を体験している。傷つきは、恥や罪悪感や恐れや悲しみなどであり、それらの感情に対して二次的に生まれるものである。そして傷つきが大きいほど怒りも大きく不適応になる可能性がある。クライアントの怒りの大きさと不適応の度合いを評価し、彼らの自己愛の健全さを推し量ることができる。

●等身大の自己愛の傷つきによる怒り
　等身大の自己愛の傷つきの結果わきあがる怒りは、多くの場合悲しみに関係する感情が裏にあることが多い。"本当はわかって欲しかったのに、わかってもらえなかった"とき、多くの場合は悲しみが怒りの裏にある。怒りの裏にあ

る悲しみを処理すると、正当なプライドの傷つきの怒りも処理されていく。怒りの裏にある感情は、悲しみだけではなく、後悔、さびしさ、嫉妬、恥ずかしさ、切なさ、強くない不安や恐れなどを訴えることが多い。等身大の自己愛の傷つきの怒りの処理を実施した後、多くの人が "以前より他者の言動や態度に気持ちが揺さぶられることが無くなった" と報告する。以前は、"認めて欲しい" "わかって欲しい" という気持ちが強く、その分他者の言動や態度に左右されることが多かったという。ところが感情処理で、わかってもらえない悲しみが処理され、わかってもらおうという気持ちが緩まり楽になる。あるクライアントは、"わかってもらえるならばわかってもらいたいけれども、わかってもらえなかったならばそれはそれで仕方ないと思えるようになり、人との関係が楽になった" と報告した。わかってもらいたいという思いは過剰な自分本位の期待ともいえ、いい意味で過剰な期待が無くなったということである。そのために他者の言動で過剰に悲しみや怒りやイライラを感じることが減り、または他者の言動に振り回されることが減る。そして、わかってもらいたいという気持ちが減り、他者に過剰な期待をしなくなると、他者と付き合うのも楽になり、自分も楽になり、結果として関係が良くなる。

●肥大化した自己愛の傷つきによる怒り

　肥大化した自己愛の傷つきによる怒りは、激昂するとか "キレる" という表現がぴったりの強烈な怒りとして表れることが多い。見境が無くなるような怒りの表現であり、適応的な表現ではない。"わかって欲しいという期待" による怒りではなく、"何でこうしてくれないんだ" "こうしてくれて当然なはずなのに" という強い怒りである。肥大化した部分には、偉い、強い、優れた、他者から注意を向けられて当然であるという自己イメージが存在する。したがって本人にとっては正当な怒りとして感じられている。しかし周囲から見ると、それは決して正当ではなく、むしろ不当な怒りである。

　ある20歳代の女性クライアントは、女性先輩社員に対して悪感情を持っていた。彼女の指導担当である先輩は、彼女の態度について細かく注意をしていた。"机の上が片付いてない" "指示を受けるときにメモをきちんと取っていない" "報告の仕方が悪い" などと毎日小言を言われているようであった。彼女

は、直属上司から仕事の指示を聞いている最中に、横から話に入ってきた先輩社員から“上司の指示はメモを取るという簡単なこと何度言ってもできないのか？”と注意され、カーッとなった。次の瞬間、先輩社員を突き飛ばし、“いちいちうるさい、この欲求不満女。あんたがいるから私は辞めてやる”を大きな声で言い放ち、オフィスを後にし、それきり出社しなくなった。周囲の人は、彼女の態度に唖然とした。彼女の言動は社会人としてあまりにも不適応である。

　肥大化した自己愛の傷つきによる怒りの特徴は怒りがコントロール不能であり、言動を抑えることが困難である。怒りを行動で表すことの抑えがきかないため、“そんなことをするつもりはなかった”“つい言ってしまった（やってしまった）”という表現で表される言動を示す（信頼関係ができるまでは、そういう都合の悪い言動は隠され、自身が被害者である部分が強調して語られる）。そのために怒りの表現が不適切で不適応という特徴がある。怒りの表現は、その場にふさわしくなく、怒鳴ったり、威嚇したり、しばしば暴力を振るう場合もある。客観的に見ると、そこまでの表現をする必要はなく、その状況にはふさわしくない表現であると思われる。

　肥大化した自己愛の傷つきの怒りは、怒りがわきあがる直前に恐れや強い不安を感じている。等身大の自己愛の傷つきでも恐れや不安を体験することがあるものの、その恐れや不安は強くはない。恐れや不安は本人でも認識できないほどの短い時間で体験され、次の瞬間には強い怒りの相に移る。したがって本人は、怒りだけしか認識していない場合が多い。しかしながら、自分のその場面に身を置き、怒りの感情処理をしたうえで自身の感情にゆっくりと向き合えば、怒りの直前の恐れをキャッチすることが可能である。そしてこれをキャッチすることがこの怒りを処理するうえで大切なことである。

　怒りの直前に感じる感情は、恐れや不安や悲しみ以外に、孤独、絶望、劣等感、見捨てられ不安、自己否定感、恥ずかしさ、罪悪感などである。これらは全て、瞬間的でキャッチしにくいものである。また怒りの後に体験する感情も特徴的である。健全な自己愛の傷つきから生じる怒りでも、怒った後で自分が取った行動に対して反省や自己嫌悪を体験する。しかしながら肥大化した自己愛の傷つきからの怒りの後は、怒りの表現の後、自身の存在を否定するような自己否定感と、他者から見捨てられてしまうような孤独感で落ち込む。

●感情処理のやり方

　感情処理においては、まず怒りを体験し処理する。怒りは感じやすいため問題なくできるが、攻撃にならないよう気を付けて実施する。そのために怒りを相手に向けて吐き出すのではなく、自分の身体の中にある怒りを身体の外に出すイメージを大切に実施するよう支援する。怒りがある程度減ったところで、怒りがわきあがる直前に、恐れや不安、あるいはそれに似た感情があることに気づけるよう支援する。怒りの直前にある恐れや不安に似た感情は孤独、絶望、劣等感、見捨てられ不安、自己否定感、恥ずかしさ、罪悪感、悲しみなどである。ほんの短い時間、怒りの直前にわきあがるものである。これに気づけたならば、何が恐くて不安なのか考えるよう促す。

　恐れや不安は漠然としていて、明確な対象が無い場合が多い。恐れや不安の対象が漠然としていて明確にならないのは、この恐れや不安は自我が未発達な乳幼児期より持ち続けているものだからである。乳幼児期の自分自身の存在そのものが脅かされるような恐れや不安ともいえる。乳幼児期は、客観的な事実に基づいて理由や対象を把握できず、ただ何となく自分の存在が脅かされる危険のような恐れのような感覚として体験する。何が不安かを考えるとき、乳幼児期と同じ感覚に基づいて理由を探っているために、対象が明確にはならないのである。したがって最初は具体的で明確である必要はない。"なんとなく…が不安という感じ"と体験し、それを"何が不安なんだろう"と考えているうちに恐れや不安の対象が浮かび上がってくる。ゆっくりと時間をかけ探ることにより対象が明らかになる。クライアントから報告される不安や恐れの対象は、自分の存在が否定される、生きていられなくなる、自分が自分でいられなくなる、誰からも愛されなくなってしまう、見捨てられる、一人ぼっちで孤独になるなどであり、いずれも恐怖に近い恐れの感情である。これが明らかになったら、この恐れの感情処理を実施する。

　恐れや不安や悲しみ（孤独、絶望、劣等感、見捨てられ不安、自己否定感、恥ずかしさ、罪悪感）の感情処理を効果的に行うために、クッションか毛布、または盾を活用したほうが効果的である。自己愛の傷つきの怒り、その前段階の恐れや悲しみはとても強烈であり、自己の存在そのものを脅かすような恐怖であるため、安心感無く受け入れることはかなり困難である。これを受け入れるた

181

めには安心感が必要である。盾を前に持つか毛布かクッションを抱きしめ、自分が守られている空想をして、そのうえで怒りがわきあがる直前の恐れや不安（孤独、絶望、見捨てられ不安、劣等感、自己否定感、恥ずかしさ）を体験する。自分の身体の中に恐れや不安を体験し、それを息を吐きながら身体の外に出す。恐れや不安が減るまで身体の外に出し続ける。

　肥大化した自己愛の傷つきの怒りの感情処理は、１度や２度の実施で解決してしまうような簡単なものではない。何度も怒りと恐れ・不安の感情処理を繰り返しながら、徐々に解決していくものである。２〜３日に１回感情処理するとして、楽になっていくまでに３か月以上はかかるであろう。それでも、幼少期からずっと持ち続けた不快な感情が３か月ほどで減っていくことを考えると決して長いプロセスではない。やり始めた最初のうちは、恐れや不安の感情処理を行っても、恐れや不安が残り、あまり減らない感じがする。そのときにはその後に怒りの感情処理を実施して終わるようにする。それを繰り返しているうちに、確実にこの怒りは減っていく。

10　悲しみの感情処理

（１）他の感情の奥にある悲しみ

　いつも買い物に行く顔なじみのお店で、閉店間際に買い物をしていてお金を払おうとしたら財布を忘れてきたことに気づいた。家に取りに帰るとお店が閉まってしまうから、あなたはお店の人に"明日お金を持ってくるから、私はいつも買い物をしているから"とお願いするが、あいにく顔なじみの店主は留守で、新人バイトの店員は"うちはつけ払いはできないことになっている"と聞き入れてくれない。あなたはどうしても今夜、買い物した商品が必要である。この状況で沸きあがる感情をグールディングら（Goulding, R. L., & Goulding, M. M./深沢（訳）、1980）は怒りではなく悲しみのほうが適切だと言った。もしそのときに怒りしか感じなければすっきりしない。悲しみを感じる必要がある。悲しみは喪失に関係する感情であり、自分の思惑が失敗に終わるときに感じる感情である。しかしながら、この例の場合、多くの人は怒りを感じるだけで終わってしまうかもしれない。もしかすると新人バイトの店員に八つ当たりをし

てしまうかもしれない。そして八つ当たりをしたとしても、嫌な感情が残ってしまう結果になる。

　悲しみは見落とされがちな感情である。怒りと間違うことが多い感情でもある。ある出来事の感情処理を実施して、その感情が減ったら別の感情が無いかチェックし、別の感情があればそれを処理する。体験する感情を順に処理する過程において、悲しみは最後に出てくる感情であることが多い。感情処理で、丁寧に別の感情をチェックして処理することを進めていけば、見落としてしまうことは無いが、会話でクライアントの語った感情のみを受容していても、そこに潜んでいる悲しみを見つけることが難しい。

　妻に連れられてカウンセリングに来た40歳代男性は、家が散らかっていることや食事の支度が遅いことで妻や子どもたちにイライラすることが多く、妻や子どもたちとの関係がぎくしゃくしていた。彼は、妻や子どもたちに対するイライラを減らすことを目的にカウンセリングを受けた。仕事から疲れて帰ったのに食事の準備ができておらず居間も片付いていない状況でイライラした場面に身を置き、イライラの処理を進めた。その後、イライラ以外の別の感情が無いか探ると、悲しみがあることがわかった。カウンセラーがどういう悲しみかを尋ねると、クライアントは"相手から自分のことをわかってもらえていない悲しみ"と答えた。わかってもらえないような悲しみをいつくらいから馴染みがあるものかさらに探ってみると、クライアントは幼少の頃に母親に対して感じていたものと同じであると気づいた。母親に対して、わかってもらえないような悲しみを感じ、今は妻に対してわかってもらえないような悲しみを感じそれをイライラで表している。悲しみはイライラで処理できない。悲しみは悲しみを感じることでしか処理することはできないのである。クライアントは幼少期に母親に対して感じていた、わかってもらえない悲しみを処理した。そのカウンセリングの後にクライアントは明らかに変化した。妻や子どもたちに対してのイライラ行動が明らかに減った。その代わりに、食事の支度が遅いときや居間が散らかっているときに、イライラよりも悲しみを多く感じるようになったのである。食事の支度が遅いときや居間が散らかっている状況で悲しみという奥底にあった解決感情を感じているクライアントは、イライラという別の感情で対処することがなくなったため、イライラを感じることが減ったのである。

このクライアントの例だけでなく、本人が不満を覚えている場面において怒りを感じているようにみえて、実は悲しみが隠れており、その悲しみを処理できていないために怒りも減らないケースは少なくない。それとは逆に、悲しみの裏に怒りが潜んでいるようなケースもある。クライアントは悲しんでいるが、感情処理を進めていくと怒りを持っていることに気づき、怒りを処理することにより悲しみが減っていくというケースである。

（2）喪失と悲しみ
●訣別のワーク
　悲しみは心にわだかまっていることを過去のこととして終わらせて前を向くために役立つ感情である。終わらせるとは、そのことがあまり気にならなくなること、思い出して不快な気持ちを持つことがなくなっていくこと、その出来事にとらわれずこれから先のことに意識が向くこと、である。したがって、悲しみは喪失体験と関係することが多い感情である。悲しみを受け入れ処理することにより、人は喪失体験について心の整理をつけることができる。そして前を向いてこれからの自分を生きることができるのである。
　喪失体験にも様々な内容のものがあるが、「愛情・依存の対象の死や別離」はその代表である。小学生の息子を交通事故で亡くし5年が経過し、抑うつ気分で日常生活に支障をきたしていた40歳代の女性クライアントは、息子の死を受け入れきれずにいた。死後5年が経過しているにもかかわらず、息子の部屋はそのままにしてあり、生きていれば息子が中学生になる年には亡くなった息子のための学生服を購入しようとした。クライアントは、息子が死んでいることを頭では理解していたが、心がそれを受け入れることを拒否していた。息子の死を受け入れることは耐え難い苦痛だったのである。クライアントも、抑うつ気分を改善するために息子の死を受け入れることが必要だとわかっていた。クライアントが息子の死を受け入れるためには、悲しみに向き合う必要がある。悲しみを受け入れ、それを感じ処理していくことが必要なのだ。そのために訣別のためのワークを実施した。
　訣別のワークは、クライアントの前に空椅子を置き、それに対象者を投影し（そこに対象者がいると思って）、話したいことを直接語りかけているように（カ

ウンセラーに説明するのではなく、息子に直接語りかけるように話してもらう）言葉をかける。その過程で、感情処理を実施していく。クライアントが感情を体験しているときには言葉を止め、それを呼吸で吐き出してもらうのである。ワークでは、対象者に対して言い残したことがなくなるまで会話を続けてもらう。言いたいことを全て言い終え、すべての感情処理を終えたら、"さようなら"を言ってもらう。

　この40歳代の女性クライアントの訣別のワークは、"私は悲しい"という言葉から話を始めてもらった。クライアントは、居なくなったことの悲しさとつらさを涙ながらに息子を投影した椅子に語りかけた。そして自分を残して死んでしまった息子への怒りも表現した。約20分にわたり、感情を吐き出し、最後に愛おしい気持ちを教えてくれ人生に喜びを与えてくれた息子に感謝の気持ちを表し、"さようなら"を言い、息子がいると見立てていた空椅子を反対に向けた。ワークの後、クライアントは心が軽くなったと述べた。そして抑うつ気分が軽快していることに気づいた。1か月後、クライアントは外出する機会が増え、家事もこなせるようになったこと、日常で笑う体験をするようになったこと、息子の部屋の整理を始めたことを報告した。

●様々な喪失体験

　小此木（1979）によれば、人は愛情の対象を失った場合、急性の情緒危機（emotional crisis）と持続的な悲哀（mourning）の心の過程をたどるという。心の中での悲哀の過程を通して、その対象との関わりを整理し、心の中でその対象像をやすらかで穏やかな存在として受け入れるようになっていく。これが悲哀の仕事の完了である。その過程に問題が生じるのは、悲しみや怒りなどの感情に目を背ける、抑え込むなどで、悲哀の仕事が完了できなかった場合である。悲哀の仕事が完了しなかった場合には、対象への思慕が続く、対象に執着する、抑うつ状態になる、生きることへの虚しさを感じるなどの状態になる。一概に期間で決めることは避けなければならないが、半年から1年を超えて悲哀の仕事が完了しない場合は、訣別のワークで感情処理を実施することが必要になる場合がある。そして訣別の感情処理において意外と重要になるのは怒りの感情である。自分を残し行ってしまった対象者に対する怒りの処理が終わるまで、

その出来事が完了しない場合もある。怒りは、大きな悲しみの陰に隠れ気づかないまま見落とされることもあるため、注意が必要である。

「愛情・依存の対象の死や別離」は親しい人との死別だけではない。ペットロスもこれに入る。ペットロスによる抑うつ気分は昔に比べてかなり強く、そして長引くようになっているようである。最近は家族との死別より程度が重い抑うつ状態に陥る人もいる。ペットが、愛情や依存の対象としての存在感が大きくなっていることがその一因であろう。10年ほど前に、それぞれ独立し所帯を持っており北海道と沖縄で暮らしている子どもたちの家族全員が東京の実家に集まり、一緒に暮らしていた犬の葬式を行い、皆で泣きながら悲しみを分かち合ったというクライアントの話に驚いたことがあったが、今やそういう話はめずらしくない。そして前出の40歳代のクライアントのような訣別のためのワークを実施することもある。ペットとの死別は大きな喪失体験になっている。

また親離れや子離れも喪失体験である。子どもが進学や就職・結婚などで家を離れたことによる喪失体験はよく知られているが、最近は同居している子どもの進学や就職をきっかけに喪失の悲しみを強く体験するケースも出てきている。子どもが家を離れていないにもかかわらず役割が変わってきたことによる喪失体験が生じるのである。

また高齢者においては、親近者の死が自分の死への不安を引き起こすケースもある。ある70歳代後半のクライアントは、弟の死後、自分の死のことを考え不安になることが多くなり元気がなくなってしまった。カウンセリングにおいて弟の死と向き合い、悲しみを体験し受け入れた。そして自分が弟の死を受け入れないようにしてきたこと、悲しみを抑えてきたことを理解した。弟の死を受け入れた後クライアントは元気を取り戻し"弟にあの世で会ったときに報告するために、これから今までやってなかったことをいろいろやってみる"と報告してきた。高齢者の場合では、身体機能の一部を失う、健康が損なわれる、できていたことができなくなる、他者とのつながりが失われる、役割が無くなるなどの喪失体験にも気をつける必要がある。高齢者は、日々多くの喪失を体験しつつ生活している。それらを一つ一つ取り上げて感情処理を目的としたワークを実施するよりも、話を聴き寄り添う関わりを通して、自然に感情処理を進めるほうが心理的負担も大きくないため望ましい。

「夢や誇り、アイデンティティ」を喪失することも悲しみの体験である。自身のアイデンティティという意味では、子どもの母親としてのアイデンティティしか持っていなかった場合、子どもが巣立っていき母親の役割が減ることはアイデンティティの喪失になる。また、デザイナーになるために東京の学校に進学する夢を持っていたが、親の倒産でそれが叶わなくなったといったケースは夢の喪失である。

　カウンセラーが知っておかなければならないのは、環境の変化は喪失を伴っているということである。人間関係の変化は、慣れ親しんだ人たちとの別れだけではなく、親密感や一体感を喪失する経験を伴っている。居住地や勤務地が変わることは、自身の気持ちを安定させてくれていた自然や景色、匂い、雰囲気など適応した環境を喪失することにつながる。クライアントが何らかの環境変化を体験しているとき、そこには喪失体験が含まれ、そして悲しみがあるということである。環境の変化から調子を崩してしまっているクライアントには、環境変化がクライアントにとってどのような意味を持つものだったのか、何を喪失したのかを理解し、その裏に隠された感情の処理を支援していくことが大切である。

（3）男らしさと悲しみ

　最近は悲しみが苦手ではない10 〜 20歳代の男性が増えてきた。悲しいときに涙を流し泣くことができる男性も多い。しかしながら依然として男性の中には、悲しむことをネガティブにとらえており、悲しみに強くブレーキがかかる人が多い。「悲しむことは恥ずかしいこと、弱いこと、みっともないこと、男らしくないこと、相手より下になること」といった価値観の影響を受けてきた人たちである。これらの価値観の影響を受けて育った人たちは、悲しみを感じるようになるまでに時間がかかる場合が多い。しかしながら、悲しみは人が生来持っている感情である。もともと持っている自然なものを抑えてしまうと不具合が出る。

　また悲しみは、期待通りにならなかったこと、わかってもらえなかったことに対しても隠れていることがあるのに留意しておく必要がある。何かが期待通りの結果にならなかったとき、自身の怒りには気づきやすい。そのためにクラ

イアントから期待通りにならなかった怒りの体験のみ詳細に語られ、感情処理が実施されることが多い。しかしながら、そこに悲しみが隠れているときには、悲しみを処理しないとその出来事は終わらず、そのことがその後もずっと引っかかってしまう。

　ある会社員の男性クライアントは、上司に指示されて作成した書類を却下されたことに納得がいかなかった。上司が当初指示した内容通りに作成したにもかかわらず、そういう指示をしていないかのように注意されたこと、まるで自分の能力が低いように言われたことなどから、クライアントは怒りを感じ、それを処理した。しかしながら、何度か怒りを処理しても、繰り返し上司から注意された出来事を思い出しては腹立たしさを覚えてしまう。クライアントにとっては、怒りを処理してもすっきりしない状態だと感じていた。そこで、再度感情を見つめなおした。そしてそこに悲しみの感情が隠れていることに気づいた。悲しみはその男性クライアントが苦手な感情であったため、処理には5回のワークを要した。最初は悲しみのようななんともやるせない思いを息で吐き出し、その後それが次第に悲しみとして感じることができるようになり、処理が進むようになった。悲しみの処理が終了したのち、クライアントはその出来事を思い出さなくなった。

　前の出来事が何度も思い出され不快な気持ちを繰り返し体験するなど、それが心理的に完了していないときには、そこに未処理の感情が残っている。未処理の感情を処理することで、それを終わらせることができる。出来事が終わっていないときの感情は悲しみだけとは限らないものの、その出来事から悲しみが隠されていると思えないような場合にも、悲しみが隠されていることがある。特にクライアントが悲しみを感じることが苦手であった場合、それに気づきにくくなるので注意が必要である。

（4）愛情を得られなかった悲しみ

　幼少期に愛情を得られなかったクライアントの悲しみの処理は重要である。ある30歳代女性クライアントは、自身が小学校の頃に母親が出ていってしまい、それきり居なくなってしまったという経験をしていた。自分が捨てられたと思った彼女は、母親に対して憎しみを覚えていた。カウンセリングでは繰り返

し母親への憎しみや怒りを何度も吐き出した。そして怒りの奥に、深い悲しみが横たわっているのを感じていた。しかしながらその深い悲しみに触れたいとは思っていなかった。その深い悲しみを受け止めることができないと思っていたからである。悲しみを体験してしまうと、母親が居なくても平気だと自分に言い聞かせ頑張って生きてきた今までの自分がかわいそうだったと認めることになるとも思い避けていた。何度も怒りを処理し続けた後のあるセッションで、新聞紙でクッションに怒りを吐き出したあと、抑えきれないように悲しみが吹き出し、クライアントは深い悲しみを体験し涙した。悲しみを息で吐き出したのち、クライアントは大きく変化した。母親への憎しみが大きく減っていったのである。そして母親が出ていった出来事について、自分が捨てられたという観点からだけでなく、冷静に別の事情の可能性も考え語るようになった。このクライアントに限らず、幼少期に愛されていなかったと思っているクライアントには、深い悲しみの感情が横たわっていることが多い。ほんとうは愛されたかったけれども、それが叶わなかった悲しみである。これを受け止め処理していくとき、クライアントは幼少期の愛されなかった体験から一歩足を踏み出し始めるのである。

（5）悲しみに似たにせものの感情（ラケット感情）

　悲しみの感情に似たにせものの感情に関して例を挙げておきたい。クライアントは、以下のにせものの感情を悲しみと表現することが多い。話が進むにつれ、それらは悲しみではなく、悲しみに似たにせものの感情であるとわかる。それらは多くの場合、悲しみの処理をしても問題は解決しない。さらに、悲しみやにせものの感情の他に「解決感情」が隠れている。したがって、クライアントが解決感情に気づき、それを受け入れ、体験し、処理するプロセスを支援することが重要である。

　抑うつ気分、自己卑下、ゆううつ（抑うつより弱く、現実的な感情、日常生活に大きな支障がない）、落胆、無力感、空虚感などの感情の場合には、クライアントが悲しみを体験していると報告することが多いが、悲しみの処理だけでは不十分である。

　ある40歳代の女性は他者と比較して自己卑下することが多かった。仕事の同

僚とでも友達とでも、一緒に話をしていると、"自分にはできない""自分はこの人たちより劣っている"と思うことが多かった。そして他者から距離を置かれると"どうせ自分は嫌われている"という気持ちにもなってしまう。彼女は子どもの頃、母親からダメな子と能力を否定されてきた。器用にテキパキとやることをこなすというよりも、ゆっくりとひとつずつ物事をやり遂げることを好んだ彼女は、母親から"遅い""まだできない""あなたはダメ"と叱責され、叱責されると緊張し余計にミスが多くなり、またダメ扱いされることが続いていた。彼女はその場面で悲しみを体験していた。"私ができないのが悪いのだから、ダメと叱責されても仕方ない"と思っていた。悲しみを処理した後、他の感情に注意を向けていくと、怒りに気づき、体験することができた。"ゆっくりやっているだけなのに、なぜダメ扱いするんだ"という怒りであった。怒りの感情処理を続けた後、"私はダメじゃない"という気持ちが強くなり、次第に自己卑下が改善し、自分に自信が持てるようになっていった。このように悲しみに似た自己卑下は、悲しみだけではなく怒りの感情処理を実施することにより解決していった。

その他にも悲しみに似た感情として、抑うつ気分やゆううつや落胆も悲しみだけではなく怒りを、無力感や空虚感は悲しみの他に恐れと怒りの処理を進めることで解決していくことが多い。

11　恐れの感情処理

感情処理法では、不安や心配も恐れと同じように処理を進める。クライアントは、恐れを、ときには不安や心配や恐怖として表現する。クライアントが使う言葉の文脈から判断すると、恐怖、恐れ、不安、心配の順に興奮のレベルは弱いものになっている。本章では、恐怖、恐れ、不安、心配などを、クライアントの表現に合わせて表記する。

（1）ネガティブな未来の空想と恐れ
●認知の歪みを修正する
　一言で恐れといっても感情処理で扱う恐れの感情には様々な性質のものがあ

る。その恐れの性質によって効果的なアプローチが異なる。

　一般的に恐れは、危機に遭遇したときに、そして未来のことをネガティブに空想することにより湧く感情である。カウンセリングで扱われる恐れの多くは後者の恐れであり、実際の身の危険に対する反応としての恐れより、持続時間が長い恐れである。"提出した書類の内容が間違っていたらどうしよう""テストがうまくいかなかったらどうしよう""将来どうなるんだろう"などと考えることにより生起する。これらは不安や心配と表現される恐れである。不快感情である不安や恐れは、未来に関して良くない空想をすることから生まれている。未来のネガティブな空想による不安や恐れを解決するためには、それをやめることが必要である。まだ起きてもいない不確かな未来に良くないことが起きるという空想は事実思考ではなく、そこには歪んだ認知が介在している。それをクライアントに理解してもらうことは意味がある。

　デビッド・D・バーンズ（Burns, D. D.）が提唱した認知の歪みは10パターンあり、それらは恐れや不安といった不快感情を生み出す基となっているものも多い。両極端にものごとを評価する「100・0思考（全か無か思考または白黒思考）」、数少ない証拠で結論を下す「一般化のし過ぎ（過度の一般化）」、自分のネガティブ思考を正当化する否定的な部分だけを取り上げる「心のフィルター（選択的抽象化）」、うまくいってもたまたまでうまくいかないとやっぱりそうなんだと思考する「マイナス化思考（ポジティブな側面の否認）」、相手は私が何をして欲しいと思っているかを知っているべきという「結論の飛躍（独断的推論）の読心術」や悪いことが起きると予測し絶対そうなると思う「結論の飛躍（独断的推論）の先読みの誤り（否定的予測）」、ものごとを極端に誇張したり矮小化してとらえる「拡大解釈・過小評価（誇大視と極微視）」、考えの根拠が自身の感情となっている「感情的決めつけ（感情的論法）」、批判的にものごとを考える「"べき"思考（"すべき"表現）」、不完全さを理由に否定的な人間像を作り出す「レッテル貼り」、自分に関係ない悪い出来事を関係あると考える「自己への関係づけ（自己関連づけまたは個人化）」が認知の歪みの10のパターンである（Burns/野村他（訳）、2004）。

　認知の歪みを修正して不快感情を減らす最も簡単な方法は、事実はどうなのかを考えてみることである。未来のことに関していえば、うまくいくかうまく

いかないのか先のことはわからない、現時点で結果はわからないのが事実である。たとえば、"テストがうまくいかなかったらどうしよう"と考えているクライアントに、"テストがうまくいかなかったらどうなると考えているのか？""どんな悪い未来を空想しているのか？"などと質問し、ネガティブな空想を明確にする。クライアントが"テストがうまくいかないと人生がうまくいかなくなる"と答えたとすれば、"人生がどのようにうまくいかなくなると考えているのか？"とさらに明確にしていく。"良い会社に就職もできないし、家族にも愛想をつかされる"と歪んだ認知に基づく思考が明確になったところで、事実はどうなのかを考えてみるのである。"テストがうまくいかないからといって家族に愛想をつかされるわけではない、テストの結果が悪いことで家族のがっかりした顔を見るのがつらい"が事実であるならば、その事実を数回声に出して言ってもらう。それだけでも不安は減っていく。不安を息で吐き出し感情処理するよりも認知の修正をしたほうが解決も早い場合も多い。

●恐れや不安を減らすための怒りの感情処理

　また恐れや不安を感情処理するときに、怒りの感情処理が効果的なことがある。怒りと恐れや不安は一つのことに一緒に存在していることが多い感情である。たとえば、テストそのものに対して怒りを感じ、新聞紙で吐き出してみると、テストに対する不安が減ることがある。怒りを活用して恐れを減らすのである。東日本大震災の後、余震はないにもかかわらず、揺れている感じがするという相談が多くあった。揺れてもないのに揺れている感じがするのは、地震への恐れや不安が背景にある。恐れや不安が未処理（もちろん大災害の後は未処理で当たり前なのだが）で残っていることが要因となっている。このとき恐れや不安の処理をするのは適切ではない。大災害を体験した直後の人たちが、感情処理のためとはいえ、わざわざ恐れや不安をもう一度体験したいはずがない。震災後にラジオの相談コーナーに出演し、余震でもないのに揺れている感じがするという相談に対して、地震もしくは津波に対する怒りを、新聞紙を使って吐き出すことを提案した。その後、そのラジオ番組を聞いていた多くの人たちから、新聞紙で怒りを吐き出したのち、揺れているような感覚が無くなったと報告が寄せられたそうだ。このように、怒りの感情処理によって、恐れや不安

を減らすことができる。

（2）次々と不安を作り出す

　全般性不安障害ほどのレベルではないものの、次々と不安を作り出していく問題について述べる。心配や不安や恐れの対象が一つに限られず、様々な対象に対して不安を抱いてしまうというものである。過度の心配性もしくは過度に不安がると表現したほうが適切かもしれない。

　ある40歳代の女性は、子どもがコロナに感染すること、自分がコロナに感染し職場や近所の人たちから批判されること、仕事を続けられなくなるような大病をすることや事故に遭うこと、勤務先の会社が倒産すること、収入が減り生活できなくなること、老後の年金が減ること、自分の言った言葉で他者から批判されることなど、次々と心配事の対象を作り出しては不安になっていた。仕事をしているとき以外は心配と不安に悩まされており、心配と不安が一日の多くの時間を占めていた。女性は幼少期より、心配性の両親からいつも不安にさせられていた。女性の家は “そんなことをして大丈夫か？” “大変なことになったらどうする？” “もし間違えたことをしたら取り返しがつかないぞ” “ちゃんと考えたのか？” といつも心配している家だった。親の過剰な心配は子どもにとって脅しであり、何かをやるときに好奇心を大切にして楽しくやってはいけないことを教えており、過剰に不安になることを強要しているのである（このように脅されたケースでなくとも、幼い子どもは心配性の親を見ているだけで不安になるものである）。このような環境下で育ったにもかかわらず、過剰に不安や恐れを体験していると思っておらず、それが当たり前だと思って過ごしていた。そのために過度の心配性の親に養育された子どもは、特に恐れや不安を感じていないと思っている。しかしながらそのとき、多くの子どもは恐れや不安を体験していないのではなくて、抑圧または抑制しているのである。感じないように身体に力を入れブレーキをかけて過ごしているのである。そうすることが毎日を少しでも心地よく過ごせるという賢い知恵を身につけているのである。恐れや不安を抑えるとコップにたまってくる（第1章9節図1-13参照）。そして幼少期からためてきた恐れや不安のコップの水がいっぱいになり、常に一滴であふれる状態になっているために、現在それほど不安を体験しなくても良いは

ずの些細なことに対して不安を感じてしまう。ちょっとしたことに不安を覚え、それがずっと気になってしまうのである。彼らは今も不安を感じるときは、小さい頃と同じように身体に力を入れて抑えようと試みている。しかしながらもうコップは一杯で、ためておく容量が残っていないのである。

　そこでカウンセリングでは、恐れや不安を処理することで、いっぱいになったコップの水を減らし空き容量を作ることが必要となる。筋弛緩を繰り返し身体に入った力を抜き、幼少期の心配性の親から不安にさせられていた場面を思い出し、そのときの恐れを息で吐き出す。何回ものカウンセリングを通してそれを続けていくことにより、不安のコップにたまっているものは減り、徐々に自身が体験する不安も減っていく。様々なことに対してあまり不安ではなくなる（気にならなくなる）のである。不安が減るにつれて、徐々に決断が早くなり行動的になる。"石橋をたたいて渡る"性格が改善されて、良い意味で"何とかなる"と思えてくるのである。

　ただこのような不安を持つクライアントは、不安が減っているにもかかわらず自身の変化に気づきにくい。そして"全然変わっていない"と思い込みがちである。それはせっかくの変化を逆戻りさせてしまうことがある。したがって、不安の点数化（2節図3-6参照）を実施し、少しずつの変化を確認しながらカウンセリングを進めていくほうが好ましい。

（3）こだわりの強さ

　こだわりが強すぎる人の恐れの感情処理も、いろいろなことが不安になる人へのアプローチと同じで、今までためてきたコップの中身を徐々に減らしていくことを目的として、恐れを減らしていく。こだわりが強いとは、不合理だとわかっているけれどもそれをやめられないような状態である。

　ある40歳代のクライアントは、外出時のカギの確認を何度か繰り返すことがあった。いつもではないが、しばしば窓や玄関のカギの施錠が気になってしまい、マンションの下からエレベーターで再び自分の家に戻り確認をしてしまう。さらに、皿を洗い水切りに立てかけるときに、皿の絵柄が同じ向きになっていないと、汚れているような気がしてしまい洗い直しをしないと気が済まなくなる。このクライアントも幼少期から抑えてきた恐れの感情処理を続けていくう

ちに、これらのこだわりはなくなり気にならなくなった。このように軽い強迫的な観念に基づくこだわりが、恐れの感情処理によって軽減する。軽い強迫観念のようなこだわりを持つクライアントは、幼少期より恐れを抑えてきている。恐れという感情は良くないものとして、体験し受け入れることを拒否してきている。不快で良くない恐れを感じないようにするために、きちんとやることで対処しようとしてきた。そのために恐れのコップはいっぱいになってしまっている。恐れを受け入れ体験することにより、いっぱいになったコップの中身は徐々に減らしていける。そしてこだわりから解放されていくのである。

　そのクライアントも幼少期より、きちんとやることが当たり前であり、不安や恐れはもちろん、感情そのものを良くないものと考えていた。感情全般を抑えて生きてきたのである。当初、恐れや不安を体験しようとしたものの、それらはとても弱いものであった。恐れや不安を感じる練習を重ねることで、次第に強く体験できるようになり、息で吐き出す処理もできるようになった。そうするうちに次第に、玄関の鍵や洗い物でのこだわり行動がなくなっていった。

（4）恐れと過緊張

　世の中が安全ではないという思い込みをもつことによって、心と身体が常に警戒状態になる。いつ何か悪いことが起きるかわからないために用心しつづけなくてはならないためである。また、他者が信頼できないという思い込みが強すぎる場合にも同じく警戒状態になる。いつ他者から傷つけられ、騙されるかわからないために用心が必要になるためである。警戒しつづけなくてはならない状態では、身体には常に力が入り、また心も常に何か悪い状況が起きていないか周囲の様子をうかがっている状態になっている。このとき心身は大きなエネルギーを消費しつづけているため、心も身体も疲弊してしまっている。

　このような過緊張状態では、恐れが身体の緊張のために内側に抑え込まれており処理されずに残っている。過緊張を緩和するためには、身体の力を抜き恐れが処理されること、そのうえで世の中や他者についての思い込みを変えていくことが必要となる。

　高校生の女性クライアントは不登校状態であった。他の学生たちと特にトラブルがあるわけではないけれども、学校で他の学生たちに囲まれて一緒に時間

を過ごすことが苦痛であった。また、彼女にとっては教室で授業を受けること
も精神的に苦痛であり、特に生徒を指名し発表させる教師の授業と、昼のお弁
当の時間がとても苦痛であった。そして学校から帰ると、いつも疲れ果ててい
た。彼女は学校で過緊張状態にあったのである。しかし彼女は、自分が過緊張
状態にあることを認識していなかったために、何がそれほどに苦痛なのか、自
身でも理解できなかった。そのために親に"学校が苦痛だ"と訴えても、"誰
だって嫌なのを我慢して勉強している、お前は我慢が足りない"と理解される
ことがなく、彼女は"自分が弱い"と思っていた。そして学校から帰ると疲れ
果てていることを、単に体力が無いことと思っていた。

　カウンセリングで明らかになったのは、彼女が幼い頃より常に警戒してきた
ことであった。両親はいつ怒り出すかわからず、ときに体罰すら加えることも
あるために、両親の機嫌をうかがっていなければならなかった。また彼女から
すると、両親の言うことには一貫性がなく、話したことの細部を取り上げられ
ては上げ足をとられて怒られてしまうために、警戒はいつも徒労に終わり、常
に悪いことが起きていたのである。彼女にとって、世の中も人も警戒する対象
であった。彼女は幼い頃より意識することなく、心と身体を常に警戒させつづ
けていた。そして学校でもそれを続けていたために心身共に疲弊しきっていた
のである。それらを理解したうえで、恐れの感情処理を実施した。身体の緊張
を緩和させるために筋弛緩を何度も繰り返し、数回のカウンセリングで少しず
つ恐れを身体の外に吐き出していった。そして、一貫性がない両親への怒りの
感情処理も実施した。恐れと怒りの感情処理ができるようになった後は、彼女
が過去に悪いことが起きたときに、それを何とか切り抜けた記憶のほうを思い
出し語れるよう支援した。悪いことが起きた記憶ではなく、それを克服した記
憶に目を向けるためである。それを続けていくうちに、次第に緊張が減り、く
つろげるようになっていった。そして学校で以前ほど苦痛を感じることがなく
なっていったのである。

（5）生きていけないような恐さ

　感情を体験しようとすると生きていけないような恐さを感じる場合がある。
感情を体験することが、自身の生き方を脅かすことになるためである。その恐

さははっきりとしたものではなく、漠然としている。生きていけないというのも明確な思考ではなく、"存在を脅かされるような感覚"として表現される曖昧なものである。

　ある40歳代の男性クライアントは、他者に気を遣いすぎる傾向があった。常に他者優先であり、他者が喜ぶことを優先して自分の言動を決めており他者の感情面の面倒を看ていた。彼はそれをやめ自分の欲求を大事にしたいと思っていたものの、それらは意識することなく行われており、欲求を大事にしようにも自身の欲求が何なのか、また何を我慢しているかもわかっていなかった。クライアントの家は、幼少期より家族間の言い争いや喧嘩が絶えず、毎日誰かの怒鳴り声を聞いて過ごしていた。その環境で彼は常に、父母と兄が機嫌よく過ごし、諍いが起きないように気を遣っていた。それが彼にとっての家での存在価値でもあった。また家族間で言い争いが起きみんなの機嫌が悪くなることは、家が安全でなくなることでもあり、耐え難いことであったのである。みんなの機嫌をうかがうあまり、自分の欲求は抑えてきたのである。

　彼は"みんなの機嫌を良くしなければならない""自分の欲求は優先してはならない"と決断していた。したがって、彼の改善テーマは自分の欲求を大切にすると再決断することであった。家族の機嫌をうかがっていた幼少期の場面での、恐れや怒りや悲しみなどの感情処理を行い、"私は自分の欲求を大事にする"という再決断の宣言を言葉にしようとしたものの、それを言葉にするのが恐いとこぼした。何に対して恐いのかその対象はわからないけれども、"深く暗い穴の中に吸い込まれるような、生きていけないような恐怖を感じている"という。そこで一緒にその恐怖の正体を探った。

　その結果明らかになったのは、クライアントは欲求を抑え家族の機嫌をうかがう態度でいることでかろうじて愛されていると思えるものの、もし欲求を抑えることなくみなの機嫌を取らない自分になってしまうことは今以上に愛されなくなることを意味し、それは独りになることであり、生きていけないことでもあった。3歳より以前の決断の場合、その決断は記憶にはない。そしてその決断は、生きていくためのものにもなる。3歳以降の子どもであったなら、愛されないことが生きていけないことであるといった極端な考えはしないものであるが、生きることを環境に依存する3歳以前の乳幼児の場合は、愛されるか

否かは生きるか死ぬかの考えと直結しやすい。したがってその決断を変えること自体、今まで生き残るために取ってきた方略を変えることであり恐怖なのである。その恐怖、恐れ（多くのクライアントは、恐れより強い感情を表現するときに恐怖という言葉を使う傾向にある）を処理することが、決断を修正するには必要である。すなわち、クライアントが自分の欲求に気づき大事にできるように変わるためには、生きていけなくなるような恐れの処理が必要なのである。"欲求を大事にすると生きていけない"という考えは歪んでいる。事実志向でいうならば、"欲求を大事にしても生きていける"であろう。しかしながらこの歪んだ考えは、事実志向の考えを言葉にするという思考面へのアプローチでは修正されない。いくら思考を修正しようとしても、クライアントは頭では理解できても心がついていかないと訴える。生きていけなくなるような恐れの処理という過程を経ることなしに考えは変わらないのである。クライアントは、3回のセッションでクッションを抱きながら恐れの感情処理（後述）を実施した。そして、"欲求を大事にしても生きていける""私は欲求を大事にする"という宣言を行った。クライアントはその宣言が、自分の心で腑に落ちたのを感じた。そして他者に過剰な気遣いをやめ、自身の欲求を大事にする生き方に変えていく行動ができるようになった。

　生きていけなくなるような恐さのように自身の存在を脅かされる恐さは、簡単に1回や2回のワークで減っていくものではない。何度もワークを重ねて徐々に減っていく。通常の筋弛緩を実施しても緩まることがないほど身体の一部分に力を入れ、恐れにブレーキをかけている。生命に関係するものなので、恐さを感じること自体も恐いので抑えてしまうのである。身体に力が入っているためか恐れだけでなく他の感情についても抑えている傾向にあるが、特に怒りも感じにくい。怒りを感じにくいと恐れも感じにくい（9節参照）。したがって感情処理は、恐れだけではなく恐れの次は怒りという具合に両方の感情処理を進めていくことが必要である。怒りを出せるようになると恐れも感じ処理できるようになる。怒りと恐れでクライアントが出しやすいほうの感情から先に処理を進めていく。

図3-15　クッションを使った恐れの処理　　　　　　　図3-16　盾を使った恐れの処理

（6）クッションや盾の活用

　恐れを体験することが恐いために恐れを感じることが難しいクライアントは、クッションを準備して、クッションを抱っこしてやらせるなどの工夫をすると良い（図3-15）。クッションを抱くと安心を感じるため、恐れを体験しやすくなる。クライアントには、"このクッションを抱っこしているとあなたは安心を感じることができる。恐れを出しても大丈夫になる"と告げる。そのうえで、クッションを抱っこして恐れを感じてもらう。クライアントは、クッションを抱いたことで安心感が増え、恐さを感じやすくなる。クッションを抱っこして感情処理する方法は、怒りを出すことが恐いクライアントや、嫌を感じることが恐い、悲しみを感じることが恐いなど、何かの感情を体験することが恐いクライアントに使える。

　また、盾を使う方法もある（図3-16）。盾は平たくした段ボールをガムテープでとめたものを使う。クライアントに盾を両手で持ってもらい恐れを感じてもらう、もしくはカウンセラーがクライアントの前に盾を置き恐れを感じてもらう。そしてクライアントに"この盾はあなたをどんな攻撃からも守ってくれる。だから恐れを感じても責められることもないし攻撃されることもない"と告げる。そのうえで、盾を前において、恐れを感じてもらう。盾を前において感情処理する方法はクッションと同様、怒り、嫌、悲しみを感じることが恐いクライアントなどにも使える。

　盾は、感情を出すと他者から攻撃されると思っているために感情を体験することが恐いというクライアントが感情を感じる支援に効果的である。それはダ

イレクトに、幼少期に自分の感情を表現することを許されず、感情を出すと親から責められていたという場合はもちろんだが、ネガティブな感情を表現すると心配性の親が大騒ぎしたり過剰に不安になってしまうなどの場合も効果的である。

　ある30歳代の男性クライアントは、心配性の母親の望む通りの行動をしていたイイ子だった。それが自然であると思って生きてきたが、感情処理で少しずつ感情を感じることができるようになってきたために、あの場面では実はこういう感情を感じていたのだと今まで感じないようにしてきた自身の不快感情への気づきが深まり、それと同時に今まで母親の望む通りに行動し生きてきたことについて自己理解が深まっていった。自分の感情を抑えて生きてきたこと、そしてそうでなくては生きていけなくなるような恐さを感じていたこと、親が心配して自分の行動に不安そうに口出しするたびに強い不安を感じていたがそれも無いことにしてきたこと、母親の心配は彼自身の欲求に従った行動への攻撃であったこと、自分の意思に沿った行動は親の心配によって不安にさせられていたことなどを理解した。そして、恐れや怒りを感じようとすると、母親に見捨てられて生きていけないような恐怖を覚え、恐れや怒りにはブレーキがかかってしまった。そこでクライアントに盾を渡し、盾が母親の心配（自分の意思に沿った行動への攻撃）を防いでくれると告げ、恐れや怒りの処理を進めた。盾を持っていないときには、恐れや怒りは感じ始めてもすぐに引っ込んでしまう感覚を持っていたが、盾を持つと恐れや怒りを感じることができた。その結果、感情処理を進めていくことができるようになった。このように盾を使うことで効果的に感情処理を進めることもできる。

　ただし盾を使うことで、恐れを感じにくくなるケースもある。たとえばネグレクトを体験したクライアントは、盾を使うことで恐れが増し、体験できなくなる。親から攻撃されるより、親が遠くなってしまう感じがするという。このようなケースでは、盾を使うよりも、背中にクッションを当てたほうが、恐れを体験しやすい。

（7）攻撃の背景にある恐れ
　また、些細な刺激で感情的に他者を攻撃する人も恐れにブレーキをかけてい

ることが多い。これは9節で説明した通り、肥大化した自己愛の傷つきに関係している。恐れの感情処理を進めることで他者への攻撃が減ることが多い。イライラなどの軽い怒り（攻撃）は悲しみの感情処理が効果的で、感情的な強い怒り（攻撃）、大きな声を出したり相手を威嚇したり、または暴力を振るったり、いわゆるキレてしまうような場合だと恐れの感情処理が効果的である。彼らは他者の評価にとても敏感で、常に傷つきやすい。その傷つきが怒りを生み出してしまう。彼らには怒りの前に傷つき恐れていることに気づく支援が必要である。そのためには感情処理法のワークのはじめに、自身が幼少期より恐れを抑えてきたことに気づくことである。そのための一つの方法は、"私は怖い"と幼少期の親に言ったとしたら、親はどう反応するか考えてもらう。幼少期にはまだ自然な恐れの感情を体験する出来事はいくつもあったであろう。幼少期の親が恐れを抑え表現しなかったクライアントは、恐れが無い家で育っている。そのため彼らは、恐れを抑え我慢するという選択肢しかなかったであろう。それを理解し、抑え感じないようにしてきた恐れに気づき、それを体験できるようになるためのワークを実施していくのである。

（8）コントロール不能な恐れ

　恐れはコントロール不能であると信じ、恐れを感じないようにしているクライアントがいる。恐れをコントロール不能であると思い込んでいるクライアントに恐れを体験できるように支援するには、その歪んだ考えを正そうとするアプローチよりも、恐れを体験した場面に身を置き恐れを感じ、それが徐々に処理され減っていくことを実際に体験するほうが効果的である。恐れの処理で自分の恐れが減ることを、そしてコントロール不能に陥らずに処理していけることを体験することを支援するやり方である。その方法では、最初は弱い小さな恐れを感じた場面から徐々に処理し、次第に大きな恐れを感じた場面の感情処理に移っていく、または恐れを感じた場面で、最初は恐れと距離を取ったように話を進め、次第に体験できるよう距離を縮めていく方法がある。恐れと距離を取って話を進めるやり方は、恐れを感じた場面を昔の出来事として回想的に過去形で話す、もしくは第三者がその出来事を俯瞰して見ているように話をするところから始め、次第にその出来事が今ここで進行している自身の体験のよ

うに話を進めていくのである。

　これらのクライアントが恐れを体験し始めると、これ以上恐れを感じてしまうとコントロールできなくなると不安になるために、ブレーキをかけようと身体に力を入れてしまう。身体に力を入れ緊張させると、身体の中にわきあがる恐れが身体の外に出ていかず内側にとどまりつづけたまっていくため、瞬く間に恐れのコップがあふれる状態になってしまう。そのような状態になると、恐れに圧倒されたように感じ、コントロール不能でおかしくなってしまうのではないかと思い、パニックのような状態に陥ってしまう。このときクライアントは子どもの自我状態（第4章5節参照）になっている。このときに大切なのは身体の力を抜かせることである。カウンセラーは冷静に成人の自我状態を使い、おだやかにそして落ち着いた口調で、"恐れを感じても大丈夫" "恐れを感じてもおかしくならないよ" "ここでは恐れを感じても大丈夫だよ" "身体の力を抜いてごらん" とクライアントが安心できるよう声を掛け身体の力を抜くよう支援する。多くの場合は、その支援を適切に行うことで、クライアントは身体の力が抜け、恐れが身体の外に出始めるため、恐れが減り始めて落ち着きを取り戻す。そのまま恐れを呼吸しながら吐き出すことで処理ができていく。やってはいけないカウンセラーの対応は、慌てる態度をみせることである。慌ててクライアントに駆け寄り "大丈夫だよ" "ゆっくり呼吸して" などと焦って早口で声を掛けるならば、クライアントはカウンセラーの冷静さを失った態度に安心感を失いますますパニックになってしまう。また、滅多にそういうケースはないが、もし冷静に大人の自我状態を使い落ち着いた口調で対応してもパニックが収まらない場合は、クライアントを冷静で客観的な大人の自我状態に切り替えるために、クライアントが落ち着けるような質問を投げかけるとよい。"生年月日" "今日の年号日付曜日" などを質問し、クライアントからそれに答えてもらうなどの関わりをするとよい。

（9）恐れに似たにせものの感情（ラケット感情）

　恐れの感情に似たにせものの感情は多くの場合、恐れの処理をしても問題は解決しない。クライアントは、以下のにせものの感情を恐れと表現することが多い。話が深まると、それらは恐れではなく、恐れに似たにせものの感情であ

るとわかる。それらは多くの場合、恐れの処理をしても問題は解決しない。さらに、恐れやにせものの感情の他に「解決感情」が隠れている。したがって恐れだけでなく、クライアントが解決感情に気づき、それを受け入れ、体験し、吐き出すプロセスを支援することが重要である。

　混乱、不安感、心配、拒絶される感覚、猜疑心、見捨てられた気持ちなどは、クライアントが恐れを体験していると報告することが多い感情である。これらを処理するためには恐れを抑えることなく体験していく過程が必要である。すなわち身体の力を抜いて恐れを吐き出すことが大切である。それが十分にでき恐れが減った後、怒りの処理も併せて実施することによりそれらの感情が減っていく場合が多い。

　また社交不安や対人恐怖症、パニック障害などの不安障害のある場合もクライアントは恐れを報告する。そしてこれらのクライアントのカウンセリングを進める上でも、怒りの感情処理は重要である。社交不安は保護的な関係の中でカウンセラーに守られていると実感しながら怒りを出していくことで、守られている感覚と怒りを体験することが同時に進められる。それにより次第に人の中にいても恐さや不安を感じなくなってくる。社交不安は怒りの投射であるとも考えられている。すなわち、自身が怒りを抑圧して他者に投射しているために、他者との交流に過剰な不安を覚えるのである。自分が怒りを体験できるようになっていくことで次第に他者との交流に不安を感じなくなっていくのである。

　また対人恐怖症は、他者を嫌な気分にさせないようにという意識が働いている。ほとんどのクライアントはそれを意識することなく他者に合わせている。彼らの多くは幼少期より他者からどう見られるかによって自分の価値を決めており、他者から悪く思われること、他者が嫌な気持ちになることに神経質である。彼らには、怒りを体験できるようになること、自分で自分の価値を決めていくこと、そして他者に影響されない自分になっていくことが重要である。

　パニック障害のクライアントは、他者に気を遣い遠慮するところと、どこか未熟で自分で自分の世話ができないという依存的なところの両方を持っている人が多い。彼らにも怒りの感情処理が必要である。怒りを体験できることで、過剰に気遣いする性質と、依存的な部分に改善が見られるようになる。その結

果、パニック障害の症状も緩和していく。

12　嫌の感情処理

（1）嫌という感情

　嫌悪はいわゆる「嫌」の感情である。これは特にブレーキをかけやすい感情である。たとえば嫌を人に向けた場合、人を否定的に評価するもの、あるいは他者への思いやりや寛容さと対立するものとして捉えられてしまうため抑えてしまいやすい。勉強や仕事に嫌と感じる場合は、勤勉さや真面目さと対立するものとして捉えられてしまう。嫌と感じることがまるで不道徳や不真面目な人格の証のようにすら判断されてしまう。このように反道徳的で不真面目な印象を持ちやすいために、嫌は抑えやすい感情である。道徳は生理的な反応に基づくものではなく、知性や理性に基づいたものである。そして、嫌は必ずしも深く考え理性的に判断した結果わく感情ではない。嫌はそれよりもっと反応的・感覚的な感情である。したがって、嫌は価値観と分けて理解しないと受け入れることや処理ができなくなる。

　たとえば義理の両親を嫌と感じてはならないと嫌を抑え続けた結果、余計に強く嫌悪感を抱くようになったことに苦しんでいるクライアントがいた。クライアントが悩む嫌悪感を減らすためには、嫌を抑えるのではなく受け入れることが必要である。嫌は感覚に近い感情であり、理性的なものではなく理屈でもない。嫌なものは嫌なのである。そこに理由は要らない。理由をつけようとすればするほど、"親を嫌になるのは親不孝だ"などと嫌を抑える根拠となる価値観も強く意識されるようになってしまう。嫌のコップの中身を減らすためには、嫌を"私は嫌でいい"とただ受け入れることが必要である。そして嫌を息で身体の外に吐き出して処理する。嫌を抑え我慢し続けると、嫌のコップが一杯になり、嫌があふれるようになってしまう。そのときには、嫌は強烈な嫌悪になっており、攻撃心すら伴ってしまっていることが多い。

　身体に力が入っているとき、嫌は受け入れられておらず抑えられている。その状態では嫌は処理できない。嫌を感じても、より嫌悪が強まってしまう。いわゆる"嫌と思えば余計に嫌になる"というのはこの状態である。この状態の

クライアントの表情を見ていると、嫌と言っているときに、特に表情筋に力が入っている。この状態で表情筋に力が入っていてもとにかく新聞紙でクッションを叩いて嫌を吐き出す、このやり方でうまく処理できる場合もあるのだが、多くはうまく処理できない。そのときに嫌と怒りが交じり合っているようになっていることが多い。怒りと嫌は異なる感情である。嫌の感情に怒りを伴わせてしまうと、その処理はうまくいかない。嫌の処理は身体に力を入れずに軽く吐き出すほうがいい。嫌と怒りが交じり合っている場合には、嫌と怒りを分けて、別々に一つずつ処理するほうが良い。

　嫌を吐き出してもらうとき、怒りのように新聞紙でクッションを叩いて吐き出す場合があると述べたが、クライアントが気づいていない自身の嫌という感情に気づいてもらうためには、この方法は有効である。新聞紙でクッションを叩きながら、そして表情筋に力を入れて嫌を吐き出そうとしていると、嫌が減っていくのではなく逆に強くなっていく。それを通して、今まで嫌だと気づいていなかったクライアントが、ほんとうは嫌だったことに気づくことがある。義理の母親への強い嫌悪感に悩んでいたクライアントは、義母が嫌だと気づいていなかった。むしろ義母を好きだと思っているのになぜ嫌悪感があるのかわからなかった。新聞紙でクッションを叩きながら嫌悪感を表現してもらっているうちに、"義母がほんとうに嫌なんだと、初めて自分の気持ちがわかった"と言った。その後、クライアントには表情筋や肩や腕の力を抜いてもらい、新聞紙でクッションを叩く方法ではなく、脱力したままゆっくり呼吸をしながら嫌を吐き出してもらった。それを通してクライアントは、嫌悪感が減ったのを実感した。

（2）嫌と行動は別

　嫌と感じてしまうとますます嫌になる、そうすると相手とうまくやれなくなってしまうと思い込んでいるために嫌を抑えている人も多い。怒りでも同様に、怒りを感じるとますます腹が立ってしまい相手にぶつけなくてはいけなくなってくるという思い込みを持っているために抑えている人がいるが、それと同じである。しかしながらこれは間違いである。嫌を受け止めることで、嫌は処理されていく。嫌を受け止めることで、その相手とは接しやすくなるもので

ある。相手と接するときに、自身に“私は嫌”“嫌と感じるのは自然なこと”“私は嫌でいい”と嫌であることを許可するのである。嫌を我慢し抑えようと接するよりもはるかに楽に接することができるようになるものである。怒りも同様である。怒りを我慢して抑えて接するよりは、“私は腹が立つ”“怒りは感情だから自然なことである”と自分に許可したほうが楽に接することができるのである。

　嫌と思うことと、その人とどう接するかという行動は別に考えてよいのである。クライアントはしばしば、“嫌と思うとそれが態度に表れてしまう”“少しでも嫌になるとその人全部が嫌になる”という誤った考えを述べることがあるが、それは間違っていることを教えることはクライアントの支援になる。嫌を抑えるほうが、態度に出やすくなり、よけいに嫌になるのである。そして、嫌を受け入れるとそれが表情や態度には表れにくいのである。

　勉強や仕事など、人ではない対象に対しても嫌と感じることは多い。これらも人に対する嫌と同じように理解できる。勉強が嫌という子どもは多いが、嫌を我慢しようとすればするほど、勉強は嫌になるものである。嫌は感覚的な感情である、したがって嫌は受け入れたほうがよいものである。筆者はときどき、子育て中の保護者たちに感情処理の話をすることがあるが、その中でも“勉強は嫌”という気持ちは受け入れていいと伝える。すると、“じゃあ子どもが嫌と言ったら勉強させなくていいのか？”と質問を受けることがあるが、感情と行動は分けて考えるものである。嫌は感情だから受け入れる、“勉強が嫌”に対して“嫌なんだね”と受け入れてよいということである。“嫌は嫌でいい”と受け入れたほうが嫌悪感は大きくならない。そのうえで、“勉強しようね”である。“勉強は嫌、でも勉強しなきゃ”と、「でも」「しかし」という接続詞でつなぐと、後半の“勉強しなきゃ”が前半の“勉強は嫌”を否定し抑えることになる。感情を受け入れ、そして行動と分けるには、“勉強は嫌、そして勉強する”の状態にする。もし嫌だと受け入れようとしているけれど余計に嫌になってしまうという人がいたならば、それは嫌を受け入れることができていないのである。心のどこかで“とはいってもやっぱり嫌ではいけない”という嫌を抑える考えが働いているのである。

　ある受験生の男の子は、“勉強は嫌、でも勉強しなきゃ”と自分を駆り立て

ていた。それは悪いことではないのだが、彼は勉強をするのがどんどん嫌になり、我慢してやり続けることにストレスを覚えるようになっていた。彼はあるとき、"勉強は嫌、でも勉強しなきゃ"と口に出して言ったときと、"勉強は嫌、そして勉強する"と言ったときの自分の身体の感覚を比較した。すると、"勉強は嫌、でも勉強しなきゃ"と言ったときのほうが身体に力が入っていることに気づいた。その通りで、"勉強は嫌、でも勉強しなきゃ"のときには嫌を我慢し抑えている。抑えるときには身体に力が入っている。ほんの少しの差かもしれないが、"勉強は嫌、でも勉強しなきゃ"と思っているほうがストレスを少しずつ重ねている。その後彼は意識して、"勉強は嫌、そして勉強する"と口にするようにした。その結果、勉強へのストレスが減り、以前よりも集中力や持続力も向上したと報告した。

　嫌という感情は、間違った思い込みが多い感情である。正しいことを理解し、間違った思い込みを正すことも、嫌の感情処理の支援になる。

13　ポジティブ感情（感謝）を増やす

　感情処理は、今までブレーキをかけてきた感情への気づきと体験も目的の一つである。ここで感情処理を通してのポジティブ感情への気づきと体験のケースを紹介する。

　幸せは多くの人にとって人生の目的である。カウンセリングを受けて楽になることも仕事の成功も人間関係を良くすることも気心知れた友人も収入も地位も学歴も名誉も大きな家も素敵な家族も子どもの成績も、幸せ以外のすべてのものは幸せな人生を獲得するための手段に過ぎないのである。幸せがどういうものであるかを研究する「ポジティブ心理学」は、私たちが目指す方向性を示してくれている。ポジティブ心理学の研究で幸せに関連する要素はいくつか見出されているが、その中の一つに「感謝」がある。セリグマン（Seligman, M.）らの研究では、感謝の気持ちを伝えることにより、抑うつ気分が低減する、幸福度が上がることなどを示している（Seligman et al., 2005）。感謝の気持ちが湧くことにより、抑うつ気分が改善され自信を持てるようになるクライアントもいる（倉成、2010）。また勝俣（2007）は、感謝の言葉を口に出すことと、情

緒の安定との関連も示唆している。

　クライアントに今まで体験していなかった感謝の気持ちがわきあがることが感情処理においてもしばしばある。筆者が定期的に実施しているワークショップ（集団カウンセリング）に参加していた30歳代の女性クライアントは、交流を断っている年老いた母親を許し、関係を修復させたかった。しかしながら、幼少期から長年にわたり母親から受けたひどい仕打ちの恨みが募り、気持ちがそこへ向かなかった。感情処理において、クライアントは母親への怒りを、新聞紙を使い何度も吐き出した。3回目のワークで、"怒りを出せば出すほど怒りが増してくる感じがする。これを続けていていいのか"と疑問を呈した。しかし母親に対して怒り以外の感情を感じることはなかった。そのためにその後も引き続き怒りの感情処理を行った。7回目のワークのとき、怒りを吐き出した後で、はじめて悲しみを感じた。その後も数回のワークで"自分にこんなに悲しみがあったとは思わなかった"と本人が驚くほどたくさんの悲しみを吐き出した。そしてワークショップに参加し始めて2年以上、ワークも10回目を超えた頃、母親からしてもらったことの記憶がいくつも蘇ってきたと語った。"私が病気をしたときに心配そうな顔をしてくれていたこと""学生のときにお弁当を作ってくれたこと"など、クライアント本人が今まで忘れていたことを最近思い出したと、母親がしてくれたことをいくつか具体的に語ってくれた。クライアントがしてもらったことを語っているとき、カウンセラーが"いま何を感じている？"と尋ねると、"お母さんへのありがたい気持ち"と答えた。そこでクライアントの前に空椅子を出し"ここにお母さんがいると思って、直接お母さんに今の気持ちを伝えてみない？"を提案した。クライアントは母親の椅子に"ありがとう"と言った後、身体の中に今まで感じたことがない温かいものがあふれてくるのを感じ、涙した。クライアントは、自身が体験したあふれるほどの温かい感覚を、「感謝の気持ち」と表現した。そして、今までに体験したことがないほどの喜びと自身の重要感を体験していると報告した。クライアントはその後、母親と連絡を取り、初めて母親と二人で母親の誕生日を祝ったことを報告してくれた。

　このクライアントは、感情を処理し、不快感情が減っていくことで感謝がわきあがってきた。ということは、感謝は単に母親への怒りや恨みという不快感

情で抑えていただけであり、元々クライアントが持っていたものとも考えられる。

　この事例以外にも、不快感情の処理を通して、相手への感謝の気持ちがわいてくるというケースをいくつも体験し、筆者は感謝の気持ちは人が元々持っているものではないかとすら思っている。もちろん学習によって感謝の気持ちがより発達することはあると思われるものの、その原型は多くの人の中に既に備わっているのかもしれない。そして感謝の気持ちがわきあがるのを邪魔する不快感情が減っていくことにより、それは体験されるようになるのである。

　感謝の気持ちは、感じたいと思えば感じることができるものではない。毎日"ありがとう"と他者に伝える療法がある。それを実践して、不安や抑うつ気分の低減など良い結果を報告する人もいるが、よけいに不快感情が増したという人も一定数いた。口先で"ありがとう"を口にしても、その効果は得られないばかりか、ますます不快感情が増してしまう結果に終わることもあるのである。"ありがとう"を言葉にすることはできたとしても、真に効果を得るためには、そこに感謝の気持ちがわきあがることが大切なのである。

　感謝は身体に良い影響を与えるだけでなく幸せにも影響する。ジョン・マクニール（McNeel, J., 2016）は、感謝は幸せの扉の鍵になると述べている。感謝には多くのポジティブな効果が期待できる。

　筆者は、毎日「ありがとう」と他者に伝える療法を実践して、良い結果を報告した人と、よけいに不快感情が増したという人にインタビューし、比較した結果から、まだ感謝の気持ちがわかない状態から、真に感謝の気持ちがわくための条件が二つあると考えている。それらは、
・相手への怒り（幼少期の親に恨みがある場合は親への怒り）を手放すこと（手放すためには怒りだけでなく、悲しみや恐れの処理も必要）
・相手から（もしくは親から）してもらったことを思い出すこと
である。これらを意識して、クライアントに不快感情の処理の支援をしていると、二つの条件がクリアされ感謝の気持ちがわきあがる準備が整っていると思えることがある。その状態のクライアントと、感謝の気持ちに意識が向くようなやり取りを実施すると、クライアントに感謝の気持ちがわきあがるのである。

　また親に対する感謝に限定するならば、親に対する不満、親からの愛情への

疑問、大人になりきれないことなどによって阻害されるという（池田，2010）。

　親など他者への感謝の気持ちがわきあがるようになると、次は現状への感謝が生まれてくる方向に進むことが幸せへの扉になる。現在の自分がいかに多くの恩恵を受けているのか、それに気づき感謝の気持ちを持つことである。それは向上心が無いこととは無関係である。その気づきと感謝の気持ちの体験によって私たちは、現状への不満から解放され、満ち足りている毎日を送る人生へと進むことができるのである。

14　再決断療法と感情処理

　再決断療法と感情処理と組み合わせて使うことにより、思考と感情を同時に変えることができるため、効果的なセラピーを実施できる。再決断療法は交流分析の理論に基づいた心理療法で、禁止令決断の再決断（第1章1節参照）、すなわち人生にネガティブな影響を与えている幼少期から抱える思い込みの修正を目的としている。ゲシュタルト療法の「空椅子の技法」を使い、最高度の認知変容と中程度の感情表出を目指している。禁止令決断を再決断することは、クライアントが望む方向に大きく人生を変えるものであり、それが実現できることは好ましいことではあるのだが、禁止令決断という大きな決断を変えるにあたり認知（思考）の変容に強く焦点が当たりすぎるために、決断に関係した不快感情の処理がおざなりになってしまう。そのために“そうしたほうが良いとわかっているけど気持ちがついていかない”という壁に阻まれてしまい、長期間持続する変化が得られにくい場合が少なくない。再決断療法に感情処理を組み合わせることにより、より深い感情体験とその処理が実現できるために、頭での理解だけでなく、気持ちもついていく状態、すなわち持続性のある思考の変化を実現できる。ここではそのやり方について説明する（再決断療法の詳細については倉成（2015）も参照のこと）。

　人が子どもの頃に「決断」した、思考・感情・行動のパターンを繰り返していることは第1章8節で説明した。エリック・バーンは、人は誰しも自分の人生ですでに脚本に書かれたドラマを演じているような無意識の人生計画があると考え、それを「人生脚本（life script）」といった。その脚本の大部分はすで

に乳幼児期から青年期までに決定されている。人生脚本とは、決断された信条の集合体でもある。特に人生脚本は、その人が大きなライフイベントに直面したときに、それに対してどのように進むかという決定に大きな影響を与えており、ほとんどの場合、人はすでに脚本で決定された通りに進み自らの脚本を演じる。そして脚本通りの人生を演じる毎に、自身の脚本を強化しているのである。

　人は、それが不快な感情や行動に帰結するものであったとしても、決断したパターンを繰り返す。たとえば、愛情を得るために、相手を怒らせる態度（行動）をとり、最後に誰からもわかってもらえないという孤独感（感情）を感じるパターンを決断しているとする。相手を怒らせる態度をとるのではなく、素直に愛情を求めるほうが良い結末になると頭ではわかっているとしても、人は慣れ親しんだパターンを繰り返してしまう。そこには禁止令決断が大きく関係している。人は4～5つの重要な禁止令を決断している。その禁止令決断を建設的なものに変えるのが再決断療法の目的である。表3－1は、ジョン・マクニール（McNeel, 2022）の禁止令リストである（反抗的決断については後述）。

　認知行動療法では、現在の歪んだ認知を生み出す基となる考え方を「スキーマ（schema）」という。主に幼少期に形作った、自分や他者や世の中に対する認知がスキーマとして現在の認知の歪みに影響を与えている。禁止令決断は、スキーマに近い概念である。幼少期の禁止令決断は、現在の思考・感情・行動に大きな影響を与えている。たとえば「重要であるな」の禁止令を決断した子どもは自分を大した価値がない人間だという「信条（belief）」を作り、成人した後もその信条を基にした思考・感情・行動を生み出してしまう。子どもは親から非言語的に与えられた禁止令により自身の信条を作る。そしていくつかの重要な信条は、その人の生き方に大きな影響を与えている。それを変え、自身の生き方を変え人生を良いものにするために、禁止令決断を再決断する。

　再決断療法では、まずクライアントが変えたい契約を明確にする。契約はクライアントが自身の思考・感情・行動においてどういう問題を認識しており、どう変化したいか、ありたい姿を言明する。たとえば、"人と親密になろうとすると自分で見えない壁を作って人と距離を取ってしまう。人と自分から近づいていけるようになりたい"と契約を述べる。次は、問題を体験した最近の場

表3-1　禁止令と反抗的決断

	〈禁　止　令〉	〈反抗的決断〉
生存に関する禁止令	存在するな	生きていることを正当化する
	健康であるな	強い人間であると証明する
	信頼するな	自分だけを当てにする
	正気であるな	自分が正常だと表現する
	触れるな	私は自給自足が可能である
人間関係に関する禁止令	近づくな	完璧な愛を引き寄せる
	愛情を感じるな	欲しい全てのものを手に入れる
	属するな	気にしていないように生きる
	子どもであるな	構ってもらえなくとも我慢し強くなる
	欲しがるな	私はテフロンのようになる
自己に関する禁止令	お前であるな	私は完璧な人になる
	離れるな	私は私になる
	見えるな	表向きの自分の裏に隠れる
	重要であるな	他の人よりすごい人になる
	関わるな	泡の中で自分自身で居る
能力に関する禁止令	成し遂げるな	優れていることを証明する
	成長するな	世界の中で自分自身を守る
	考えるな	確信を見つけ自分の考えにする
	成功を感じるな	全てのことをうまくやろうとする
	するな	人生で何もしないことを守り抜く
安全に関する禁止令	楽しむな	忙しい状況を作る
	感謝するな	全ての欲望を手に入れても無いと思う
	感じるな	感じなくするために必要なことを何でもする
	くつろぐな	安全でいるために警戒を怠らない
	幸せであるな	いつか幸せを手に入れる

（出所）　McNeel（2022）

面を思い出し、身を置いてもらう。この例では、最近、自分で見えない壁を作っ
て人と距離を取ってしまった場面を思い出して、今その場面にいるかのように
身を置く。そこで、自分や他者に心の中で何と言っているのか、すなわち思考
（信条・決断）を明らかにする。たとえば、"やっぱり私は人から好かれない人
間だ"という具合である。次は原初場面を思い出し、身を置いてもらう。"やっ
ぱり私は人から好かれない人間だ"と自分のことを思った、記憶している中で
最も古い場面に身を置いて、再体験する。たとえば"4歳の頃家の中で、私が

母に寄って行ったけれども、母親から邪険にされているところです。私は母から嫌われている、私は人から好かれないと思っている"などである。そこで、空椅子を使い母親と対話する。本人の椅子と4歳の頃の母親の椅子を向き合わせて、本人の椅子から"私を邪険にしないでほしい"と言い、その後、母親の椅子に移り母親になりきったつもりでそれに答え、"私は忙しい、あなたに構っている時間がない、あっちに行ってなさい"と言う。本人と母親の対話を、椅子を移動しながら何度か行い、場合によってはカウンセラーが対話に介入する。その対話を通してクライアントは、過去の母親が変わることを願い続けたこと、過去の母親は変わらないこと、母親が"～してくれなかったから私はどうせ好かれない人間だ"という犠牲者の立場に身を置き続けたことを理解する。そして"自分はどうせ人から好かれないから人に近づかない"という決断から、"私は近づきたい、人に自ら近づき親密になる"という新しい建設的な再決断を宣言する。この例は母親からの「近づくな」の禁止令を再決断した流れを説明した。再決断療法はこのように進められる。

　新しい再決断が定着すると、クライアントは他者と心理的に近づき親密な関係を築けるように変化するであろう。しかしクライアントがこのワークを受けても変化できないとしたら、一番考えられるのは感情の体験と処理が弱いことである。この例では、原初場面である4歳の頃の場面で、母親に寄って行っても、母親から邪険にされ、"私は母から嫌われている、私は人から好かれない"と思った場面での感情である。このときの、悲しみや怒りや寂しさなど、クライアントが体験した感情を丁寧に感情処理できていないためにそのときの不快感情が残り続けるとしたら、いくら考え方だけを変えようとしても、気持ちがついていかない結果に終わってしまい、変化が実現しない。そこで原初場面での、クライアントが体験した様々な感情、まだ未処理のまま残っていた感情を丁寧に再体験し、感情を一つずつ息で吐き減らしていったならば、すなわち未処理で残っていた感情を処理し減らせたならば、真の変化が実現できるのである。

　古典的な再決断療法は一つのワークが20分くらいで実施される。再決断療法のワークショップに参加している海外出身者の参加者たちは日本人よりもワーク中の感情表現が豊かである。20分という限られた時間の中でも、悲しみや怒

りや恐れや喜びなど実に豊かに表現しており、たとえるなら大波小波のある豊かな海の姿が表現されているようである。一方、日本人だけが参加するワークショップでは、あまり感情表現は目立っておらず静かにワークを受ける人が多く、白波が立たない穏やかな海のようである。再決断療法を基本通りに進めてしまうと、感情への寄り添い方に物足りなさを感じることもある。米国の交流分析の専門家であり、日本人向けにも数多くの再決断療法ワークショップを実施してきたヴァン・ジョインズ（Joines, V., 1998）は、日本人は感情と距離を取るパーソナリティ傾向を示す人が多いと指摘したが、そうならば再決断療法のワークで同じ効果を出すためには、日本人にはじっくりと感情に向き合い、気づき体験しそれを処理する感情処理が合っているとも思える。もちろん感情処理だけで20分の時間がかかるとすれば、それを組み入れた再決断療法のワークはとても20分では終わらない。しかしながら感情処理を組み合わせることにより、30 ～ 40分と時間が長くなったとしても、禁止令の再決断は実現しやすくなる。

　また禁止令には、その禁止令メッセージの苦痛に従う「絶望的決断（despairing decision)」と、その苦痛を和らげようとする試みである「反抗的決断（defiant decision)」がある。反抗的決断に対して、受容的共感的に接することにより、また反抗的決断に従って生きてきた勇気を賞賛することにより、クライアントはその禁止令を決断し生きてきたことに対するつらかった感情を体験しやすくなる。そのときにその禁止令の決断の場面で体験した感情の処理のタイミングが訪れる。古典的な手順で決断の場面を探らなくとも、クライアントの禁止令を明らかにし、反抗的な決断に従い生きてきた勇気を賞賛するのである。そのときにクライアントは、禁止令決断をした幼少期の自身の傷つきに共感できる。その感情の体験と処理を十分に実施することにより、禁止令の再決断は実現しやすくなる。手順が決められたワークを実施するよりも、クライアントは自然な対話の流れの中で処理すべき感情に辿り着くことができる。

　ある女性は、「存在するな」の禁止令を決断していた。自身を邪魔な存在であり存在自体が他者の迷惑になっていると認識し、透けて見えるほど存在が薄いと感じていた。これは絶望的決断のポジションを表している。そのために他者の迷惑にならないように振舞うことで存在への許可と承認を得てきた。これ

は反抗的決断のポジションを表している。他者の迷惑にならないように生きてきた勇気を称え共感することにより、彼女は禁止令により傷ついた幼少期の自分の感情に触れることができる。それを共感的に受け止めることにより感情処理ができる。そのために表3−1の禁止令ごとの反抗的決断のコードから、クライアントの反抗的決断を読み取ることが重要である。

15　空椅子を使った感情処理

　空椅子(あきいす)の技法は多くの心理療法で活用されている。元々はフリッツ・パールズ（Perls, F.）によって提唱されたゲシュタルト療法の手法である。クライアントの前に空椅子を置き、そこに誰かを投影させ（誰かが座っていると空想し）、その人に直接話しているように語ったり、場合によってはクライアントに空椅子に移動してもらい、その人になりきったつもりでクライアント本人の椅子から語ったことに応答してもらう。それを繰り返すことで、クライアント本人と空椅子の人との対話をやってもらう。空椅子の技法は、感情処理に活用することでより高い効果が期待できる。

　空椅子の技法はいくつかの長所がある。一つは、空椅子に投影した人に対して直接語ることで、クライアントはより感情を強く体験しやすい。たとえば、子ども時代にピアノの練習を厳しくやらせた母親を空椅子に投影したとする。その母親に直接語り掛けるように、〝お母さん、私、ピアノの練習はもう嫌〟と語るのは、クライアントに〝ピアノの練習をさせられるのは嫌だったですね〟と場面を回想して語るよりも、そのときの感情を体験しやすい。まさにその場面での感情の再体験ができる。回想よりも再現のほうが、感情をよりリアルに強く感じる。そのためにその感情を息で吐くなどの処理の支援がやりやすくなる。

　またそのときには言わなかったことを言うことによる気づきもある。たとえば、クライアントは、ピアノの練習は嫌だったけれどお母さんに言われるままに従順に振る舞い、お母さんにはそれを直接伝えたことはなかった場合、〝お母さん、私、ピアノの練習はもう嫌〟とそのときに言わなかったことを空椅子に投影した母親に語ってみることで、そのときの自身の真の欲求や感情に気づ

きやすくなる。"練習はもう嫌と言ってみて、私はずっとそう言いたかったし、ずっと我慢していて悲しかったんだとわかりました"と、今までは気づかなかったことへの気づきにつながるのである。その気づきにより、我慢していた悲しみの処理の支援が可能になる。

　そして空椅子の技法を使うことにより、自身の葛藤への理解が進む。たとえば、前の空椅子は、"ピアノをちゃんとやらなければならない"と言う母親であり、クライアントが座る椅子は"ほんとうは嫌だけど、嫌と言うことはなく我慢して従順にふるまう"本人である。これはクライアントの頭の中で現在進行中の葛藤が外在化している。昔の葛藤を現在も引きずっているのは、その葛藤が終わっていないからである。この葛藤がワークのテーマとして提示されているのも、それが未完のままであることを示している。空椅子の技法は、その葛藤を終わらせるためのものである。

　クライアントが空椅子を使って母親との対話を進めると、自身が今でも他者との間で、あるいは自身の頭の中でやっているパターンがそこに表れているのに気づく。たとえば、"私はいつも自分の気持ちを伝えずに、嫌なことでも我慢して従順にやって、ストレスを抱えてしまっている"と気づきにつながる。

　最後に、空椅子とのやり取りを続けていくと、そのやり取りはどこかで行き詰まる。たとえば、"お母さん、ピアノは嫌"と何度お願いしても一向に聞き入れてくれない母親という状態で行き詰まってしまう。それを対話として再現することで、クライアントは葛藤がどこでどのように行き止まっているかも理解できる。この行き止まりを「イムパス（impass）」という。イムパスにいるときに、クライアントは相手に変わって欲しいと願っていて、まだ自分が変わる気が無く、相手の犠牲者のままなのである。空椅子を使うことで、クライアントはイムパスを頭だけではなく、体験として理解する。そのときにイムパスでの未解決の不快感情を処理することにより、イムパスに留まることが馬鹿らしく思えてきて、イムパス突破に前向きになれる。冷静で客観的な自我状態が働き、イムパスを突破して葛藤を終わらせるにはどうすればよいかを考えることができる。たとえば"お母さんが聞き入れようと聞き入れまいと関係ない。私は嫌なのは嫌"となる。そして、"私は嫌と思っても、相手がどうせそれを受け入れてくれないと勝手に思い我慢していた。相手がどう思うかではなく、

　それを相手に言うとか言わないでもなく、私が嫌なものは嫌なんだと受け入れることが大事だと思った"と葛藤の行き止まりを突破する。これを通してクライアントは、新しい思考と行動を決断していくのである。

　このように空椅子の技法は、感情処理に組み合わせて使うことにより、より高い効果を期待できるのである。

16　愛着のカウンセリングと感情処理

（1）愛着の問題

　愛着の問題は昨今様々な分野において注目されている。医療分野においては治療困難な精神疾患の患者に見られる問題として、教育分野においては教師が個人で対応できない困難な児童生徒に見られる問題として、産業分野においては周囲との人間関係に問題を起こすパーソナリティの偏りが極端な労働者の背景にある問題として、また虐待やDV・依存症などの背景にある問題として社会から注目を集めている。そしていずれもその対応に苦慮しているケースが多い。そのために、愛着の問題をどのように扱っていくかは、多くの人の関心を集めている。

　愛着とは、幼い頃の養育者との間に形成される継続的な絆である。その後の対人関係（親密さ）の持ち方を左右し、不安やストレスのレベルを左右する。1歳の時点で原型が作られ、10歳代後半までに一つのスタイルとして確立する。すなわち愛着の問題とは乳幼児期の養育者との関係の問題でもある。

　愛着の問題があるか無いかについて明確な判定の基準が存在するわけではなく、「愛着の問題を持つ人」という言葉が意味するところも、狭義には「愛着障害」のみを指し、広義には情緒不安定な人を含めた多くの人を指す。愛着の問題という言葉の使い方も、専門家によってかなりばらつきがある。筆者たちがカウンセリングにおいて愛着の問題を抱えているとアセスメントするのは、パーソナリティの問題がある人（パーソナリティ障害から診断基準は満たさないまでもその傾向がある人まで）、たびたび問題行動を起こす人、依存症傾向（物質依存はもちろん行為依存や関係依存の傾向まで）がある人、愛着障害の診断基準に当てはまる人、成育歴から養育者と十分な愛着関係を築けなかったと推察

できる人（身体的・心理的虐待はもちろん不適切な養育まで）などである。

　愛着の問題がある人は、乳児期の発達課題である基本的信頼感の部分に問題を抱えている。この部分に問題を抱えた場合、人間関係において安心を感じることができない。つねに揺れている地面の上で生活しているように、少しの刺激で恐れや不安を感じる。愛着を木の根にたとえるなら、木根がしっかり張っていないため、風が吹くと枝葉だけではなく幹が大きく揺れてしまう。そして少々強くストレスを感じると、見捨てられ不安感と不適切なほどの激しい怒りを感じる。そしてそれを行動化へとつなげてしまう。

　愛着の問題を抱えるクライアントは母子間で一体感・安心感を体験していない。安定した母子関係のもとで、母親には良い部分も悪い部分もあることを受け入れることができていない。したがって成長した後も、人が自分をいつも十分に抱え込んでくれるわけではないということがわかっていない。他者は自分とは違うという境界線もあいまいである。そして何か他者との間で葛藤が起きると、"なぜ私を抱え込んでくれないのか？""なぜこういう言葉を掛けてくれないのか？"という激しい怒りを覚える。この怒りはもちろんラケット感情である。

　これを思考で教えコントロールしていくのは困難である。仮に思考で教育を行い、クライアントが思考レベルで理解したとしても、一体になりたい、安心を得たいという欲求は解消されないまま残るのである。

（2）愛着のカウンセリングの実際

　「愛着のカウンセリング」は、幼少期の愛情不足の場面をクライアントが再体験した後、自分を守ってくれる理想の母親をイメージし、その母親から抱きしめられている空想をしながらクッションもしくは毛布（柔らかいものであることが大事である）を抱きしめるものである（図3−17）。クッションもしくは毛布を抱きしめることにより、暖かい肌感覚を体験する。暖かい肌感覚と理想の母親からハグされているという空想のもとクライアントは、「暖かさ」「安心感」「安らぎ」などの感覚を体験する。このワークは5分ほどであるが、それをセッションごと30回ほど繰り返し実施する。その過程でクライアントは徐々に、「自分の中に安心を感じる能力があることを心で理解する」ことができる。

図3-17　愛着のカウンセリング

そして"たとえ他者がどのような態度を取ろうが、自分には安心を感じる能力がある。自分で自分をコントロールできる"という宣言を心から行うことができるようになる。

　愛着のカウンセリングの実際の進め方は下記の通りである。

①クライアントが幼少期の場面を再体験する。これは愛情を求めたくても十分に得られなかった場面である。

②そのときの感情を再体験する。愛情を求めても得られなかった場面での恐怖と同等レベルの強い恐れ（多くのクライアントは、恐れよりも強い感情を表現するときに恐怖という言葉を使う傾向にある）や深い悲しみ、そして強い怒りなどである。

③理想の母親から守られハグされている空想とともにクッションもしくは毛布を抱きしめる。カウンセラーはクライアントの身体から緊張が抜けるよう支援する。

④クライアントが安心や暖かさを体験する。

⑤自分の能力について宣言する。"私は自分に安心を感じる能力がある"という宣言をしてもらう。

　ある30歳代の女性クライアントは愛着の問題を持っていると認識しており、それを解決したいと思っていた。彼女は幼少期に義父から性的虐待を受けていた。母親はその状況を知りながらも、彼女を庇うことは一切なかった。それど

表3-2　愛着のカウンセリング、ワーク前後の変化

クライアント	面談	ワーク前	ワーク後の変化
30代女性	33回	万引きしたい衝動が抑えられない。強い不安と寂しさを感じる。	寂しさが減り、万引きの衝動が抑えられるくらいに減ったと感じている。
40代男性	40回	妻や子どもに対し激昂することがたびたびあった。親密になることの不安が強かった。	不安が減り親密さを体験できるようになった。激昂することがなくなった。
50代男性	35回	人の他意ない言動にプライドが傷つけられたと受け取り関係を遮断する。	他者からの同様の言動に対して傷つくことがなくなった。
40代女性	18回	思春期より漠然とした不安が続いていた。子どもが言うことを聞かないときに感情的になってしまい暴力をふるっていた。	漠然とした不安が解消し毎日が楽しくなった。子どもに対して愛おしさを感じるようになった。暴力を振るうほどの怒りを感じなくなった。

ころか義父の顔色を見て彼女に暴力を振るうことがしばしばあった。成人し家を離れ、夫と結婚し、夫の両親と一緒に暮らすことになった。夫と夫の両親はとても優しい人たちで、彼女が嫌な思いをすれば話を聴いてくれ、彼女の話を何でも信じてくれた。また彼女の身体を労わり気遣ってくれた。しかしながら彼女にとってその環境は苦しいものだった。彼女はそういう風に愛情を持って接してもらったことがなく、夫とその親たちの愛情ある態度が息苦しくて"発狂しそう"で"彼らを殺したい"気持ちすら感じていた。それを表現しないようにするために、毎日大量の飲酒をするようになりアルコールに依存してしまっていた。彼女のカウンセリングでは、幼少期の義父からの性的虐待の場面での感情処理と、母親からの身体的暴力の場面での感情処理を実施した。彼女が処理した感情は、彼女が恐怖と表現するほど強い恐れと、憎しみに似た怒り、そして深い悲しみであった。恐怖を処理するのは回数を要した。恐怖を体験するたびに、身体を強く緊張させ、筋弛緩を繰り返し、少しずつ緊張を和らげていくことを繰り返さなければならなかった。また怒りの処理にも時間がかかった。義父と母親に対する怒りを感じようとすると、仕返しされそうな恐怖がわきあがるため、仕返しされそうな恐怖と怒りを交互に少しずつ処理していくしかなかった。恐れと怒りを受け入れて体験し、処理できるようになり、深い悲

しみを感じることができるようになっていった。そしてそれらの感情処理と並
行して愛着のカウンセリングを進めていった。理想の母親に抱っこしてもらう
空想をしながらクッションを抱きしめ安心を感じるワークを繰り返し実施した。
30回のカウンセリングを重ねた頃から、彼女には変化が現れた。夫と夫の両親
に対する息苦しさが無くなってきたのである。そして40回のカウンセリングを
超える頃から、彼らに対して愛おしさを感じるようになった。彼女にとって愛
おしさは、人生で初めて体験するものであった。50回を数える頃には、夫とそ
の親たちに対して殺したいような気持ちもわかなくなると同時に、アルコール
を全く飲まなくなった。このように愛着のカウンセリングと感情処理を一緒に
実施することにより、愛着の問題を解決することができる。依存の問題やパー
ソナリティの問題の解決へと導いていけるのである。

　このワークを受けたクライアントの変化は大きい。表3-2にいくつかの変
化を記載した。

（3）愛着のカウンセリングに必要な感情処理

　このように愛着の問題を解決することに愛着のカウンセリングは有効である。
そして愛着のカウンセリングにおいて感情処理は重要である。以下の二つの愛
着の問題のスタイルによって感情処理のアプローチが異なる。

　まず、愛着の問題に起因する不安が強く情緒の不安定感を抱えるクライアン
トに対する「愛着のカウンセリング」においては、彼らが表出する感情はラケッ
ト感情である。そのラケット感情を減らしていくために感情処理を活用する。
ラケット感情は自然な感情をカモフラージュしたにせものの感情である。感情
処理により、そのラケット感情の裏にある感情を探り続けることによって、ラ
ケット感情を減らしていくほんものの感情に辿り着くことができる。ほんもの
の感情を処理することにより、彼らのラケット感情も改善されていくのである。

　次に、愛着の問題を有していても、情緒の不安定感が見られず、行動化のみ
が顕著なクライアントである。彼らは感情を抑圧・抑制しているために感情体
験が希薄である。したがって、「愛着のカウンセリング」の「手順②感情の再
体験」において、愛情を求めても得られなかった場面での恐怖に似た恐れや深
い悲しみ、そして強い怒りが体験できない。彼らは愛着のカウンセリングの前

に、感情処理法を使い、感情体験ができるように支援する必要がある。すなわち幼少期より感情を抑圧もしくは抑制してきた問題を解決し、自身の感情に気づき、受け入れ、体験するための感情処理を実施したのちに「愛着のカウンセリング」を行うことになる。

　二つの愛着の問題のスタイルにおける感情処理の在り方について説明したが、どちらのスタイルの場合も共通して、恐れと怒りは重要な感情である。恐れと怒りが共に体験できない段階で、「愛着のカウンセリング」を実施したとしても、暖かさや安心感や安らぎを感じることはできないために、十分な効果は期待できない。「愛着のカウンセリング」を実施するために恐れと怒りを体験できるように支援することが必要である。

　恐れと怒りは、自身の愛着の問題を形作った、乳幼児期の養育者との関係に関連した感情でなければならない。まず恐れは、養育者に十分に愛されなかった不安や恐さであり、生きていけないような強い恐れである。乳幼児にとって養育者からの愛情が不足すること、養育者から守ってもらえていないことは、生き残れなくなるほどの深刻で恐ろしい出来事である。その恐れを体験し処理する必要がある。

　次に怒りは、十分に愛されなかった理不尽さに関するものである。ときにそれは十分に愛し守ってくれなかった養育者への怒りとして表される。この怒りを体験し処理することが必要である。

　これらの感情を体験できる状態になったとき、クライアントはクッションや毛布を抱きしめて暖かさや安心感や安らぎを体験できるようになり、「愛着のカウンセリング」は大きな効果を発揮する。カウンセラーは愛着のカウンセリングを実施するにあたり、クライアントが恐れと怒りを体験できる状態にあるかを把握しておくことが求められる。

第4章 異なるパーソナリティへの感情処理のアプローチ

　本章では異なるパーソナリティへの感情処理アプローチの方法について説明する。道がわからず困っている人を見かけたとしよう。その人に対してかわいそうだと情緒的に反応し自ら関わろうとする人、事実志向で思考し近くに交番があることを伝え解決しようと関わる人、関わらないように目を逸らす人など、人の対応は一様ではなく違いがあることは誰でも知っている。それらの人が他者とどのような人間関係を作るかは異なり、問題を抱えるとしたらその傾向も異なり、彼らに支援が必要なときの感情処理のアプローチも異なる。情緒的に反応する人に対してはそのときの気持ちに共感しつつこちらも情緒豊かに話をしたほうが心を開きやすくなるであろう。事実志向で思考する人には気持ちよりも行動の背景にある思いや考え方を尋ねていくほうが会話も弾むであろう。関わらないようにする人に気持ちを前面に表現し情緒豊かに対応するならば彼らは防衛し引き下がるかもしれない。彼らへの好ましい対応方法はそれぞれ異なるのである。タイプを見極め、そのタイプに合ったアプローチを実施することは、クライアントの感情処理を円滑に進めることに役立つ。ここではパーソナリティ理論の一つ「人格適応論（Personality Adaptations）」に基づき、パーソナリティの特徴に応じた感情処理の支援について解説していきたい。

　人格適応論を理解し、相手のパーソナリティに応じアプローチ方法を変えて対応することの利点として以下の点があげられる。

・より深いコミュニケーションを実現でき、早く信頼関係が築ける
・相手の防衛を回避でき、感情処理を深めやすい
・彼らが体験するラケット感情、抑圧または抑制している感情を推測できる
・人生脚本上の問題を推測できる

　これらにより、適切に処理すべき感情や抑圧・抑制している感情を見つけ出

し、より良く気づき、受け入れ、体験するための関わり方、声の掛け方や態度などを選択できる。そのために、本章において以下の点について詳述していきたい。

・適応タイプの判断の仕方
・適応タイプごとの特徴
・それぞれの適応タイプが人生脚本上（人間関係上・仕事上・生活上）抱える問題
・その問題の背景となるもの（幼少期からの問題、抑圧または抑制している感情など）
・その問題を解決するための好ましいアプローチ方法、逆に好ましくない対応

1　人格適応論の概要

「人格適応論」は交流分析のパーソナリティ理論であり、ポール・ウェア（Ware, P.）とテービー・ケーラー（Kahler, T.）によって開発され、ヴァン・ジョインズ（Joines, V.）により論文や書籍を通して広められた。人格適応論では、子どもの頃に親から世話をしてもらい生き延びるため、または親の期待に応え愛情を受けるために、決断する方略の違いにより、6つの人格的特徴が見られると考えている。各適応タイプにはそれぞれ特有の特徴が見られる。6つの適応タイプのうち一つかそれ以上をその後の人生において環境への適応様式として選択するとした。

　6つのタイプは質問紙を使わなくても、その人の言葉・口調・身振り・姿勢・表情により識別可能である。すなわち相手と会話を交わしながら識別ができる。またタイプ毎に効果的なコミュニケーション法が示されており、それを活用することで相手とより深い交流が実現でき、感情処理を進めるにあたってのアプローチ方法や、どの感情にアプローチすることで人生を建設的に生きるための問題解決につながるかも示してくれる。すなわち人格適応論は、クライアントの問題解決に向けて感情処理の支援を実施するにあたり、航路図となってくれるのである。

　6つの適応タイプの名称は表4−1の通りである。他の書物で学習する方の

表4-1　適応タイプの名称

本書の名称	ウェアの名称	ジョインズの名称
想像型	スキゾイド型 (Schizoid)	創造的夢想家 (Creative Daydreamer)
行動型	反社会型 (Anti-social)	魅力的操作者 (Charming Manipulator)
信念型	パラノイド型 (Paranoid)	才気ある懐疑者 (Brilliant Skeptic)
反応型	受動攻撃型 (Passive-Aggressive)	おどけた反抗者 (Playful Resister)
思考型	強迫観念型 (Obsessive-Compulsive)	責任ある仕事中毒者 (Responsible Workerholic)
感情型	演技型 (Histrionic)	熱狂的過剰反応者 (Enthusiastic Overreactor)

ために、最初に本書での名称、後にウェアが命名した名称、最後にジョインズが使用した名称を並べて紹介する。

　私たちは覚えやすさやわかりやすさから、カウンセリングやプログラムにおいて、想像型・行動型・信念型・反応型・思考型・感情型の名称を使用している。

2　適応タイプの識別

　質問紙を使うことなく識別する方法は、クライアントの表情や姿勢・態度・口調などの観察を通して行う。詳細は専門の文献をあたって欲しいがそれを習得するには練習が必要である。表4-2に簡単な識別の手掛かりを記載した。

　識別の方法として、質問紙（図4-1）とプロフィール表（図4-2）を紹介する。質問紙はプログラムにおいて、自身の適応タイプを知る手がかりとして使用することが多い。質問紙の得点をプロフィール表に棒グラフで表示する。

◆各質問に対し、最も該当すると思う答えの数字を1つ選んで○をつけ、最後に合計を出してください。

問No	質　問	A：かなり当てはまる	B：多少当てはまる	C：あまり当てはまらない	D：当てはまらない	問1～問5合計
問1	無口で大人しい態度でいる	3	2	1	0	
問2	目立たないように振る舞う	3	2	1	0	
問3	人と一緒のとき、自分の意見はめったに口にしない	3	2	1	0	
問4	表に出るよりも、裏方で居る方が落ち着く	3	2	1	0	
問5	人と関わらずにやり遂げられる仕事が好き	3	2	1	0	
小　計						

問No	質　問	A：かなり当てはまる	B：多少当てはまる	C：あまり当てはまらない	D：当てはまらない	問6～問10合計
問6	興奮することやドラマチックなことが毎日でも欲しい	3	2	1	0	
問7	予期せぬことが起きたとき、人生が面白いと思える	3	2	1	0	
問8	過程がどうであれ、結果が良いことが大事だ	3	2	1	0	
問9	人から一目置かれたい	3	2	1	0	
問10	お金を稼ぐのはいいことだ	3	2	1	0	
小　計						

問No	質　問	A：かなり当てはまる	B：多少当てはまる	C：あまり当てはまらない	D：当てはまらない	問11～問15合計
問11	人に対して礼を尽くそうとする	3	2	1	0	
問12	人から信頼されるように生きるべきだ	3	2	1	0	
問13	自分が正しいと思ったことはしっかりと主張する	3	2	1	0	
問14	良心的であることを大切にして、行動する	3	2	1	0	
問15	成果よりも取り組む姿勢が大事だ	3	2	1	0	
小　計						

問No	質問	A：かなり当てはまる	B：多少当てはまる	C：あまり当てはまらない	D：当てはまらない	問16～問20合計
問16	楽しさがないとやる気にならない	3	2	1	0	
問17	「やらなければいけない」と思うとやりたくなくなる	3	2	1	0	
問18	意味がないとわかっていても、人から指摘されると反発したくなる	3	2	1	0	
問19	どのような行動でも、自由にやれることが大切	3	2	1	0	
問20	物事は好きか嫌いかどちらか	3	2	1	0	
	小　計					

問No	質問	A：かなり当てはまる	B：多少当てはまる	C：あまり当てはまらない	D：当てはまらない	問21～問25合計
問21	くつろぐ時も時間を決めて、メリハリがある方がゆっくりできる	3	2	1	0	
問22	休日もついつい予定を動いている事が多い	3	2	1	0	
問23	気が付いたら、これじゃまだ不十分だとやりすぎていることが多い	3	2	1	0	
問24	「ちゃんと」「まだまだ」と頻繁に自分に言い聞かせている	3	2	1	0	
問25	いつも何かやることを探して何かをしている	3	2	1	0	
	小　計					

問No	質問	A：かなり当てはまる	B：多少当てはまる	C：あまり当てはまらない	D：当てはまらない	問26～問30合計
問26	いつも相手を喜ばせたいと気をつかう	3	2	1	0	
問27	人の話しに気持ちが左右されやすい	3	2	1	0	
問28	気にかけてもらえないと、好かれていないと思う	3	2	1	0	
問29	仕事仲間のみんなが仲良くないとやる気が起きない	3	2	1	0	
問30	いつも他人のことを気にして、自分にできることを探す	3	2	1	0	
	小　計					

図4−1　日本版人格適応論尺度

（注）問1～5が想像型、問6～10が行動型、問11～15が信念型、問16～20が反応型、問21～25が思考型、問26～30が感情型に対応する。
（出所）吉田・倉取・三島（2021）

表4-2 タイプ識別の手掛かり

	話し方の特徴	態度の特徴	服装や持ち物の選び方
想像型	単調、抑揚が無い、無表情、他人事のよう	距離を取る、ジェスチャー無し、無口、固まる	特に重要ではない、自分が良いと思えばよい
行動型	印象付ける、"あなた"主語	オーバーな身振り、切り捨てる、笑顔の後の真顔、瞬きが少ない	トータルで印象付ける、魅惑する
信念型	力強く調整された声、大げさな表現、考えを話す、決めつけた言い方	儀礼的、鋭い目つき、話に合った大きな身振り、硬直した姿勢	保守的、欠点が無いように、生き方が反映される
反応型	締め付けられる声、擬音が多い	前のめり、力が入った表情	親に反抗するような、賑やかな色や柄、好きなものの組み合わせ
思考型	調整された声、括弧つきの表現、上滑りで早口	口元の緊張、吊り下げられたような姿勢	TPOに合った、動きやすい、機能的、効率良い
感情型	気を遣うような、語尾が上がる、高揚し低調で終わる	自然な笑顔、身体が相手に傾く	喜ばれるもの、やわらかい色、肌触りが良い、スベスベツルツルなもの

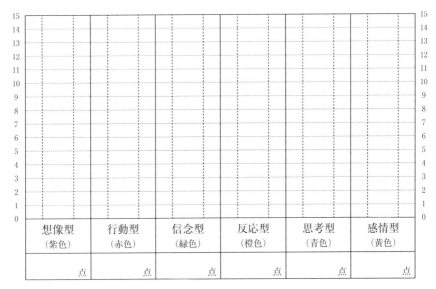

図4-2 プロフィール表

3　適応タイプごとの性格特徴

（1）査定図表

　図4−3において、縦の軸は「能動的（active）」「受動的（passive）」の次元を表し、横の軸は「関わる（involving）」「引きこもる（withdrawing）」を表す。能動的とは、問題解決に率先して関与することであり、自ら主導権を取ることを好むことである。受動的とは、問題解決に受け身の姿勢を取ることであり、誰かが動くのを待ち他者が主導権を取る方を好むことである。関わるとは、大人数と関わること、または大きなグループに参加することを好むことである。引きこもるとは、一人または少人数でいることを好むことである。

　感情型は「能動的」で「関わる」パーソナリティであり、問題解決に対して自分から率先して行動し、積極的に大きな集団に入るか、周囲に多くの人を集める。思考型は「能動的」で「引きこもる」パーソナリティであり、問題解決には自ら対処するが、人間関係では一人か少人数でいることを好む。想像型は「受動的」で「引きこもる」パーソナリティであり、他者が問題解決してくれ

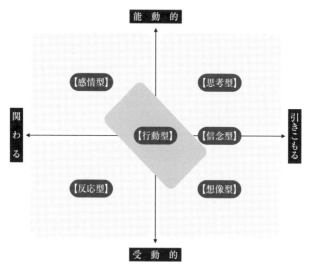

図4-3　査定図表

（出所）　Joines & Stewart/白井・繁田（監訳）（2002/2007）より名称変更

るのを待ち自分からは行動せず社会的活動も少ないものの、他者が先導する社会的行動には反応を示し、人間関係では多くの人と関わらず少人数でいることを好む。信念型は、「能動的」と「受動的」の中間にあり、人間関係においては「引きこもる」。反応型は「受動的」で「関わる」パーソナリティであり、他者が問題解決してくれることを求め、自分から積極的に問題に対処しないものの、大人数と関わるまたは大きなグループに参加することを好む。行動型は、「能動的」で「関わる」ときと、「受動的」で「引きこもる」ときの両方を示し、二つの領域を行ったり来たりする。

（2）心理的欲求とコンタクト法

●想像型

想像型の心理的欲求は、独りになれる時間や空間であり、現実には行動には移さずに頭の中で空想するだけで外界とコンタクトする。

心理的に引きこもりあまり言葉で表現しないので、相手からそうは思われていないものの、ほんとうは他者に優しく思いやりがあり支持的、他者へ配慮し親切である。内気で過敏、恥ずかしがりで、気持ちや欲求を表さない。ストレスがあればそれを回避し、感情と事実を分離する。単独で物事をやりあげることを好み、人間関係では受動的で深く関われる一人とのつきあいが気楽で1対1を好む。相手が迷惑に思っていると想像し、それが事実と思い込み、自分に批判的になり引きこもる。科学・宗教・哲学に惹かれ、深く考え、人生の根本的な問題など答えが出ないものを考え探求を楽しみ、芸術的要素がある人も少なくない。

●行動型

行動型の心理的欲求は、刺激・興奮でありそれを求める。考えるより先に優位になるように（悪くならないように）と直感的に判断した行動で外界とコンタクトする。

行動力があるが、それは結果重視であり、最小限の労力で最大限の成果を狙い、目的志向で欲しいものは手に入れる。ルールや規範と闘争し、新しい運動を起こし、リーダーシップを発揮する。本人は意識していなくとも、即座に損

得を考え人より優位に立つよう悪い立場にならないよう振る舞い、他者を操作し自分の望むよう行動させている。直感的ひらめきを考えたことと主張し、目標達成のための邪魔になる規則やルールは除外する。人間関係では、優位に立てるか否かによって、能動的で多くの人と関わるときと受動的で他者から引きこもるときとがある。仲間は多くても、見捨てられる不安から自身を防衛するため他者を信頼しない。

●信念型

　信念型の心理的欲求は、やったことや自身の考え方や生き方を承認されることで、意見で外界とコンタクトする。

　生き方や姿勢にこだわりそれに基づいて行動する。当惑したり恥をかいたりしないために当たり前のことをキチンとしようとする。行動する前に慎重に考え、何事も失敗しないようにし、細かいところにこだわり、きちんと考え、注意怠りなく物事をやりこなす。悪くなりそうなことを予測し前もって処理する。話すことは大げさであり、謙虚なようで上昇志向も強い。

　人間関係では、大人数より一人か二人と関わるのが好きで、一人も好む。慎重だが能動的な面もある。人に対して、騙されたり裏切られないよう警戒する。ちゃんとするのが当たり前で、正しく行動することが当然のことだと思い込んでいる。感情はコントロールできないものであると思い、感情的な振る舞いや子どもっぽい振る舞いを好まない。

●反応型

　反応型の心理的欲求は、楽しさや楽しい触れ合いであり、その刺激を好きか嫌いかどちらかの反応で外界とコンタクトする。

　子どものエネルギーを持ち楽しむのが好きで、ふざけたりおどけたりする。好きなことをやるときにはとくにエネルギッシュであり、興味あることは粘り強く追求する。その一方、嫌なことには遠回しに反抗し（受動攻撃）、望みどおりにならないときにはふてくされるかすねるという子どもっぽく自分中心的な面がある。白か黒かはっきりさせるための葛藤を抱えているため、行動や決断に大きなエネルギーを要し、決めた後もそれでよかったのか葛藤する。悪い

ところがあると気づくのが早く、批判的でもある。協調せずにまとまることを妨害する面もある。上の立場と認識すると、支配や批判または強制されているように受け取り嫌な気持ちを持ち受動攻撃的な態度を表す一方、横や下の立場の者には面倒見が良い。人間関係では、受動的であり他の人が最初に動くのを待ち、多くの人と関わる。大きなグループで人と関わるのを好み、いくつものグループに所属する。

●思考型
　思考型の心理的欲求はやったことへの承認と時間を構造化し守ることであり、事実と情報で外界とコンタクトする。
　義務感や責任感が強く、達成することにこだわる。良心的であり、一生懸命何かをやること、働くことと正しくやることにこだわり、良い働き手・良い管理者・職業における成功者であろうと思う。今ここでそうすることが適切か考えず、すべてのことを全体的に考えようとするが、手近な問題の解決は優先しない。状況がうまくいかないと、罪悪感を持ち落ち込み、抑うつ気分を味わう。自分に批判的であり他者にも批判的になる。いつも緊張していてリラックスできず、何かをやっていないと不安である。"すべきこと"と"すべきではないこと"を事実で正しいことと思い込んでおり、それが事実であるという根拠を集めるために情報収集する。多くの責任を引き受けてしまい、それを果たそうとすることを優先し、自分の気持ちを満たすことは後回しにしている。人間関係では、大人数より一人か二人と関わることが好きで、一人も好む。

●感情型
　感情型の心理的欲求は、他者を喜ばせることと他者から関心を持ってもらうことであり、感情（気持ち）で外界とコンタクトする。
　人と接するときのエネルギーが高く、情緒的で楽しくそばにいて面白く、社交的でもてなし上手。他者が心地よく感じることと他者から気にかけられるのを好み、関心を持ってもらうことと愛情を注がれることを同じと考える。子どもっぽさを多く残しており、感情が高まりやすい。感情を通して事実と判断し、感じたことが事実になってしまう。うぬぼれが強く実際以上に他者から好かれ

表4-3　各適応タイプの性格特徴

想像型	豊かな想像力/支持的/無口で物静か/思索する/素朴/環境を重視しない/1人の世界/芸術的要素/探究を楽しむ/出来事を淡々と話す/避ける
行動型	環境への順応性が高い/欲しがる/印象付ける/交渉上手/損得勘定に長ける/人目を引く/カリスマ的/操作的/行動力/目的志向/要領がいい
信念型	細部にこだわる/注意深い/慎重/意見を曲げない/本物志向/価値観を大切にする/信頼を求める/上を目指す/大げさ/姿勢にこだわる
反応型	自発的/創造力がある/直観力が鋭い/楽しむのが好き/エネルギッシュ/遠回しに反抗する/ふざける/白か黒か
思考型	論理的思考を重視する/責任感がある/事実に基づき考える/分類する/機能的/情報収集する/気楽でない/順応する/効率を求める/効果にこだわる
感情型	思いやりを示す/感受性が高い/人間関係を重視する/調和を望む/感じやすい/感情が表に出る/気にかけられたい

ていると思う。五感の心地よさを好む。人間関係では多くの人と関わり、一人よりはグループを好む。グループでは話題の中心になっていることが多い。

（3）性格特徴
　適応タイプごとの特徴については、表4-3にまとめた。

（4）親の養育態度と適応タイプ
●各適応タイプが選択されるまで
　適応タイプは、子どもの頃に親から世話をしてもらい生き延びるために、または親の期待に応え愛情を受けるために身につけるものであるため、幼少期の親の養育態度と深い関係を持っている。
　親が子どもの要求に応えられないとき、そして子どもが親に関して自分の要求に応えることができないと判断したとき、子どもは親に対してあきらめ、"もう要求しない、自分の世話を自分でする"と決断し引きこもる。そのとき想像型の適応スタイルを選択する。子どもにとってこの場合の親は、「あてにならない」親であり、子どもの戦略は「あてにしない」である。これはしばしば親

子の情動調律が合っていない場合に見られる。子どもは能動的に欲求を示すことなく、親が自身の欲求を満たしてくれるようになるのを待つようになる。これは生まれてから18か月までの間に選択される適応戦略である。

　子どもが欲求を表す前に、親が自分の関心に基づいて先取りして子どもの欲求を満たそうとする場合、子どもは自身の欲求を満たすことに関して受け身であり自分で行動を起こそうとしない。一方で自分の欲求を満たすために、子どもは親がそうするよう能動的に操作する。これが行動型の適応スタイルであり、子どもにとって「先取りする」親であり、子どもの戦略は「操作する」である。そして彼らの親は自分の欲求を優先させる傾向があるため、親から構ってもらえないときには欲求を満たせず、見捨てられ感を体験する。これは生まれてから18か月までの間に選択される適応戦略である。

　子どもの行動が同じであるにもかかわらず、あるときには受容的、しかしあるときには批判的・拒否的であるなど、親の言動に一貫性が無かったとすれば、子どもはどのようにしていいかわからない。子どもは、親から否定的な反応をされて驚かされないために心配し用心深くなり、そして疑い深くなる。これが信念型の適応スタイルである。このような養育スタイルは子どもにとって「一貫性がない」親であり、子どもの戦略は「用心し、疑う」である。彼らは一貫性がないことに嫌悪し、変わらないことに安心を求めようとする。これは生まれてから18か月までの間に選択される適応戦略である。

　親が"ああしなさい、こうしなさい"と管理しすぎて、親の言うとおりにすることを強制していた場合、子どもは自立を達成するためには親との闘いを余儀なくされてしまう。子どもは自らの意思で行動することは、親と闘い打ち負かすことのように大変なことであると思い込み多くのエネルギーを消費する。また親の指示通りにしなくてはならないときには遠回しの反抗（受動攻撃）で反応する。これは反応型の適応スタイルであり、このような親の態度は「管理しすぎ」の養育スタイルであり、子どもの戦略は「闘う（服従か反抗か）」である。これは18か月から36か月までの間に選択される適応戦略である。

　親から何かを達成することを強調され、何かができることに価値を置く場合、子どもは親から愛され認められるために親が求めることを完璧にやることにこだわるようになる。達成できない（認められない）ときには愛される価値がな

い存在だと自身の存在価値そのものを否定し、恥や罪悪感を持ってしまう。それを避けるために、親が求めることを目先のやるべきこととして達成にこだわる。これは思考型の適応スタイルであり、このような親は「達成の強調」の養育スタイルであり、子どもの戦略は「完全にやること」である。これは3歳から6歳までの間に選択される適応戦略である。

　親を喜ばせることを強く求められた場合、子どもは親を喜ばせるために、親の望む子どもとして振る舞うようになる。しかし親を喜ばせられないときに、子どもは自身の存在価値を否定してしまう。相手を喜ばせるために過剰に反応し、親の関心を引くことで自身の存在価値を満たそうとする。これは感情型の養育スタイルであり、この場合の親の養育スタイルは「喜ばせることの強調」であり、子どもの戦略は「喜ばせる」である。思考型が親に愛されるために何かをする（Do）ことにこだわる一方で、感情型は愛されるために親が求める子どもであろう（Be）とする。これは3歳から6歳までの間に選択される適応戦略である。

● 親の養育態度についてのクライアントの語り

　これら親の養育態度と子どもが選択した戦略の関係は、クライアントが幼少期の親との関係を語るときに再現される。幼少期の親がクライアントに対してどのような態度であった（ように見えていた）か、そしてその養育態度にクライアントがどう対応したかをインタビューすればよい。そこで、クライアントがこのワークにおいて解決したい問題と、それに影響を与える適応タイプが明らかになる。ここで注意しなければならないのは、質問紙や言動の観察を通して判断したクライアントの現在の適応タイプと、ワークにおいて語られる（クライアントの幼少期の）親の養育態度（とそれにクライアントがどう対応してきたか）から推察される適応タイプが一致しない場合である。その際は、親の養育態度とそれへの対応から推察される適応タイプを優先する。少なくとも、クライアントの現在のワークではそれを優先する。それは、クライアントの適応タイプとしてどちらが正しいのかという問題ではない。適応タイプは、環境に適応するために身につけていくものである。それは環境が変化することにより、クライアントの適応タイプも変化することを意味する。したがってクライアン

トの幼少期と今の適応タイプが一致しない、また３歳時点と４歳時点が違って いたとしてもおかしくないのである。そして６節で説明するアプローチは、ク ライアントがワークで語る適応タイプを元に進めて欲しい。現在のワークの中 での語りを手掛かりに明らかになった適応タイプが、そのワークで取り扱う問 題を解決するために重要なのである。以下本書で、「○○型のクライアント」 と表現するものは、クライアントの幼少期から現在に至るまでの一貫した適応 タイプを表しているものではない。現在のワークの中でクライアントが特徴的 に示している適応タイプだと受け取ってもらいたい。

　さらに親の養育態度は、クライアントがどう見えていたかを示すものであり、 クライアント（子ども）にとっての真実であり、親にとっての真実でも客観的 事実でもない。同じ親に育てられた兄弟の適応タイプが異なるケースは珍しく ない。面白いことに、適応タイプが違う兄弟それぞれに幼少期の親の養育態度 を語ってもらうと、異なる養育態度の親像が示される。したがって、クライア ントが語る親の養育態度は、クライアントにとっての真実であり、心的事実と いう意味でしかないのである。

4　タイプごとのラケット感情と苦手な感情

（1）タイプごとの適応と不適応
　同じ適応タイプであっても、適応的な人もいれば不適応な人もいる。適応タ イプごとにどの程度適応的なパーソナリティであるかは、適応的なパーソナリ ティから不適応なパーソナリティの線上のいずれかのポイントで示すことがで きる。図４-４中の「適応タイプ」の文字を、それぞれの適応タイプの名称に 置き換えると理解しやすい。同じ想像型でも、不適応なパーソナリティの人も いれば、適応的な人もいる。行動型も信念型も同じである。不適応とはパーソ ナリティ障害を指すものではない。ヴァン・ジョインズは、パーソナリティ障 害と適応タイプは区別すべきであると述べている。パーソナリティ障害は、図 ４-４の線上で、右端の矢印のさらに右に位置すると考えてよい。図４-４の 概念を説明するのは、同じ適応タイプでも、線上の右側に位置する人と左側に 位置する人とでは、タイプごとの性格特徴や、ラケット感情の表出の強さや頻

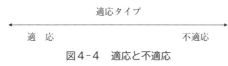

図4-4　適応と不適応

度がかなり違うためである。

　たとえば感情型は感情表現が大きいという特徴があるが、同じ感情型であっても、「適応−不適応」線上の左寄りに位置し適応的であれば、それが不適応な形で出ることはない。たとえば他者と楽しく時間を過ごすときに、ポジティブな感情が他者よりも強く表出され、その場を和ませる。線上の右寄りで不適応であれば、たとえば家族に対ししばしばヒステリックに感情をぶつけてしまう。同じ適応タイプでも、そのタイプ特徴の表れ方はかなり異なったものになる。

　また、適応タイプの左寄りの適応的なポイントに位置している人であっても、ストレス状態になると、通常自分が位置しているポイントから右側方向に移動する。ストレス状態から脱出するまで一時的なものかもしれないが、普段よりも不適応な言動が増える。それはどの適応タイプであったとしても同じである。

　感情処理を進める上で知っておいて欲しいのは、適応的であるほど感情の抑制と抑圧は少ない傾向があることである。適応タイプごとに苦手な感情があるが、左寄りで適応的になればなるほど、その感情に気づきやすく、感じやすい。したがって感情処理はやりやすく早い段階で効果も出やすい。

　そしてタイプごとに特徴的なラケット感情があるが、右に行けば行くほどラケット感情は強く、また体験する頻度も多くなるために、ラケット感情の解決がカウンセリングの主訴としてあがりやすい。

　タイプごとに苦手な感情（体験しにくいほんものの感情）があり、苦手な感情はその適応タイプのクライアントの問題解決と関係している。苦手な感情を体験できるようになることにより問題解決が進むことが多いのである。したがって感情処理では、苦手な感情が問題解決に向けた「解決感情」となることが多いのである。苦手な感情とは、抑圧または抑制している感情でもある。そのために、問題解決を進める過程で、苦手な感情に気づき、受け入れ、体験することを感情処理のテーマとして取り上げることが多い。

表4-4　タイプごとのラケット感情と苦手な感情

タイプ	ラケット感情	苦手な感情
想像型	不安、真っ白	感情全部　特に興奮、怒りを抑圧
行動型	怒り（攻撃）、混乱、孤独	悲しみ、恐れ　特に悲しみ（傷つき）を抑制
信念型	義憤、嫉妬、疑い、不安、恨み	恐れ、怒り　特に恐れを抑圧
反応型	不満、嫌悪、怒り（反抗）、恨み、混乱	嫌、怒り、悲しみ　特に嫌を抑制、怒り、悲しみを抑圧
思考型	不安、怒り（批判）、抑うつ、罪悪感	悲しみ、恐れ　特に悲しみを抑圧
感情型	不安、悲しみ（ヒステリック）、混乱	怒り

（注）　反応型のラケット感情の怒りは反抗的反発的な怒り。
　　　　苦手な感情の怒りはほんものの感情としての怒り。

　また適応タイプごとに特徴的なラケット感情は、そのタイプのクライアントがしばしば解決したい不快感情として表明する感情である。これらの感情は、抑圧または抑制の解決が進み、日常で苦手な感情を体験できるようになるにつれ、次第に減っていくものである。そのために感情処理では、ラケット感情を処理することよりも、苦手な感情が体験できるようになることに焦点を当てつつ進めるほうが効果的である。したがってタイプごとにクライアントがどのようにラケット感情を使うのかを知るのは、支援の手助けになる。ラケット感情は、適応的な状態のときにはあまり多くみられない。しかしながらストレス状態に陥り、不適応な状態になったときには強く表れる。タイプごとによく使う「ラケット感情」と、体験できるように支援することが望ましい「苦手な感情」を表4-4にまとめた。

（2）タイプごとのラケット感情

●想像型

　想像型は、自身の欲求を大事にできているとき、また現実に他者とコンタクトが取れている場合は適応的である。しかしながら他者の意図がわからない、

自分の意図が伝わらないとき、自分の世界に引きこもりがちになりラケット感情を使う。

　想像型の「不安」は対象が明確ではない。不安は、"何が不安なのかわからないけど、振り返ると不安だったんだと思う"と回想のように、また自身の感情と距離を取ったように語られることが多い。不安に限らず、想像型のクライアントは、自身の感情に対して第三者のように他人事のように語る。これは、"感情と距離を取りたい"という思いの表れである。離婚した夫のことを"好きじゃなかったんだと思います"と語ったクライアントに、"話を聞いていると感情と距離を取っているように聞こえます。「と思う」ではなく好きじゃなかったんですよね？"のように、感情と距離を取っていることに対決し（直面化させ）、感情を体験するよう促す。想像型のクライアントの感情に距離を取る言い方に対し、ただ受容・共感的に接しているだけでは、感情は深まっていかない。「真っ白」は、クライアントが無言でいるときに体験していることが多い。後で無言のときの経験を尋ねると、"頭が真っ白だった"と答える。またまれに想像型は、我慢を続けた挙句に解離し、強い怒りを表す場合もある。

●行動型

　行動型は、仲間たちと対等な関係を持ち、目的的な行動がうまく機能していて、それを心地よく思えている場合は適応的である。そのときには優位に立つための操作はしない。操作することがなくとも、気分良く過ごせているからである。それがうまくできないときにはラケット感情を感じる。

　行動型の「怒り」は攻撃である。相手を責めて攻撃し、そして"そもそも私は関係ないから""好きにすればいいんじゃないの"などの切り捨てるような言動をみせる。切り捨てたら切り捨てたで「孤独」を味わうことになる。孤独を味わいたくない場合は、切り捨てるような言動を見せながらも、相手を切り捨てずに相手を責めることを繰り返す。

　行動型の「混乱」は、どう振る舞えば優位に立つことができるかがわからなくなったとき、その方法を見つけ出すための直感が働いていないときに起きる。彼らはそれを他者から悟られないように振る舞う。そして落ち着きを取り戻し、どうすれば優位に立てるかを考えるまでにそう多くの時間を要すことはない。

●信念型

　信念型は、他者の考えを受け入れて柔軟に物事に向き合えるとき、自身の考え・理念・姿勢・生き方が信頼を得ている場合は適応的である。しかしながら猜疑的で安心できないときにはラケット感情を使う。

　信念型の義憤は不安の替わりに使うものであり、怒りである。"それはおかしい""間違っている"と批判し自分の考えを正当化する。社会の不合理を正し世の中を変えるエネルギーにもなるが、適応的ではない場合には自身の尊厳を守るための他者への批判や攻撃にしか見えないこともある。

　また自分の価値観に合致しない事柄や他者の言動に対しては、安全を脅かされ不安を覚える。そしてその真偽や意図を疑う。それが自分の価値観で了解できるまで疑い続ける。そして嫉妬は"自分が妬まれる"と他者から自分に向けられている投射として現われる。さらに自分がやったことの動機の不純さを疑われたときに恨みを抱きそれを忘れない。

●反応型

　反応型は、誰とも葛藤していないとき（闘っていないとき）、自由にやりたいことをやっているときには適応的であり楽しくエネルギッシュである。しかしながら自由が阻害され、他者から"させられている"と受け取るときにラケット感情が大きくなる。

　何事につけても不満を感じ、他者が言ったことが不満、言わなかったことが不満と、面白くないことには基本的に不満を感じる。面白くないとはもちろん主観である。自分の意思でやり始めたことであってもいつの間にかやらされているように受け取り不満になる。その不満を怒りとして表しているとき、周囲がそれを収めようとしてもそこに理屈は通じない。そしてその不満は反抗や受動攻撃として現れる。また彼らは他者からの批判や攻撃を受け取ったときに、怒りが沸点に達し恨みを抱く。恨みを抱いたときももちろん理屈は通じない。

　彼らは、右に行くか左に行くか、どちらにするかで常に葛藤している。それは幼少期の親と闘っている状態を再現しており、頑張って考えているつもりでも答えが出ない。その葛藤が大きくなったとき、彼らは混乱する。

●思考型

　思考型は、社会的な評価に関係なく自身の存在価値を感じることができているとき、また目の前のことが時間通りに効果的効率的にこなせているときに適応的である。やるべきこと（タスク）が達成できないとき、タスクがスケジューリングした時間通り（構造化された時間通り）に進まないとき（彼らは意識することなくほとんどのタスクを構造化している）にラケット感情を感じる。

　構造化された時間通りに物事が進まないとき焦りと不安を感じる。時間通りに進まないことは完全でないことであり、存在価値がないことを意味してしまう。うまくいかなかったらどうしようと良くないことを空想しては不安を覚える。時間を乱す対象に対しイライラし批判的になる。またその批判は自分にも向かい自責的になり、それが続くと、抑うつ気分を味わう。抑うつ気分を味わいくよくよしたり、他者に怒りを向けたり自責と他責を交互に行う場合もある。

　思考型は、タスクが達成できなかったときに罪悪感を持つ。それが自身の責任ではなかったとしても罪悪感を持ってしまう。それが抑うつ気分や他者への批判となる。

●感情型

　感情型は、気持ちに流されることなく自分で考え行動しているとき、また他者から関心を持たれ喜ばれているときに適応的である。それらがうまくいかないときにラケット感情を感じる。

　他者が喜んでくれていないのではないかと他者の顔色を気にしているため、他者の些細な言動に過敏である。特に他者の不機嫌な態度（本人にそう見えているだけという場合もある）に喜ばれていないと思い、他者から関心を示されていないときに愛されていないと思い、混乱し悲しみを感じる。悲しいときは、"何でわかってくれない？"とヒステリックになる場合もある。その姿は他者からは強い怒りに見える。しかしながら本人に怒っている認識はなく、ただ悲しみを訴えているのである。

　また感情型は、自分で考え、行動するときに不安を覚えている。自分で考えることに自信が持てていないためである。そのために他者に代わりに考えてもらう、やってもらうという依存的なポジションを取る。そうしている間も、自

身の能力について不安を覚えているのである。

5　自我状態の機能モデル

　適応タイプごとに効果的な感情処理を実施するために、交流分析の「自我状態の機能モデル（functional model）」を説明する。カウンセラーがどの自我状態を使用し接することが効果的かを説明するためのものである。機能モデルはクライアントから観察可能な言動である。「自我状態（Ego-state）」は「親の自我状態（Parent）（通常Pと表記）」「成人の自我状態（Adult）（通常Aと表記）」「子どもの自我状態（Child）（通常Cと表記）」の3つに分けて考える。Cは、子ども時代に刺激に対して反応したパターンの集まりであり、過去の思考・感情・行動パターンを再演しているものである。Pは、親あるいは親的な役割をする人たちや先生などから取り入れたもの、すなわちそれらの人たちの言動を模倣したものや影響を受けたものである。Aは現実・事実への直接の反応であり、今ここで考え行動しており、事実志向で客観的である（図4－5）。

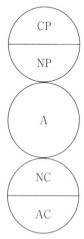

図4-5　ワーグナーの自我状態機能図
（出所）　Wagner 諸永・稲垣訳（1987）

（1）自然な子ども（Natural Child：NC）と適応した子ども（Adapted Child ：AC）

エイブ・ワーグナー（Wagner, A.）が提唱した機能モデルでは、子どもの自我状態を「自然な子ども（Natural Child：以下NC）」と「適応した子ども（Adapted Child：以下AC）」に分ける。

NCは本来の欲求・ニーズに従っているときの自我状態であり自然な感情を表現しているときもこの自我状態である。悲しみ、恐れ、怒り、喜びなどの感情を表しているとき、欲求を表現しているとき、冗談を交えたりおどけたりなど楽しく接しているときなどはNCの自我状態を使っている。この自我状態はカウンセリングにおいて効果的である。

ACは環境に適応しようとしている自我状態であり、自身の自然な欲求や感情を抑制している。また、自然な感情や欲求を抑えてラケット感情を使う。クライアントに気を遣い迎合しているとき、話を合わせているときはこの自我状態を使っている。ただし、この自我状態による関わりがカウンセラーの自己と一致したものでないときには効果的ではない。一方、クライアントに何かの気づきを持ってもらうために意図的に使う場合であれば、それはAでコントロールしたACであり効果的である。

（2）批判的な親（Critical Parent：CP）と養育的な親（Nurturing Parent ：NP）

Pの自我状態は、「批判的な親（Critical Parent：以下CP）」と「養育的な親（Nurturing Parent：以下NP）」に分けられる。その人が、「…しなければならない」「…すべきだ」など批判的・義務的に表現しているときはCPである。感情処理では効果的ではないためにこの自我状態からの関わりは行わない。唯一の例外としてクライアントを危険から助けるために使うことがあるものの、その場合にはAでコントロールしたCPであり効果的である。

NPは共感的で支持的、受容的、優しさや思いやりを表しているときの自我状態である。クライアントが感情を体験しているときにこの自我状態で受容的に接することは好ましい。クライアントが感情への気づきが深まりつつあるとき、感情を体験しているときなどは、この自我状態で関わることにより、クラ

イアントの感情への気づきや受け入れ、体験が促進される。

（3）成人の自我状態（Adult：A）

Aは、大人として考え行動しているときの自我状態であり、問題解決に適しており、「今、ここ（here-and-now）」での状況に対応している。刺激を知覚し状況を判断し、適切な思考・感情・行動を選択し使う。通常、カウンセラーはAの自我状態で接する。またはAでコントロールして他の自我状態で接することもある。この自我状態で接することにより、クライアントの言動を聴き冷静に分析し、"いま、このクライアントにどのような態度で接し、どのような言葉を掛ければいいのか"を判断したうえで、クライアントが受け入れやすいようにそれを行うことができる。

6　適応タイプごとの感情処理のアプローチ

クライアントは一つかそれ以上の適応タイプの特徴を示しており、その適応タイプのストレスへの対処方法は生き延びるためまたは親の愛情を得るための方略にルーツを持つ。そのためクライアントの適応タイプは人生における重要な局面での決断や選択に、またそのときに直面する問題に大きな影響を与えている。したがって、適応タイプは人生脚本（第3章14節参照）にも大きく関係しており、適応タイプごとに特徴的な人生脚本上の問題を見出すことができる。適応タイプごとの人生脚本上の問題は、クライアントが現在抱える問題の根本原因になっていることがあり、適応タイプごとの人生脚本上の問題を解決することが現在の問題の本質的な問題解決に関係することも少なくない。すなわち、適応タイプごとの人生脚本上の問題は、彼らの現在の問題を解決する過程で、クリアすることが求められるテーマとして浮かび上がることが多いのである。

また、クライアントが感情に気づき、受け入れ、体験することに向けた適切な支援の方法は、適応タイプによって異なる。クライアントの適応タイプに適した方法でない支援のアプローチを行うと、自らが抑圧・抑制している感情への防衛をさらに強めることになってしまい、感情を受け入れることへの態度が頑なになる恐れがある。逆に適した支援を実施することにより、感情処理に対

して防衛的な態度を取ることなく、クライアントは抑圧または抑制している感情に気づき、それを受け入れ、体験することが容易になるのである。

　以下、適応タイプごとの人生脚本上の問題と、それを解決するための感情処理を円滑に支援するためにどのようにアプローチすることが効果的であるのかを説明する。

（1）想像型への感情処理のアプローチ
●解決する問題

　想像型のクライアントの課題は、自分の感情や欲求に気づき、それらを大事にすること、他者にそれを伝えることを通して自分自身を大切にできるようになること、そして他者と現実の交流を増やすことである。

　想像型の問題は口唇期（〜18か月）における基本的信頼感が未達の場合にどのように生き延びるかという方略の一つのタイプに関係している。彼らは自身の欲求が何なのかわからなくしている。自分が何をしたいのか、またどうしたいのかわからない。また欲求をわかっていても、自分のよりも他者の欲求を優先してしまう。自分の望みやしたいことは後回しである。また感情がわからないのでつらい状態でもつらさを認識せずに、我慢と認識せず我慢してしまう。

　また想像型のクライアントは、他者との交流に問題を抱えている。相手の話を聞いているつもりで聞いていない。自身の頭の中で交流しているだけで現実の相手とは交流していない。そのために、相手との話を覚えていない、特に自分にとって不都合なことは覚えておらず、再び聞いた話が初めて聞いた話になる。語るときには、相手の話に答えておらず、自分の話を続けている。話しているようでも交流ができていないので、相手からは関係が深まらないように受け取られている。そのために自分の認識している相手との親密さと、相手が思う親密さに距離ができている。したがって対人関係面においては、空想の世界に引きこもるのをやめて、現実に他者との交流を行い、他者に欲求を表し、言語と態度で親密さを深めることが重要である。

　親が自分の欲求を満たしてくれなかったために、求めることをあきらめざるを得なかったのが彼らの決断である。その親の態度から、彼らは自分の感情や欲求と距離をとることを期待されたと思い、感情を感じないようにし、自身の

欲求をわからないようにしてきた。それが現在の問題に関係している。彼らは明らかにつらい状況に置かれていても、つらい感情に気づかず、その状況を改善するアクションを起こさない。コップの水がいっぱいになりあふれてしまうまで、コップに水がたまってきていることに気づかない。コップの水があふれてしまっても、何をためていたのかわからない。

　ある想像型の女性クライアントは、夫から明らかに心理的な虐待を受けていた。夫は浮気がばれる、借金の問題が明らかになるなど自分に不都合なことがあると、子どもへの対応の甘さや家事の不完全さなどクライアントの問題をあげつらい批判し、夫自身のことではなくクライアントのことに問題をすり替えてしまう。クライアントはそのたびに、自分の育児や家事のやり方に問題があると思い込むというように、夫に都合よく言いくるめられていた。クライアントは、夫への不満は持っているものの自身の不快な感情には気づいておらず、しばしば問題をすり替えられているとも認識しておらず、ただ自分の不完全さと自律神経失調症の症状に苦しんでいた。クライアントの友人たちの中には、クライアントの夫の言動が不誠実であり、クライアントが都合よく利用されていることを指摘する人もいたが、クライアントにはその言葉が聞こえていなかった。

　彼らは、感情全般について抑圧していることが多く、自身の不快感情に気づかない。自身が置かれた状況に関して不満は持っても、何を感じているかはわからない。感情の中でも特に「怒り」や「嫌悪」を感じない。怒りを感じ始めることが、自身の不快感情に気づくための入り口になる。したがって感情処理においては、怒りを感じることができるよう支援していく。彼らがカウンセリングにおいて、自身が体験した出来事に怒りを感じ、それを感情処理することができるようになると、次は怒りを日常で体験できるよう支援する。感情処理を始めると、出来事からかなり時間が経過したのちに、"あのとき怒りを感じていたかも" "もしかしたら嫌だったのかも" という程度に弱々しい怒りを感じることができるようになり、感情処理を続けているうちに徐々に出来事を体験してから怒りを感じるまでの時間が短くなり、その感情も強くなる。そのうちに出来事を体験しているその瞬間に怒りを感じることができるようになる。前述の想像型の女性クライアントも、感情処理を進めていくうちに次第に夫か

ら問題をすり替えられて責められているときに怒りを覚えるようになってきた。怒りを感じるようになるとそれを適応的に表現することを学ぶことが、良好な人間関係構築に役立つ。彼らは怒りをため込む傾向があるので、普段は怒りや嫌悪を減多に表現しないが、怒りや嫌悪を出してしまうときにはかなり攻撃的になってしまうため、相手からその怒りや嫌悪を理解されない。そこで、アサーションで自分の気持ちを表現する方法を学ぶことを勧めることが多い（第2章11節参照）。

また、彼らは怒りが苦手な感情であるが、それ以外の不快感情全般も苦手であり気づきにくい。「傷つき（悲しみ）」「恐れ」「不安」なども気づかないことが多い。自分が、傷ついていることや恐がっていることに気づかず、"何とも思っていない"と思い込んでいるために、つらい出来事に無反応のままやり過ごしてしまう。そのたびに感情はたまっていっている。怒りや嫌悪を感じるようになってくると、クライアントの悲しみや恐れや不安などの感情にも目を向け、感情処理を実施することでそれらにも気づけるよう支援する。

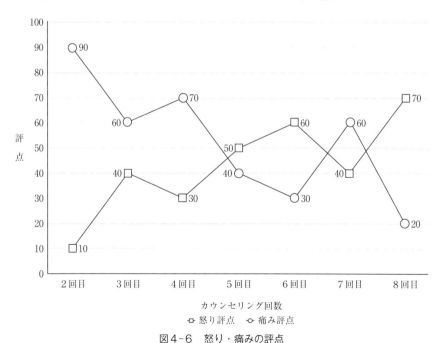

図4-6　怒り・痛みの評点

想像型のクライアントが抑圧している感情は身体症状として表れることが多い。それは自律神経失調症の症状であったり、心身症であったりする。これらの症状が、カウンセリングの主訴となる場合も少なくない。前述の想像型の女性クライアントも、身体のあちこちに疼痛を抱え、同時に胃潰瘍も患っていた。想像型のクライアントは感情処理が進むにつれ、身体症状が軽症化していくことが多い。このクライアントも、怒りの感情処理が進むにつれ疼痛が軽くなり、胃潰瘍も改善した。カウンセリングを実施していると、そのときの調子で怒りを感じやすい日もあればそうでもない日もある。それでも怒りを感じる練習を繰り返すうちに、徐々に感情を体験することが上手になっていく。図4－6は、このクライアントに前回のカウンセリング以降、怒りの感情をどれくらい体験できたと思うかを100から0で評価してもらった評点と、痛みの強さを100から0で評価してもらった評点の推移である。怒りを体験するほど痛みが減っているのがはっきりわかる。

● 感情処理へのアプローチ方法
　想像型のクライアントの感情処理を支援するとき、クライアントに“今何を感じますか？”と直接感情を尋ねないほうがいい。想像型のクライアントに対して、感情や欲求に直接アプローチすると防衛が働く。もしそれを尋ねたならばクライアントは頭の中が真っ白になり固まり、その交流に苦手意識を持つだろう。気持ちが高ぶっているときであったとしても、ダイレクトに感情を尋ねると多くの想像型のクライアントは、“感情が引っ込んでしまう”体験をする。想像型は、身体の感覚を感じることに長けている。感情を尋ねたい場合は、“いま身体にどのような感覚を感じているか？”と尋ねると良い。クライアントは身体の感覚を“胸のあたりが重い”“のどが詰まった感じ”“お腹が冷たい感じ”などと表現する。そののちに下記の二つの方法でアプローチする。

　一つは、クライアントが感じた身体の感覚の擬人化である。“胸のあたりの重い部分に手を当ててください。それがもし話せるとしたら何と言うと思いますか？”と尋ねる。たとえばクライアントが、“ずっと苦しい”と答えたならば、それは感情を表している。擬人化した感覚に共感しつつ寄り添うことで感情を感じているのと同じ効果を得ることができる。

　もう一つは、クライアントが感じた身体の感覚を呼吸で身体の外に出す方法である。"胸の重い部分を、息で身体の外に吐き出すイメージで、呼吸してください"と指示し、しばらく呼吸してもらったのち、"いま重い感覚はどうなりましたか？"と質問する。クライアントは、重い感覚が減ったこと、少し気分がスッキリしたことなどを報告するだろう。これは感情を処理しているのと同じ効果がある。

　これら二つの方法は、身体の感覚に焦点を当てているものの、感情処理の効果がある。クライアントは少しずつ感情が楽になっていっていることを体験するであろう。

　想像型のクライアントが自身の感情に触れるまでの道のりは少々時間がかかるものである。身体の感覚を感じてもらうことを通して、次第に自身の感情に触れ始める。感情に触れ始めると、クライアントは自分から"悲しい""腹が立つ"などの感情を言葉で表現するようになる。感情を言葉で表現するようになったならば、その感情の言葉はワークで使えるようになる。カウンセラーは、クライアントがその言葉を自ら表現するまで、感情言葉はあまり使わずカウンセリングを深めていく。

●感情処理を進める上でのワンポイント
・自我状態はAで接するほうが感情を体験しやすい。クライアントに対する自我状態は一貫してA。ただしクライアントが感情を体験し始めるとNPも効果的である。不用意なNPやNCは、クライアントを硬直化させてしまう。また、クライアントは言葉が少な目でジェスチャーも小さく少ない。カウンセラーは、クライアントの声の大きさや話すスピード、ジェスチャーの大きさなどに調律しながら言葉を交わす。
・カウンセラーの表情は真顔で接するほうが感情を体験しやすい。クライアントは、笑顔で接してくると、迎合しようとし、ACの自我状態になってしまう。
・関わるときにはジェスチャーを交えないほうが感情を体験しやすい。
・欲求を直接的に尋ねるのを避ける。欲求は彼らの防衛が最も働いているところである。"あなたはどうしたい？""何を解決したい？"という質問も欲求をダイレクトに尋ねていることになる。その質問に、自身の欲求に未だ気づ

いていないクライアントは真っ白に、欲求に気づいているクライアントは混乱する。彼らの葛藤は欲求と存在の間で行われているため"私は欲求しすぎない限り存在していい"と思っている。

・契約を具体的に提案する。カウンセリングで扱うテーマ、契約をどうしたらいいか決めきれない状態にあることが多い。そのときクライアントが自分で決めるのを待つのではなく、クライアントが自身の問題を話したら「これをテーマに改善していくのはどう？」と具体的に提案する。クライアントが決めるまで待つという姿勢は、想像型には共感的な関わりにならない。

・想像していることを尋ねると感情を体験しやすい。身体の感覚の擬人化のほかに、彼らの感情を探る方法として、想像していることを尋ねると良い。彼らは想像力に長けているため、彼らが想像していることを話してもらうことで、彼らが感情を感じる手掛かりになる。

・二者択一で質問すると感情を体験しやすい。"何を感じる？"より、"不安と悲しみだったらどっちが近い感じ？"と尋ねたほうが感情に気づきやすい。彼らは具体的に選択肢を提示されたほうが自身の考えや感情に気づきやすくなる。

・感情を体験できるまで十分に時間を取る。彼らが感情を体験し始めるまで、それを処理する過程は、他の適応タイプより時間がかかる。急かすと混乱し感情は引っ込む。ゆっくりと時間をかけつつ支援する。

・こちらから声を掛ける。感情を体験している状態のまま無言で一定時間が経過すると、別の空想へと逸れていく。言葉を掛けずに待ち続けると、いつの間にか感情から離れ別のことを考えてしまっている。感情に焦点を当て続けるためにはタイミングよく"感情は減った？""いま何を考えている？"などと声を掛ける。こちらから声を掛けるタイミングは、クライアントの目線が動いたときである。目線が動いたときに別のことを考え始めていることが多い。クライアントの目線の動きを注意して観察する。

・たくさん質問して話を具体的にする。彼らは現実とコンタクトせずに引きこもっているため、話を伝えたつもり、気持ちをわかってくれているはずという思い込みが多い。伝えた情報が理解を得るには十分でないにもかかわらず、わかってくれないという不満が大きくなりストレス状態になる。彼らの感情

を理解するためにも５Ｗ１Ｈで質問し情報を引き出し、状況を明らかにする。
・感情を体験し始めて興奮しだすと、それを抑制するような言動を表すので、
　抑制させないように関わる。

（２）行動型への感情処理のアプローチ
●解決する問題
　行動型のクライアントの課題は、自身の傷つき（深い悲しみ）を認めること、本当に愛情を与えてくれる人の存在を認めることを通して他者と対等な愛情関係を築くこと、そして長期的に物事を考えることである。

　行動型の問題は口唇期（〜18か月）における基本的信頼感が未達の場合にどのように生き延びるかという方略に関係している。彼らは意識することなく相手より優位な立場に立とうとする。そして本人は気づいていないこともあるが、常に周りを操作している。操作に乗って思うとおりに動いてくれる人をいい人、そうではない人は相手に問題があるとして切り捨てている。相手を上と認め自分が下の立場だとはっきりするなら、それはそれで関係が築ける。しかしながら、上か下かの駆け引きをしてしまうため、関係は常に上か下かであり対等ではない。また彼らは落ち着いた日常を退屈と感じ、刺激や興奮を求める。

　行動型の人は優位な立場に居ようとするために周囲の人に本音を言えず、他者と対等な本音の交流ができない。そのために彼らをサポートしてくれる人が周囲にいたとしても、またリーダーとしてグループを率いていたとしても、ほんとうの自分をわかってくれる人がいない孤独感を感じている。

　課題の解決に向けては、人と本音で交流し、安心して他者と親密になることである。そのためにも、他者より優位に立ち、他者を操作するのをやめ、上下ではなく横の対等の関係を築いていけるようになることが重要である。

　行動型のクライアントは、養育者から欲求を満たされたときと、見捨てられるような感覚を味わわされたときとを交互に繰り返した経験を持つ。見捨てられた状況は欲求を満たせなかった状況であり、それは無力で寂しい状況であり受け入れがたい。そのため、自らが求めるものを他者から得られる状況を維持したいと願い、そうしてもらうように操作的にふるまう。優位な立場に立てば他者が自分の思い通りに動くように操作できる。操作的にふるまうのをやめる

ためには、他者より優位に立とうとするのをやめて、自分の真の弱みもオープンにでき、格好悪い姿を開示できる対等の愛情関係を築くことが必要である。しかしながら、対等の愛情関係は見捨てられる結果に終わり傷ついてしまう恐れがある。対等な関係を築かなかったのは傷つかないためであり、愛を失う結果を恐れ、愛情を最初から信じないようにして防御してきた。欲しいものを何でも手に入れようとするのも愛されることの代替となっている。傷つく恐さを受け入れ、そして乗り越えて他者との関係づくりに臨む必要があり、それを避けて問題解決はできない。

　集団への所属感も少なく、グループでいるもしくはグループを率いているように見えても、自分とみんなという構図であり、彼らは集団の一員という感覚を持っていない。さらに直感で優位に立つための行動をするために決断も行動も早いものの、その時々の決断は場当たり的であり、長期的な視点で真に問題解決的に考えることができない。したがって人間関係も仕事も短期的にはうまくいき成功を収めることが多いが、長期的にそれを維持できない場合も多い。

　過去の傷つき（深い悲しみ）を受け入れること、そしてこれから信頼を裏切られる傷つき、そして愛情関係で傷つくことを受け入れて生きることを決め、優位に立とうとすることをやめ、対等で信頼できる関係を築いていくこと、そして目先の損得ではなく長期的な視点で考えて行動することが大切である。

●感情処理へのアプローチ方法

　感情処理を進めるうえでの彼らの問題は、傷つき（深い悲しみ）と向き合おうとしないことである。悲しみと向き合うことは、自分が見捨てられるような弱い存在であることを認めることになってしまうため、それを受け入れない。心の奥では大切な他者が離れていくことを恐れているにもかかわらず、他者が離れていくことは悲しみではなくむしろ、"最初からそうすると思っていた"想定内のことであり、"もともと信頼などしていなかった"と自分からその人を切り捨て、傷つきから防御し深い悲しみを見ないようにすることで、自分の心の平穏を守っている。

　ある行動型の男性クライアントは、仕事で業績を上げ続けてきたものの、信頼する部下が自分から離れていくことがしばしば起き、またパートナーとの親

密な関係が維持できないことにも問題を抱えていた。クライアントはこれらの
出来事に関して、部下やパートナーの問題をあげつらい、いかにひどい人たち
かを説明し、怒りを感じていると訴えた。カウンセラーはまず、怒りの感情処
理を丁寧に実施し、体験している怒りが100から50に減ったその後、"怒り以外
の感情、たとえば部下が離れていってしまう悲しみは感じないか？"と尋ねた。
カウンセリングにおいて行動型のクライアントの問題解決を進める場合、処理
しなければならない大切な感情は深い悲しみである。人が離れていくことで自
分が傷ついたことを認め、悲しみを受け入れることである。迫害者の立場から
であれ犠牲者の立場からであれ、離れていくことを相手の問題にして批判し、
怒りを体験している間は、対人関係における彼らの問題を再演しているだけで、
カウンセリングは深まっていない。したがって、その奥にある深い悲しみに向
き合い体験し、処理していく必要がある。その際、遠回しにそれを気づかせる
ような支援のやり方に対しては、クライアントはそれにイライラを覚え、カウ
ンセラーの良くない点をあげつらい批判することにエネルギーを使ってしまい
（すなわちカウンセラーを下に見るようになる）、カウンセリングの効果を失わせ
てしまう。したがって遠回しに気づいてもらうような支援は避けたほうが良い。
"悲しみを感じているように見えるけど、どうでしょう？"と明確に直面化さ
せるほうが、クライアントは悲しみに向き合いやすい。

　行動型の感情処理の支援をするためには、技法以上にクライアントとの関係
性が大切である。感情に直面化させる支援が有効になるためには、信頼関係が
十分に築かれていなければならない。そして、行動型のクライアントとの信頼
関係は受容と共感だけでは作れない。受容と共感だけで接するカウンセラーに
対して、クライアントは多くの場合優位に立つ心理ゲーム（第1章8節参照）
にエネルギーを使ってしまい自身の感情を受け入れることに目が向かないので
ある（行動型でも傷つきやつらさを十分に受け入れているクライアントの場合は受
容と共感で信頼関係が築ける）。行動型のクライアントは、相手より上か下か
という関係しか築けない。感情処理で問題解決に向かうためには、クライアント
がカウンセラーに対して、"操作できない賢い相手である"と理解することが
必要であり、信頼関係の構築にはその理解が不可欠である。そのためには、ク
ライアントからの操作に乗っからずに、困惑せずに切り返すやり取りが必要と

なる。クライアントが操作を仕掛けてくるのは、優位に立つためである。これを受容的に受け入れようとする、操作的な言動に困った態度を見せるといったカウンセラーは、行動型にとって賢くない人で自分より下の立場であり、とても信頼して心を開けない相手である。前出の行動型のクライアントも、インテークで"いままで自分のような問題を抱えたクライアントについて、どれくらいの経験があるか？""カウンセリングをどこで勉強したのか？"などを尋ねてきた。これらは優位に立とうとするゲームであり操作である。これらの質問に困惑した態度を見せてしまうと、クライアントは本当には心を開かない。自己開示しているように見せてカウンセリングを続けたとしても、真の信頼関係は築けておらず感情処理の効果もない。クライアントの質問に対して、"私のことが気になるようですが、その答えはカウンセリングの品質と関係がありますか？""私の出身大学が気になるようですね"などとクライアントの言葉の先読みをした内容を堂々と答えることが信頼関係を構築するうえで望ましい。そして信頼関係が一旦構築されれば素直になり、感情に向き合うよう支援できる。

　悲しみを受け入れ始めるとクライアントは変わり始める。悲しみは、幼少期から彼らが否認してきたものである。悲しみの感情処理を進めるとき、彼らの悲しみは、自身が幼少期に体験した、愛情を失い見捨てられたように感じたときの悲しみそのものである。したがって悲しみを処理するときには、幼少期の見捨てられたように感じた場面に身を置き、その場面での深い悲しみを処理していく。その悲しみを処理するときには、見捨てられるまたは人が離れていくような恐れも感じる。そこで恐れも深い悲しみと共に処理していく。

　前述の男性クライアントは、幼少期に母親から見捨てられるような恐れを感じており、そして見捨てられる悲しさを感じていたが、今まではそれを否認していた。それに向き合い、何度か感情処理を実施した。その結果、クライアントは部下やパートナーとの関係において、恐れや悲しみを感じることが増えてきた。自分は、部下が離れていくことが恐く悲しいのであると受け入れ始めたとき、部下やパートナーとの関係に変化が見え始めた。クライアントは彼らに怒りを抑えてあからさまに不機嫌な態度を見せつけて相手が好ましい態度を取るよう操作的にふるまうことをやめ、また相手が好ましい態度を示さないときに"もう知らない。勝手にすればいい"と切り捨てるような気持ちを味わうこと

も減っていった。それに伴いクライアントは、他者と親密さを求めた関わりをするようになった。そして対人関係で肩を張ることがなく振る舞うようになり、安心感を持つようになった。また相手より優位に立つために自分の重要さを相手にわからせようとする必要が無くなり、等身大の自分として振る舞える感覚を持てるようになっていた。以前までの対人関係のパターンであった操作的で相手を切り捨てるような態度・振る舞いは、クライアントが自身の恐れと悲しみを味わわないようにしていたものであったからである。恐れと悲しみを受け入れたクライアントにとって、今までの行動パターンは必要がないものになっていたのである。

●感情処理を進める上でのワンポイント

・自我状態はA、NP、NCが効果的であり、感情を体験しやすい。A、NP、NCを、状況に合わせて選択するのが良い。特にクライアントが上の立場に立とうとする言動に対して、NCで面白く茶化し軽くかわすやり取りなどは効果的である。

・カウンセラーの表情は真顔、笑顔のどちらでも感情を体験できる。

・関わるときにはジェスチャーを交えても交えなくとも良い。行動型はジェスチャーが多い人も少ない人もいる。クライアントに合わせた程度のジェスチャーが好ましい。

・欲求を直接述べるよう支援する。彼らは、"…してもらえないんですか？""…してはだめなんですか？""…したほうがいいのでしょうか？""〜しなくてもいいのですか？"など欲求を遠回しに言うことが多い。これらは操作であり自身の感情とも距離を置くことになる。"…して欲しい""…したい"と欲求を直接表現することで自身の感情も感じやすくなる。そのために、"〜して欲しいのですね？""〜したほうがいいと言って欲しいのですね？"などと対決するほうが良い。

・"私"を主語にした表現を使う。彼らは自身の傷つきと距離を取りたい。"私"を主語にした表現は傷つきを感じやすくなる。"それ"を主語にした表現や、"…させられる"の受け身の表現を避けるよう対決しつつ支援する。

・嫌な感情を感じ始めたときの切り捨てを避ける。気持ちや考えが違うとき、

"もういいです" とその話題を避けようとするが、このときの感情に気づくことは、感情処理が深まるきっかけになる。

・信頼関係を作り、感情を受け入れてもらう。感情を感じることは苦手ではないので、信頼関係ができると感情処理は進みやすい。信頼関係ができる前にワークを実施するのは値踏みをされることになるため避けたほうが良い。

（3）信念型への感情処理のアプローチ

●解決する問題

　信念型のクライアントの課題は、不安や恐れを受け入れ、安心を体験し、疑い深くなりすぎず信頼すること、自分の考えにこだわり過ぎず違う考えを柔軟に受け入れられるようになることである。

　信念型の問題も想像型・行動型と同じく、口唇期（〜18か月）における基本的信頼感が未達の場合にどのように生き延びるかという方略に関係している。彼らは人間関係面において、疑い深くなりすぎることにより、用心深くなり、自分を強く律し、他者と距離を置き、他者を自分の思うようにコントロールしようとしてしまう。不安を感じないために、彼らは過剰に管理し、あらさがしをする。周囲をコントロールして思い通りにやらせようとしたにもかかわらず、他者がその通りにできなかったときまたはしてくれなかったときは、他者に能力が無いと批判し、攻撃的になってしまう。攻撃しているとき、彼らは自身の言動を攻撃とは思っておらず、正当なことを述べているだけまたは正義であると思っている。正しいことを主張しているので、攻撃でもなければ怒りでもないのである。もちろん他者から見れば、それは攻撃であり、怒り以外の何物にも見えない。

　彼らは自分の考えに固執する。仮にそれが間違っているとわかっても、そう固執するに至った自分を正当化する。表面的な理由はそれが正しいからであり、裏面的な理由はそれを変えることが安全を損ない不安だからである。自身の考えを曲げずに一徹である姿勢が、適応的か不適応かはその内容が思い込みで歪んでいるか否かによる。たとえばマザーテレサのように崇高な信念に一徹であるのは適応的であるのは言うまでもない。しかしながら "家事は女がすべき" "学歴がすべて" という思い込みを押し付けるものになるのであれば適応

的ではない。

　彼らは自分の考えが間違ったものであると受け入れることを恐れている。自分の考えが途中で変わることも受け入れがたい。それは受け入れるだけの安心感を持っていないからである。そのために変わってないことに固執しなければならなくなってしまう。他者の考えに関しても同様である。それが変わらないか疑い深く、一貫性を強く求める。これも不安が強く安心感が少ないためである。考えに固執することがしばしば信念型の生き方やコミュニケーション上の問題を引き起こす。それを柔軟にすることで楽に生きることができるようになる。そのためには自身の不安を減らし、安心感を増やすこと、そして他者が自分の味方であること、守ってくれる存在であることを理解することが必要である。

　信念型のクライアントは、一貫しない親の態度に幾度となく脅威を覚え驚かされてきたために、または心配性の親に脅され不安にさせられてきたために、不測の事態を恐れる。不測の事態とは、いつ何が起きるかわからないこと、一貫性がないこと、言っていることが変わること、前の話と違うことなどである。それが起きたときの驚きや恐さを感じたくないために、状況をまたは人をコントロールして思い通りにし、不測の事態を避けようとする。

　不測の事態に何度も晒され恐い思いをさせられてきた彼らにとって、世の中は安全ではない。世の中はいつ何時予期せぬ悪いことが起きるかわからない危険な場所なのである。そして予期せぬ悪いことが起きないように、周囲の人たちや状況を自分の思うようにコントロールしつづける限り、安全であると信じている。そして自分も厳格にコントロールして自身の信念に沿ったことをやり続けることにより、恐れや不安を感じなくてすむようにしている。

　信念型のクライアントは、不安だから自身の考えにこだわり、過度に用心深く生きている一方で、恐れを抑圧しており、ラケット感情の不安を認識していない。したがってまずは不安や恐れに気づくことが重要である。自身のこだわりや他者へのコントロールの背景に恐れや不安が隠れているとわかることである。そのうえで、それらを受け入れ、体験し、処理することが重要である。それと同時に、世の中が安全だと感じていくことが必要である。そうすることによって、次第に自分の考えに固執するのをやめ、他者や状況をコントロールす

ることをやめるようになる。その変化は、周囲との関係も変化させていくものになる。

●感情処理へのアプローチ方法
　信念型のクライアントが恐れを受け入れるようになるための支援は、恐れの感情に焦点を当てたものではなく、クライアントの考えに焦点を当てるように支援していくことが必要である。
　ある信念型の男性クライアントは、パートナーや親との関係がうまくいってなかった。心配性が過ぎて、パートナーや親に対して、“ああしろ、こうしろ”と強く言い過ぎてしまう。パートナーや親がクライアントの言ったとおりにできないときには、強く責めてしまう。家族から“そんなに責めないで欲しい”と言われても、自分は責めているのではなく正しいことを言っているだけだと自身を正当化させていた。それが繰り返されるうちに家族との関係が悪化していった。彼はカウンセリングにおいて、パートナーや親が言ったとおりにできなかった場面に身を置いたとき、“感情は何も感じない”と言った。“こっちが心配してあげているのに、なぜ言ったとおりにできないんだ”という思いを持っているのだという。彼に限らず信念型のクライアントは、感情を尋ねられるのが苦手である。“今何を感じているか？”と尋ねると、正しく答えるために“何を感じているのだろうか”と考え始める。感情を質問したにもかかわらず、思考に意識が向いてしまうのである。彼らにとって正しいことを答えるのは大事なことである。感情には正しいも正しくないもない。ただ、今体験しているものが感情である。それがその場の状況と合っていなくとも感じているものが感情である。しかし彼らは違う。感情を尋ねると、今の状況で感じるべき正しい感情を考えようとするために感情の体験から遠ざかっていくのである。したがって、信念型のクライアントに直接的に感情を尋ねることは避け、思考すなわち“今の思い”を尋ねる。この男性クライアントの場合であれば、“パートナーが言ったとおりにできないとき、あなたはどう思いますか？”と尋ねると良い。そしてクライアントが答えた思いに共感するのである。たとえば“こんなに心配してあげているのに、なぜ言ったとおりにやってくれないんだという思いなんですね”と共感的に声をかけていく。クライアントの思いに共感的に

258

接すると、クライエントは次第に思いに乗せるように感情を感じ始める。そして
てクライアントが感情を感じ始めたときにも、カウンセラーは感情の言葉を使
わないほうが良い。“こんなに心配してあげているのに、なぜ言ったとおりに
やってくれないんだという思いを息で吐いてください”と誘導する。このよう
に思いを吐き出すとき、クライアントは感情を処理している。

　信念型のクライアントは感情をコントロール不能なものでやっかいなもので
あると信じているために、感情を好まない。また、感情豊かな人を心のどこか
で“感情に流されやすい人”と軽蔑している場合もある。カウンセリングにお
いて、クライアントが使う前にカウンセラーが“悲しい”“恐い”などの言葉
を使うと、せっかく感情を感じ始めていたとしても、それらが“引っ込んでし
まう”体験をする人が多い。信念型のクライアントに対しては、クライアント
自身が感情の言葉を表現するまで、その言葉を使うのは避けたほうが、感情は
深まりやすい。前述の男性クライアントが、自分から“不安”“恐い”といっ
た表現をするようになったのは、6回目の面談であった。カウンセラーはそれ
まで、“不安”“恐い”という言葉を1回も使っていない。“私がパートナーに
あれこれ強く言ってしまうのは、良くないことが起きることが恐いんだと思う”
とクライアントが言ったのち、“恐い”という言葉がカウンセラーによって使
われるようになる。それまでは、思いに焦点を当て会話する。

　不安や恐れのルーツは心配性の親、もしくは一貫性が無い親から脅されたり
驚かされたりした体験に遡る。心配性の親が心配しているとき、彼らはいつも
恐れを感じていた。彼らが何かに好奇心を持って行動しようとするとき、心配
性の親は不安の空想をかきたてる。その結果、次第に新しいことをやる好奇心
は失われ、行動を起こす前に不安だけを感じるようになる。人は新しいことを
やるときに、もともと好奇心と不安を持っている。何かの行動をするとき、人
は好奇心と不安をバランスよく持つことが必要である。もちろん行動する際の
感情が好奇心ばかりではいけない。好奇心と不安がバランスよくあれば、不安
は失敗しないために計画を立案することに向かう感情として働き、その不安は
綿密な計画を立てることで減っていく。しかし心配性の親から与えられた不安
は、綿密な計画を立てても減ることがない。根拠のない不安なのである。

　また一貫性が無い親に対して、彼らはいつも警戒心を抱いていた。一貫性が

ない親は、いつ機嫌が良く、いつ機嫌が悪くなるかわからない。出来事が同じであっても、その時々で親にも機嫌が良いときと悪いときがある。機嫌が良いときと悪いときでは、同じ出来事に対しても言うことが変わってしまう。機嫌の良し悪しは親の気分次第ということであるが、子どもの側からすると、それに対して受け身で不安を感じ、親が機嫌悪くなることに、親の言うことが変わることに備え続けるしか方法がない。いつ親の機嫌が悪くなること（悪いこと）が起きるかわからないからである。驚きや恐れを回避するためには、用心深く備えることしかないのである。

　親との関わりを通して、子どもは世の中がどういうものか、社会がどういうものかを知る。彼らが親を通して学んだのは、世の中はいつ何か悪いことが起きるかもしれない危ない場所だということである。幼少期の不安や恐れを体験し、それを処理することは、世の中が危ない場所だという感覚を減らすことに役立ってくれる。

　不安や恐れが言葉で表現され、それを感じ、身体の力を抜いて恐れを処理できるようになるとクライアントは変化し始める。前述の男性クライアントも、パートナーや親に対して強く責めることが減ってきた。幼少期の心配性の親に対する恐れが処理され、世の中に対する安全ではない感覚が減ってきたためである。強く責めることが減ったため、パートナーや親からは、"前より穏やかになった""感情的にならなくなった""柔軟で丸くなった"といった変化が報告された。もちろん本人も変化を実感していた。不安や恐れが減ったことにより、人の言ったちょっとしたことや人の行為のちょっとしたことなどの細かいことがあまり気にならなくなっていた。

　また恐れや不安の処理が進むにつれ、クライアントの頑固な考え方が柔軟に変化していくことも多い。ある50歳代の女性クライアントは、親の介護をきっかけに姉との関係が悪くなっていた。彼女は他県に住む姉が介護に協力的でないことをあげつらい、"姉は文句を言うけど何もしようとしない""姉は口を開けば私を責める言葉ばかり"と訴えていた。カウンセラーが聞く限りにおいては、彼女の姉は文句を言っているようにも、責めているようにも思えず、むしろ姉自身遠く離れて何もできないので、せめて役に立つ情報を提供したいと思いアドバイスをしているように思えた。恐れや不安を処理していくにつれ、ク

ライアントの考え方に変化が見え始めた。文句だと思えた姉の言動が、"姉は遠く離れているから心配なんだ" "親の状況がわからないからいろいろアドバイスしたくなるんだと思う" と変わっていった。これは思い込みが減ることによる事実思考への変化と思えた。信念型のクライアントは、恐れや不安を処理していくことにより、次第に事実を見ることができるようになり、考え方が変化していくのである。

　信念型のクライアントの感情処理を進めるにあたって、彼らがとても慎重であることは知っておかなければならない。彼らはカウンセラーと信頼関係を構築することにも慎重である。そのために自分のすべてをカウンセリングの早い段階から語らない。時間をかけて自分をオープンにしていく。まるで一歩ずつ安全を確認しつつ歩を進めているようである。考えに共感していくことは、彼らと信頼関係作りを早めるうえでも役立つ。彼らは自身の考えに共感されると、自分の生き方や姿勢そのものにも共感されているように受け取り、相手に安全を感じるからである。性急に感情の深いところを探ったりせずに考えに共感し、感情の引き出しがクライアント自身の手によって開かれるのを待つ姿勢が必要である。

●感情処理を進める上でのワンポイント
・自我状態はAで接するほうが感情を体験しやすい。クライアントに対する自我状態は一貫してAが好ましい。ただしクライアントが感情を体験し始めるとNPも効果的である。早い段階でのNPはなぜそんな態度を取るのかと動機を疑われる、NCは馬鹿にされていると思われる可能性がある。
・表情は真顔のほうが感情を体験しやすい。前述の通り感情に対しては抵抗が強いため真顔が良い。
・関わるときにはジェスチャーを交えてもいいが、大きなジェスチャーは意図を探ってしまうので避けるほうが感情を体験しやすい。
・怒りは最初から感情が出やすいが、悲しみや恐れは出にくい。
・感情処理より先に信頼関係を作る。信頼関係が作られるまで時間がかかる。クライアントの信念や生き方を受容・承認する態度を示すことで徐々に信頼関係が作られる。クライアントの信念や生き方が彼らの苦しみのもとになっ

ている場合、それを承認することはその信念や生き方の強化にもなる。しかしながらそれを通して信頼関係が作られれば、その生き方や信念でつらい思いをしていることを理解してもらい一緒に見直していくことができる。

・自分がどう思っているかに焦点を当てるほうが感情を体験しやすい。彼らは投射が多い。多くの場合、他の人たちが自分に対して思っていること、考えていることは自分が思っていることである。彼らは他者が自分のことをどう思っているかに関する話が多い。他者からそう思われていることについての感情に焦点を当てるのも悪くないが、そこばかりだと問題解決は深まらない。自分がどう思っているかについて尋ねる。

（4）反応型への感情処理のアプローチ

●解決する問題

　反応型のクライアントの特徴は相手に対する批判的な感情を間接的に表現する受動攻撃的な言動である。彼らは相手に批判的な感情を持ちやすい。それは彼らが意識することなく相手と闘ってしまうからである。したがって彼らの課題は、闘うことをやめて、協力し合うことを学ぶことにある。そうすることで彼らは、対人関係が良好になるだけではなく、決断することや行動することが楽になり、行動を最後までやり遂げることが困難ではなくなる。

　反応型の問題は肛門期（2・3歳）の自律を獲得するための試みに関係している。発達段階において自律性を獲得すべき時期に、親からの抑えつけが強かったために自律性を獲得できなかった。反応型のクライアントは、自身の考え方、価値観、理念に基づいて、自身の意思で行動することが難しかった。"ああしろ、こうしろ"という親からの支配や制約で抑えつけられてきたからである。彼らの親は子どもを思い通りにしようとしすぎており、管理しすぎであった。それに対して、イイ子で従順だったかもしれないし、反抗的であったかもしれない。いずれにしても、反応型のクライアントはその親の管理下を外れ大人になっても、思い通りにされたくないという気持ちを強く持ち、他者の言動から抑えつけを敏感に感じ取り、受動攻撃的な言動で反応してしまう。

　また、彼らは自分のやりたいことを決断し行動することは大きなエネルギーが必要で大変なことであると思っている。もし彼らが、自身の考え方に基づい

て、または自身の欲求に基づいて行動しようとするならば、支配し制約を設ける親と闘う必要があった。親の支配や制約と闘わなければ、自分がやりたいことをやりたいようにやれなかったのである。その親の管理下を外れ大人になっても、やりたいことを決める、行動するということは大変なことだと思い込み、大きなエネルギーを使わないとできないと思い込んでいる。

　反応型のクライアントは、自律性を獲得するための闘いの図式を頭に描き続け、周囲の人を幼少期の思い通りにしようと管理する親と重ねてしまう。そして周囲の人と受動攻撃的な言動で闘っている。意識することなく、幼少期の親のポジションに周囲の人やタスクを置いてしまうのである。その結果、ほんとうは協力者かもしれない人を"あれこれ言ううるさい人""ああしろ、こうしろと支配的でうるさい人"に、自ら望んだものかもしれないタスクを"強制されていること"に仕立て上げてしまう。そして不満を言ったり、引き延ばしたり、ふてくされたり、黙り込んだり、ミスしたり、失敗したり、やることを忘れたり、逆のことをやったり、怠ったりなど受動攻撃的な態度を取ってしまう。これらはいわゆる反抗心のようなもので、良いほうに出るとエネルギッシュに何かをやっていくパワーの源になる。事実、反応型の人は好きなことをやっているときにとてもエネルギッシュである。しかしながら良くないほうに出ると、大切な選択で意地になって誤った行動をしてしまうこともある。

　また彼らの親との闘いは、親の望みか自身の望みか、親の言うとおりにやるか自分のしたいようにするか、勝つか負けるか、すなわちそれは引き分けがない白か黒かである。何かを決めるとき、行動するときも、頭の中で白か黒かの葛藤をしてしまうため、決めることや行動するときに葛藤し、それを乗り越えるために大きなエネルギーを要してしまう。"良いか悪いか""やるかやらないか""できるかできないか""好かれているか嫌われているか""自分は価値があるか価値が無いか"あらゆることが白黒で、他の選択肢がない。そして完璧にできないと"できない""やっていない"と思いがちでもある。これらも白黒極端である。

　ある反応型の女性クライアントは、やるべきことをやれずに悩んでいた。ガーデニングをやりたいと思い、やり始めた最初は良いのだが、やっているうちに次第に好きなことをやっているのではなく、"やらなければならない"とやら

されているような感覚になってしまう。自分が好きで始めたことだから最後まででやらなきゃいけないと思うのだが、そう思えば思うほどガーデニングが嫌になっていく。彼女にとって、いつの間にかガーデニングは、幼少期に親から強制されたピアノと同じになってしまっていたのである。

　反応型のクライアントは、自分でやりたくてやり始めたはずのことが嫌になっていく。その結果、途中で嫌になり中途半端になってしまう。いつの間にか「やらなければならないこと」になってしまうからである。これが幼少期の親との闘いの図式になってしまっているということである。もちろんそこに幼少期の親はいない。しかしながら、自分の望みではなく親の望みを強制され、それに従っているという構図を頭の中で再現してしまっているのである。彼女は今までも自分がやりたくてやり始めたはずのことを中途半端に投げ出す結果になっていた。途中から、それをやるのが嫌になってしまっていたのである。

● 感情処理へのアプローチ方法
　反応型のクライアントは、強制されたように感じることをやるのに嫌悪を覚え、日常でも嫌悪を感じることが多い。したがって感情処理では、「嫌」の感情処理からスタートする。しかしながら、彼らが「嫌」を感じているとき、「嫌」と感じつつも一方で「嫌」を我慢し抑えようともするために、身体のいたるところに力を入れて「嫌」を身体の内側に抑え込んでいる。そのために嫌な気持ちが身体の中に留まったままになっている。したがって嫌な気持ちは減っていかず、嫌な気分を抱えたまま、またはますます嫌になっていく、という状態になっている。その状態になった「嫌」がラケット感情の「嫌悪」や「不満」である。

　彼らはいつも「嫌」と感じているものの、「嫌」を吐き出しておらず処理していないため、様々なことがいつも「嫌」であり、それを我慢してやらなければならないために不満を抱えている。彼らにとって必要なのは、身体の力を抜いて「嫌」を吐き出すことである。そのためにまず筋弛緩から実施する。彼らは筋弛緩において、頑張って力を入れて頑張って脱力しようとする。頑張ってやる筋弛緩は結果的に力を抜けない。彼らには、60％ほどの力を入れ、まあまあ力を抜く筋弛緩で力を抜くように支援する。

　力を抜いて「嫌」を吐き出した後は、「怒り」を吐き出す。彼らは自然な怒りをあまり体験していない。しばしば怒りを表現しているように見えるものの、怒りはいつも抑え込みながら表しており、受動攻撃という遠回しの反抗になってしまっている。そのために怒りを感じ、処理することが大切になる。ここでも「嫌」と同様、力を入れずにただ身体の中に感じる怒りを身体の外に吐き出すだけというイメージを持って処理するよう支援する。

　そして最後は、親の望みを強制されるばかりで自主的な行動を受け入れてもらえなかった「悲しみ」を感じ処理する。これは自律性を獲得できなかった悲しみであり、自身の意思に従って自由にやることができなかった悲しみである。ここまで感情処理が進むと、彼らは大きく変化していく。

　また反応型のクライアントは、幼少期の親から自律を妨げられ強制されるのではなく、やりなさいと指示されるのではなく、やれていないことを批判されるのではなく、一緒にやってほしかった。上から押し付けられるのではなく、斜め上、もしくは横の立場で一緒にやってほしかったのである。これが協力である。反応型のクライアントは、協力することが苦手である。それは幼少期の親に、協力を求めていたものの、それがかなわなかったことが関係している。彼らが受動攻撃ではなく協力できるようになるためには、協力してもらえなかったことへの「悲しみ」の感情処理も必要である。やりたいことが自由にやれなかった悲しみと、協力してもらえなかった悲しみ、これらの処理が十分にできて初めて、彼らは他者と協力したい欲求がわきあがる。

　前述の女性クライアントは、5回のカウンセリングを通して「嫌」「怒り」「悲しみ」の順に感情処理が進み、ガーデニングが嫌ではなくなった。「嫌」の感情処理が進んだ結果、やらされている感じが無くなっていったのである。また何かをやるときに大きな頑張りを必要とせずに力を抜いてやれるようになった。そこで彼女は自分がやり始めたことを、嫌になってしまい中途半端で投げ出すのではなく、最後までやり遂げるように変化していった。それは親との闘いの構図から脱出したことを意味しているのである。

●感情処理を進める上でのワンポイント

・自我状態はNCを使い接するほうが感情を体験しやすい。クライアントに対

して時折NCの自我状態を使った交流を行う。NCは遊び心を使った交流や擬音を使った表現がよい。また、クライアントが感情を体験し始めるとNPも効果的である。Aで交流し過ぎると、クライアントはカウンセラーから押し付けられていると感じ闘い始め、“…でも”“…しかし”の遠回しの反抗を始めてしまう。またワークの最後に楽しくNCを使うと、ワークで実施した感情処理のその後の定着が良い。

・表情は笑顔で接するほうが感情を体験しやすい。真面目な話であっても笑顔を時折使うほうが感情を体験しやすい。一貫して真顔だとクライアントは闘い始める。

・関わるときにはジェスチャーを交えるほうが感情を体験しやすい。ジェスチャーは話に合っていなくても良く、大きな身振り手振りを入れたほうが交流が円滑に進む。

・“…でも”に注意。クライアントが、カウンセラーの言葉に対し“…でも”“…しかし”を使い始めると、闘いが始まっているので、NCを使い切り替える。

・二者択一で質問しない。“AとB、どっちにする？”、“悲しい？　それとも恐い？”など二者から選ぶように促さず、“どうしたらいい？”“どんな気分？”など自由に選ぶ権利を相手に与えて質問する。二者択一の質問は葛藤を引き起こし、選んだあとでも自身で取り消してしまう。

・考えではなく感情を尋ねるほうが感情を体験しやすい。考え方を質問すると暗黙の反抗を受けることがあるので、感情を感じていくように促す。“どう思う？”とは尋ねずに“どう感じる？”と質問するほうが良い。

（5）思考型への感情処理のアプローチ
●解決する問題
　思考型のクライアントの課題は、目の前のことをやりすぎることをやめること、そして何ができていようができていまいが、すなわち業績や達成に関係なく自身に価値があることを学ぶことである。それにより、いつも何かをやり続けること、何でもちゃんとやろうとする（完全にやる）ことをほどほどにして、気持ちにゆとりを持ち、楽しみ、くつろぎ、慈しみの時間を大切にする。自分

の子どもの自我状態の欲求を満たしていくのである。

　思考型の問題は肛門期の終わりからエディプス期のはじめにかけて（4・5歳）の、正しく行うことが問われる時期の適応方略に関係している。思考型のクライアントは何かをやりつづけないといけない。彼らは幼少期に、親からの愛情を得るためには親が望む何かをちゃんとやることが大事だと思った。そして親が望む何かをちゃんとやることによって愛情を獲得しようとした。彼らの親は、何かをちゃんとやること、何かを達成することを望んでいたからである。この時期の子どもの発達課題は、自分の欲求と親の欲求のつり合いをうまくとることであるが、彼らは親の望むことをちゃんとやるのを優先し自分の欲求をあきらめた。親から愛されるために、何かをちゃんとやることは自分が愛される存在であり、価値ある存在だと感じる唯一の方法であった。本人は認識しておらずただそうすることが当たり前と思っていることが多いが、ちゃんとやることは自分に価値があると認識するための方法であり、愛情を得る方法となっているのである。

　思考型のクライアントは、子どもの自我状態Cを使い、楽しんだり、自由に振る舞ったりするのが得意ではない。それらはちゃんとやるべきことをやれていないことになりかねず、自分に価値が無いことになってしまうためである。そのためにたとえば旅行を楽しんでいるつもりでも、旅行で行くべきところ見るべきところやるべきことの用事をこなしているだけ、また楽しむべき状況に合わせて正しく楽しんでいるだけで、心からわきあがる自然な楽しさを味わっていない。やるべきことをちゃんとやらないと、自己嫌悪や罪悪感を持ってしまうため、何をやっていてもやるべきことが常に頭の片隅にある。だらだらしているようでも、身体の力を抜いてくつろいでいない。頭の片隅にあるやるべきことが力を抜くことを許してくれないのである。

　思考型のクライアントは、達成感を味わうのも得意ではない。何かをやり遂げても、次のちゃんとやることに意識を向けなければならない。仕事がうまくいった思考型の人に“おめでとう”と声を掛けると、“ありがとう、でもそれより次のプロジェクトなんだけど…”と返事が返ってくる。このように思考型の人は常に次の高みに向かってやることに駆り立てられている。やり遂げたと思って喜んでしまうと、自分はここまでの人間で、この先ちゃんとやれない人

間になってしまうことを不安に思っている。したがって、こんなところで喜んではいけないと、喜ぶことをずっと先延ばししている。そして死ぬ間際まで、先延ばししつづけるのである。

　彼らは、楽しまないこと、遊ばないこと、休みを取らないことを批判されると、"みんな（家族）のためにこんなに一生懸命にやっているのに"と反撃してくる。または、体調を崩し病気になる方法でみんなのために一生懸命にやっていることをアピールするかもしれない。これは自分がやりつづけることを批判した人に対して、"私たちのためにこんなに一生懸命やっているのに責めてしまってごめんなさい"と罪悪感を持たせるために行う心理ゲームである。場合によって彼らは、ほんとうに命に関わる重大な病気になるまでやりつづける。そして病気になることで求めていた愛情（ケア）を得ようとするのである。彼らが学ぶべきことは、今喜ぶこと、今楽しむことである。"…が終わるまで"引き延ばすのではなく今なのである。

　思考型のクライアントがやりつづけるのは、何かをやっていないと不安を感じるからである。いつも自分の能力に不安を感じ、ちゃんとできていないこと達成できないことを責め、良くないことを考えることに罪悪感を持つようにしている。自分だけではなく、他者がちゃんとやれないことも責めることがある。

　ある40歳代の思考型の男性クライアントは、抑うつ状態になっていた。仕事に対する責任感が強く、チームリーダーとして取り組んでいる仕事がうまくいかないことについて、自分をダメだと責めていた。周囲は"あなたが悪いわけではない"と声を掛けていたが、彼の耳には全く届いていなかった。彼は、自分がダメなこと、自分には何も価値が無いことを訴えた。

● 感情処理へのアプローチ方法
　思考型のクライアントは悲しみを抑圧している。そのために自身の悲しみに気づかない。前述の男性クライアントは、抑うつ状態であったため、まずは怒りを中心に感情処理を実施した。思考型のクライアントが怒りを出すのはそう難しくない。当面の抑うつ気分は、怒りの処理を続けることにより改善できたとしても、彼が何でも自分の責任であると背負い込んでしまい、すべてのことをちゃんとやろうとする思考型の問題は解決しない。今後同様の状況において

抑うつ気分を繰り返さないためには、ちゃんとやれない自分は価値が無いと思ってしまう問題を解決しなければならない。ちゃんとやらない自分はダメ、という思考パターンから脱却するためには、ちゃんとやるやらないに関係なく、ありのままの自分が愛される価値があると思える必要がある。

　思考型は、ありのままの自分を愛されたのではなく、ちゃんとやる自分が愛されたと思っている。もしかするとちゃんとやってもそれは当たり前で、やったとしても愛情は受け取れなかったかもしれない。ちゃんとやらなくても、ありのままの自分を無条件に愛してもらえなかった悲しみが、感情処理において重要な感情である。

　しかしながら思考型のクライアントは、悲しみを抑圧していて感じない。直接悲しみを尋ねてもそれに気づくことはできない。悲しそうな表情をしていても "今悲しいですか？" と尋ねると、"悲しいのかなあ？" と考え始めてしまい、悲しそうな表情も消えてしまう。悲しさが引っ込んでしまうのである。そこで、彼らには「悲しい」という言葉を使わずに、思いを尋ねる。そして思いに共感していくのである。

　前述の男性クライアントが幼少期の親に関して、"ちゃんとできないと受け入れてもらえなかった" と語ったため、そのことについてどんな思いかを尋ねた。クライアントは、"もっと受け入れられたかった、いつも受け入れてほしいと思っていた" と思いを語った。カウンセラーはその思いに共感した。そのとき、悲しいという言葉は使わなくとも、クライアントは悲しみを体験していた。そしてその思いを息で吐き出すよう促した。これにより悲しみの感情処理ができるようになるのである。無条件で愛されなかった悲しみを十分に処理することで、"できようができまいが私は愛される価値がある" という無条件の価値について考えることができるようになり、愛されるためにちゃんとやりつづけることをやめることができる。男性クライアントは悲しみの感情処理を進め、次第に無条件で自分に価値があると思えるようになり、以前よりも自分を責めることがなくなった。そしてできていない罪悪感も減り、仕事のストレスも減少したと報告した。

　彼らの感情処理を進める上では、彼らが完全にやろうとしないように支援する。彼らは完璧に感情処理をやりたがる。完璧にやろうとするとき、クライア

ントの身体には力が入っていて、感情処理ができなくなっている。"ちゃんと""もっと""まだ"といったクライアントの表現に対しては、"100ではなく、50を目指しましょう"と完璧にやらないことを提案することも大切である。

　思考型は楽しめないことに関しても支援が必要な場合がある。ある60歳代の思考型の男性経営者は、楽しむことができていなかった。彼は趣味のゴルフをラウンドしているときでさえ、携帯電話を手放さず常に仕事を気にかけていた。寝るときも仕事のことが頭に浮かんでしまうために、なかなか寝付けない入眠困難に苦しんでいた。彼は小学校に上がる頃から父母の畑仕事を手伝っていたために、友達と遊ぶこともできなかった。空椅子を使い、目の前に一緒に畑仕事をしている幼い頃の両親を投影させ対話させたとき、彼は両親に対して"遊びたい"とお願いすることはできないと言った。両親が頑張っているのに自分だけが楽しむのは申し訳ないと。空椅子を使った対話を通して彼は、"楽しんではいけない"と決断していたことを理解した。そして、楽しむことを我慢している幼い頃の自分を空想し空椅子に投影させ、その子がほんとうは楽しみたいと思っていること、悲しみを我慢していることを理解した。そのうえで、空想上で幼い自分を抱きしめて、悲しかったことを受け止め、"もう我慢せずに楽しんでいい"ことを許可した。この空想のワークの後、彼は入眠が早くなり、仕事を気にせずゴルフを楽しむことができるようになった。このように思考型のクライアントが楽しむことができるための支援として、それを我慢してきたことへの自身の悲しみを体験し、十分に共感することが必要である。

●感情処理を進める上でのワンポイント
・自我状態はAを中心に接するほうが感情を体験しやすい。クライアントに対する自我状態はAを多く使う。クライアントが感情を体験し始めるとNPも効果的である。
・表情は真顔で接するほうが感情を体験しやすい。笑顔で対応されると感情を受け入れにくくなる。
・関わるときには大きなジェスチャーは避けるほうが感情を体験しやすい。ジェスチャーは話をわかりやすくするために使う程度にする。
・怒りは最初から感じやすいが、悲しみや恐れは感じにくい。

・"ねばならない"変化に向けた支援にならないようにする。クライアントは完全でなければならないので、"もっと…""（現状）より…"の表現を好んで使う。他にも"したほうが良いと思う"などの表現もする。これらは、変わるべき方向（義務や責任）への変化を目指している。それに従って感情処理を実施しないよう注意する。クライアントが変わりたい方向（クライアントの欲求）への支援を心がける。

・時間を決めて楽しむことを提案する。彼らは絶えず何かをしていないと不安であり、ただ自分をリラックスさせ、遊んで楽しませることができない。楽しむことは不安を減らすためにも大切である。彼らはスケジューリング通りに事が運ぶと満足するので、楽しむことに取り組み始めたときは時間を決めて楽しむことから実践すると良い。

（6）感情型への感情処理のアプローチ

●解決する問題

　感情型のクライアントの問題は、周囲が心地よくいるか、喜んでいるかを気にしすぎることである。そして周囲が喜んでいないと、自分がそれを何とかしないといけないと責任を持ってしまう。自分が何かをやった結果、相手が喜んでくれたときには、自分の存在価値があると思うことができるものの、相手が喜んでくれないときには自身に価値が無いように思ってしまう。また喜んでくれることや関心を示してもらえることは、自身が愛されていることであり、喜んでくれないことや関心を示してもらえないことは愛されてないように思ってしまう。このように自身の存在価値や愛されている存在か否かを、相手の反応にゆだねてしまっている。彼らは、相手がどうかではなく、自身の価値を自分で決め、自分の考えにエネルギーを注いでいくことが大切である。また感情型のクライアントは、過剰に感情的になることがある。人間関係において過剰な感情反応を抑え、感じるだけでなく考えることにエネルギーを向けることも重要である。

　感情型の問題はエディプス期（4～6歳）において（異性の）親からの愛情を得るための方略と関係している。感情型のクライアントは、親から愛されるために"どうあるか"を求められた。思考型が、"何をするか"だとすれば、

感情型のクライアントは"どういう子であるか"であった。それは、"優しい子""かわいい子""明るい子""元気な子""幸せな子"など、どういう子どもとしてふるまうかに関係していた。その結果、親が喜んでくれたときには、愛されていると実感し、自分を価値ある存在と思うことができた。親が喜んでくれなかったときには、愛されておらず、価値が無い存在なのである。親が喜んでくれるかどうかのバロメーターの一つは笑顔を見せてくれるかどうかであった。

感情型のクライアントは、大人になっても、相手が喜んでくれること、笑顔でいてくれることで自分が愛されているか、価値があるかを決めている。したがって、相手が喜んでないと受け取ったとき、笑顔ではないときには自分に何かの責任があるかのように感じ、相手を喜ばせようと過剰に気を遣ってしまう。

彼らは、相手が笑顔ではないとき不機嫌だと思い込む。事実は不機嫌でなくただ真顔でいただけだったとしても、自分に対して嫌な気持ちを持っているのではないかと疑ってしまう。そのために真顔の人といることにストレスを感じてしまう。

感情型のクライアントは、幼児期後期の発達段階で達成する課題、感情と事実を切り離すということが未達である。これは、喜んでくれることが、愛されていることとイコールであると信じてきたことと関係がある。感情と事実がイコールになっているために、自分が不快な気持ちになると、相手が自分に悪感情を持っている、相手に何か良くないことがあるなどと判断してしまう。逆に良い気持ちになったときには、誠実で良い人である、相手の言っていることは正しい、親密であるなどと判断する。

また彼らは、相手が関心を示してくれる、気にかけてくれることを、愛情があることと判断する。逆に、関心を示してくれないことや気にかけてくれないことは、愛されていないこと、相手に愛情が無いことなのである。関心と愛情は同義になっている。

相手が喜んでくれないとき、関心を示してくれないとき、彼らは混乱し、自分の無価値を感じつつ、過剰な気遣いをするか、過剰に感情的になる。感情的になったときには、抑うつに打ちひしがれるか、強い不安に襲われるか、相手をヒステリックに責めてしまう。そして相手を感情的に責めているとき、彼ら

は怒っているのではない。他者から見るとそれは明らかに攻撃であり、怒りに
しか見えないが、彼らは悲しんでいる。したがって彼らはそれを怒りと表現さ
れると驚く。しかしながら、過剰な表現の仕方の問題から、それが悲しみとは
相手に伝わりにくいのである。そして精神的に疲れ果てたとき、彼らは「地理
的治癒」、すなわち姿を消して遠くに行ってしまうことすらある。

　彼らは、自分の感情と相手の感情の区別をはっきりさせること、すなわち他
者との関係において境界線をはっきりさせることが必要である。そして自分で
考えることも重要である。それは、感情の背景にある思考を検証していくこと
により可能となる。さらに"どうあるか"だけではなく"何をするか"に目を
向け、達成に向けて努力し、自分の能力を認め自尊感情を高めていくことも重
要である。

　また感情型のクライアントは、"今はいいけどこの後は…"と良くない将来
を空想して不安になり、今の楽しい気分を不安や悲しみに変えてしまう。例え
ば、"今は彼も好きでいてくれるけど、そのうちに彼の気持ちが離れたら…"
"子どもたちが独立してさびしくなったら…""明日旅行が終わってしまう"な
どと今の楽しいことが終わった後を空想して不快になる。あるクライアントは、
旅行に出かける前は楽しいけれど、出発した途端に残り時間が気になってしま
い楽しめなくなってしまうと訴えた。このように"今はいいけどこの後は…"
と空想し不快感情を感じてしまうのは、不安や恐れの感情処理を進めていくこ
とで次第に減っていく。

　ある30歳代の感情型の女性クライアントは、4歳と5歳の子ども2人の育児
ストレスに悩まされていた。主婦仲間の友達との関係も良好で子育ての悩みも
相談でき、親にも話ができたが、家事や子どもの世話をしながら、気づいたら
涙が流れていることが多く、子どもの前で泣いてしまう、子どもを感情的に怒
ることも度々あった。以前は夫も話を聴いてくれていたが、何度か夫に対して
感情的になったことから、最近夫が彼女を避けるようになり会話が減り、夫と
ギクシャクした感じがしていた。夫や子どもからはそう思われていなかったよ
うであるが、彼女は夫や子どもに気を遣い過ぎて疲れ果てていた。夫から"感
情的になるから話したくない"と言われ、子どもから"ママが恐い"と言われ
たことに、"こんなに気を遣いやってあげているのに誰もわかってくれない"

と深く傷つき、夫や子どもにとって自分は必要ないのではないかと思うことが増えていた。彼女は、夫や子どもが喜んでくれなくなった、夫からの関心が無くなったと受け取ったときに、自分は価値が無い存在だと思ってしまう。そして余計に感情のコントロールが悪くなり夫や子どもに感情的になるという悪循環に陥っていた。彼女にとって必要なのは、相手が喜ぶか喜ばないかに関係なく、自分は価値がある人間であると理解することであった。自分の価値を相手に委ねず、自分で自分の価値を決めるのである。

●感情処理へのアプローチ方法

　感情型のクライアントは怒りが苦手である。怒りは喜ばれない感情であるために表すことができなかった。そのために幼少の頃から怒りを抑えてきた。

　前述の女性クライアントは、幼少期の親との場面で、親に対して怒りを感じはじめたときに、強くブレーキがかかった。彼女は "怒りを感じることは恐い" と言った。これは "怒りを向けると喜ばれない＝愛されない" という恐さである。そして、怒りを抑えるために、怒りを向けると "相手がかわいそう" "相手に申し訳ない" などの理由をつけて、怒りを遠ざけてしまう。このときに理解しなければならないのは、"怒り＝攻撃" ではないということである。怒りの処理はただ自分の感情を身体の外に吐き出すだけで、相手に向けるものではない。感情型のクライアントは "怒り＝悪いもの" "怒り＝攻撃" "怒り＝愛されない" "怒り＝嫌われる" と思い込んでいる。これらの思い込みを解決していくことは、怒りを体験することに向けて必要なことである。

　また彼らは、新聞紙を使って怒りを処理するとき、怒りと悲しみが混ざり合って、どちらも処理できなくなる。前述の女性クライアントは、新聞紙を使って怒りを出すときに、"何でわかってくれないの？" と犠牲者的立場から相手を責める言葉を言いながら、泣きながら新聞紙でクッションを叩いていた。これは、悲しみと怒りが一緒になっている。また怒りを出しているつもりでも相手を責める攻撃に近くなってしまい、純粋な怒りではなくなってしまう。"怒りと悲しみ、どちらが強く感じますか？" と尋ねると、クライアントは "悲しみ" と答えた。"それではまず、悲しみに焦点を当てて悲しみを感じてください" と悲しみの処理を行った。体験した悲しみを呼吸しながら吐き出した。そ

して悲しみがある程度減った後に怒りに焦点を当てて怒りを吐き出した。その
ときには、怒りを相手に向けるのではなく、身体の中の怒りをただ身体の外に
吐き出すイメージをしながらやってもらった。そうすることによって怒りと相
手を責め立てるような攻撃とは切り離せる。それを何度か繰り返して実施する。
しばらくは怒りの感情処理をしようとすると、泣きながら怒りを出すことを繰
り返すが、何度か悲しみと怒りを切り離して処理していくにつれて、次第に怒
りを出すときに涙を流さなくなる。

　彼らは怒りを感じ始めると大きく変化する。怒りは自分と他者との違いを明
らかにしてくれるために、怒りを体験することにより自分と他者との境界線も
明確になり始める。自分の考えと他者の考え、自分の感情と他者の感情との境
目も明らかになり始める。その結果、他者の感情に流されてしまうことが減っ
ていくのである。

　怒りを感じ始めると、自分に価値があること、自分に考える能力があること
について理解できるようになる。怒りを感じる前、怒りと悲しみが混同してい
るときには、自身の価値について、自分に考える能力があることについての認
識は定着しない。クライアントは一時的に変化したと実感しても、また同じワー
クを繰り返し求めることになる。

　その女性クライアントは、怒りがしっかりと体験できるようになるにつれ、
"相手が喜ばなくても私には価値がある"と思えるようになっていき、大きく
変化した。彼女は、夫や子どもたちの顔色をうかがい、気を遣わなくなった。
夫の機嫌に、自分の感情が左右されなくなってきた。そして夫や子どもたちに
感情的に怒ることが減った。その結果、夫との会話も増え関係も良くなってき
た。

　感情型のクライアントにとって自然な怒りを感じることは、問題解決への大
切な一歩となる。

●感情処理を進める上でのワンポイント
・自我状態はNPを中心に接するほうが感情を体験しやすい。クライアントに
　対する自我状態は一貫してNPを使う。
・表情は笑顔を交えて接するほうが感情を体験しやすい。クライアントは、真

顔を不機嫌と受け取ることがある。笑顔が無いカウンセラーに苦手意識を覚え恐がることも多い。

・関わるときにはジェスチャーを交えたほうが感情を体験しやすい。

・悲しみは最初から体験しやすいが、怒りは体験できない。

・彼らは混乱するとどうしていいかわからなくなり、"助けて欲しい""どうしていいかわからない"と訴えたり、何かを訴えるような悲しげな目つきでじっと見つめるなどの言動を示すことがある。このような"助けて欲しい"という、救済者を求めて犠牲者的ポジションに留まろうとするサインに対しては、"どうなりたい？""どうなったら楽かな？"と対決し、成人の自我状態A を使えるよう支援する。

・ワークにおいて、特に強い恐れの感情を処理したのちは、不安定にならないために、"大丈夫だよ"と安心させる。彼らはそれを信じ、不安定になりにくくなる。

・思考や行動を承認する。彼らが自分で考えたことや成し遂げたことには承認を与える。幼少期の彼らは、思考と達成を評価されなかった。思考を承認されると自分で考えるようになる。それにより彼らは感情的な反応を示すことが減ってくる。

・思考を尋ねる。感情だけでなく、"そのような感情を感じるのはなぜだろうか？"などと感情の背景を質問し、考え方を尋ねていく。これにより考える能力を高め、自分で考えることができるようになる。

・他者にしてあげたことを批判しない。他者にしてあげたことに関して、"どうしてそういう行動を取ったの？"と真顔で質問すると、彼らは他者を喜ばせようとしてきたことを批判されていると受け取る。それは彼らの存在否定に近い意味合いを持つ。

・性的境界線を明確にする。性的境界線があいまいなクライアントに対しては、性的境界線を明確にして接する。明確に言葉にすることも効果的である。クライアントはそれによって、そこにエネルギーを使わなくて済む。

7　人格適応論の感情処理への応用

　クライアントは二人として同じ人がいないユニークな存在と考えるべきであり、タイプ分類して見ることは避けられる傾向にある。先入観でクライアントにレッテル貼りをしてしまうことや、画一的な支援に陥ってしまうことを回避するためである。人格適応論の理論は人を6つのタイプ特徴で表すため、否定的な見方もある。しかしながら、人格適応論は決して類型論的な枠組みにクライアントをあてはめての分類・解釈を目的としているものではない。本章を読んでいただくとわかることであるが、クライアントに対するより深い理解、クライアントに対する言葉・表情・ジェスチャーなど効果的な関わりを実施することを目的に活用されるのである。

　カウンセラーは、臨床経験と過去の成功体験に基づいて構築した自身の言葉づかいや表情、ジェスチャーの使い方をクライアントに応じて変えるというやり方を十分に発揮しているとはいえず、クライアントには養育的に接すれば良いと画一的な対応をしている場合も散見される。クライアントに応じて、表情や言葉遣いを変えているとしても、その根拠はカウンセラーの個人的経験に裏付けされたものであり、理論的背景を持つものではない場合が多い。

　人格適応論では、クライアントに合わせてカウンセラーの言葉、表情、声の調子、ジェスチャーを変えて対応する。また、クライアントのタイプに応じて思考・感情などアプローチする領域を変えて対応する。これはまさにクライアントの個性に合わせた関わりをするという考え方と同義である。

　感情に気づき、それを受け入れ、体験し、処理していくプロセスはとてもデリケートなものである。言葉かけ一つ間違えてしまうことにより、クライアントがせっかく体験し始めた感情が引っ込んでしまう、防衛が強くなってしまうなどにより、感情処理が進まなくなってしまうこともある。クライアントが感情に気づきやすい関わり、受け入れやすい言葉がけなどについて理解することにより、効果的に感情処理の支援が実施できる。

　人格適応論を活用することにより、クライアントの感情処理、ひいては問題解決が早く円滑に進む支援が期待できる。

引用・参考文献

Barnier, A. J., Hung, L., & Conway, M. (2004). Retrieval-induced forgetting of emotional and unemotional autobiographical memories. *Cognition & Emotion*, **18**(4), 457-477.

Berne, E. (1964). *Games People Play*. (バーン, E. 南博 (訳) (1967). 人生ゲーム入門――人間関係の心理学 河出書房新社)

バーンズ, D. D. 野村総一郎他 (訳) (2004). いやな気分よ、さようなら――自分で学ぶ「抑うつ」克服法 増補改訂第2版 星和書店

キャノン, W. B. 舘鄰・舘澄江 (訳) (1981). からだの知恵――この不思議なはたらき 講談社学術文庫

Carroll, J. M., & Russell, J. A. (1996). Do facial expressions signal specific emotions? Judging emotion from the face in context. *Journal of Personality and Social Psychology*, **70**(2), 205-218.

Damasio, A. R. (1999). *The Feeling of What Happens: Body and Emotion in the Making of Consciousness*. New York: Harcourt Brace.

ダマシオ, A. R. 田中三彦 (訳) (2005). 感じる脳――情動と感情の脳科学 よみがえるスピノザ ダイヤモンド社

ダマシオ, A. R. 高橋洋 (訳) (2019). 進化の意外な順序――感情、意識、創造性と文化の起源 白揚社

Damasio, A. R., & Carvalho, G. B. (2013). The nature of feeling: Evolutionary and neurobiological origins. *Nature Reniews Neuroscience*, **14**(2), 143-152.

ダーウィン, C. 八杉龍一 (訳) (1990). 種の起源 上・下 岩波文庫

エクマン, P., & フリーセン, W. V. 工藤力 (訳編) (1987). 表情分析入門――表情に隠された意味をさぐる 誠信書房

Ekman, P., Levenson, R. W., & Friesen, W. V. (1983). Autonomic nervous system activity distinguishes among emotions. *Science*, **221**(4616), 1208-1210.

Emmons, R. A., & McCullough, M. E. (2003). Counting blessings versus burdens: An experimental investigation of gratitude and subjective well-being in daily life. *Journal of Personality and Social Psychology*, **84**(2), 377-389.

遠藤利彦 (1996). 喜怒哀楽の起源――情動の進化論・文化論 岩波書店

福田正治 (2006). 感じる情動・学ぶ感情――感情学序説 ナカニシヤ出版

福田正治 (2008). 感情の階層性と脳の進化――社会的感情の進化的位置づけ 感情心理学研究, **16**(1), 25-35.

Goulding, R. L., & Goulding, M. M. (1979). Changing Lives through Redecision Therapy. New York: Brunner/Manzal. (グールディング, R. L., & グールディング, M. M. 深沢道子（訳）(1980). 自己実現への再決断——TA・ゲシュタルト療法入門　星和書店)

グリーンバーグ, L. S.　岩壁茂・伊藤正哉・細越寛樹（監訳）(2013). エモーション・フォーカスト・セラピー入門　金剛出版

Greenberg, L. S., Rice, L. N., & Eliott, R. (1993). *Facilitating Emotional Change.* (グリーンバーグ, L. S., ライス, L. N., & エリオット, R. 岩壁茂（訳）(2006). 感情に働きかける面接技法——心理療法の総合的アプローチ　誠信書房)

橋本泰子・倉成宣佳（編著）(2012). ありがとう療法　カウンセリング編——幸せになる自己カウンセリング　おうふう

平木典子 (2018). アサーションというコミュニケーション——21世紀を自分らしく生きるために　メンタルサポート研究所講座資料

平木典子 (2021). アサーション・トレーニング——さわやかな〈自己表現〉のために　日本精神技術研究所

池田幸恭 (2010). 青年期における親に対する感謝への抵抗感を規定する心理的要因の検討　青年心理学研究, 22, 57-67.

池見西次郎 (1963). 心療内科　中央公論社

池見西次郎・杉田峰康 (1998). セルフコントロール——交流分析の実際　創元社

Jacobson, E. (1938). *Progressive Relaxation.* Chicago: University of Chicago Press.

James, M., & Jongeward, D. (1971). *Born to Win: Transactional Analysis with Gestalt Experiments.* (ジェイムス, M., & ジョングオード, D. 本明寛・織田正美・深沢道子（訳）(1976). 自己実現への道——交流分析（TA）の理論と応用　社会思想社)

Joines, V. S. (1998). Redecision therapy and the treatment of depression. *Journal of Redecision Therapy*, Vol. I, 35-48.

Joines, V., & Stewart, I. (2002). *Personality Adaptation : A New Guide to Human Understanding in Psychotherapy and Counseling.* Nottingham and Chapel Hill : Lifespace Publishing. (スチュアート, I, & ジョインズ, V. 白井幸子・繁田千恵（監訳）(2007). 交流分析による人格適応論——人間理解のための実践的ガイドブック　誠信書房)

勝俣瑛史 (2007). コンピタンス心理学——教育・福祉・ビジネスに活かす　培風館

厚生労働省 (1999). 精神障害等の労災認定に係る専門検討会報告書

厚生労働省 (2021). 労働安全衛生調査（実態調査）の概要

倉成央 (2018).「怒ってしまう自分」が消える本　大和出版

倉成央（著）杉田峰康（監修）(2013). カウンセラー養成講座テキスト　メンタルサポート研究所

倉成宣佳 (2010).「ありがとう療法」によるうつ病患者の事例　橋本泰子（編著）ありがとう療法　入門編——幸せになる自己カウンセリング　おうふう　pp. 53-60.

倉成宣佳（2015）．交流分析にもとづくカウンセリング――再決断療法・人格適応論・感情処理法をとおして学ぶ　ミネルヴァ書房

倉成宣佳・周布恭子・受田恵理（2022）．一般改善指導受講者の語りの考察　日本犯罪心理学会第 60 回大会発表論文集

倉戸ヨシヤ（1989）．ゲシュタルト療法の誕生――Frederick S. Perls を中心に　鳴門教育大学研究紀要教育科学編, 4, 23-32.

Lewis, M. (1992). *Shame: The Exposed Self*. New York : Free press.（高橋惠子（監訳）遠藤利彦・上淵寿・坂上裕子（訳）（1997）．恥の心理学――傷つく自己　ミネルヴァ書房）

ローウェン, A. 村本詔司・国永史子（訳）（1988）．からだと性格――生体エネルギー法入門　創元社

マクリーン, P. D. 法橋登（編訳・解説）（2018）．三つの脳の進化――反射脳・情動脳・理性脳と「人間らしさ」の起源　新装版　工作舎

Markus, H. R., & Kitayama, S. (1991). Culture and the self: Implications for cognition, emotion, and motivation. *Psychological Review*, 98(2), 224-253.

丸田俊彦（1992）．コフート理論とその周辺――自己心理学をめぐって　岩崎学術出版社

McNeel, J. R. (1999). Redecision therapy as a process of new belief acquisition. *Journal of Redecision Therapy*, 1, 103-115.

McNeel, J. R. (2016). The heart of redecision therapy: Resolving injunctive messages. In R. G. Erskine (Ed.), *Transactional Analysis in Contemporary Psychotherapy*. Karnac Books. pp. 55-78.

McNeel, J. (2020). *Aspiring to Kindness*. CPSIA.

McNeel, J. (2022). *The Difficulties Created by Injunctive Messages and Their Resolution*. メンタルサポート研究所

Oatley, K., & Jenkins, J. M. (1996). *Understanding Emotions*. Cambridge: Blackwell.

小此木啓吾（1979）．対象喪失――悲しむということ　中公新書

小野武年（2012）．脳と情動――ニューロンから行動まで　朝倉書店

Perls, F. S. (1973). *The Gestalt Approach & Eye Withness to Therapy*. CA: Science and Behavior Books.（パールズ, F. S.　倉戸ヨシヤ（監訳）日高正宏・井上文彦・倉戸由紀子（訳）（1990）. ゲシュタルト療法――その理論と実践　ナカニシヤ出版）

Russell, J. A., & Barrett, L. F. (1999). Core affect, prototypical emotional episodes, and other things called emotion: Dissecting the elephant. *Journal of Personality and Social Psychology*, 76(5), 805-819.

Schneider, S., Junghaenel, D. U., Keefe, F. J., Schwartz, J. E., Stone, A. A., & Broderick, J. E. (2012). Individual differences in the day-to-day variability of pain, fatigue, and well-being in patients with rheumatic disease: Associations with psychological variables.

Pain, **153**(4), 813-822.

セリグマン, M. 宇野カオリ（監訳）（2014）．ポジティブ心理学の挑戦――"幸福"から"持続的幸福"へ　ディスカヴァー・トゥエンティワン

Seligman, M. E. P., Steen, T. A., Park, N., & Peterson, C. (2005). Positive psychology progress: Empirical validation of interventions. *American Psychologist*, **60**(5), 410-421.

Stewart, I., & Joines, V. (1987). *TA Today: A New Introduction to Transactional Analysis*. Nottingham and Chapel Hill: Lifespace Publishing.（スチュアート, I., & ジョインズ, V. 深沢道子（監訳）（1991）．TA TODAY――最新・交流分析入門　実務教育出版）

Strack, F., Martin, L. L., & Stepper, S. (1988). Inhibiting and facilitating conditions of the human smile: A nonobtrusive test of the facial feedback hypothesis. *Journal of Personality and Social Psychology*, **54**(5), 768-777.

Thompson, C. P. (1985). Memory for unique personal events: Effects of pleasantness. *Motivation and Emotion*, **9**, 277-289.

Tokuno, S. (2018). Pathophysiological voice analysis for diagnosis and monitoring of depression. In Y-K. Kim(Ed.), *Understanding Depression*. Singapore: Springer. pp. 83-95.

Tokuno, S. (2020). *A Mind Monitoring System: Voice Analysis Technology*. Open Access Government.

Varnum, M. E. W., Grossmann, I., Kitayama, S., & Nisbett, R. (2010). The origin of cultural differences in cognition: The social orientation hypothesis. *Current Directions Psychological Science*, **19**(1), 9-13.

Vlaeyen, J. W. S., & Linton, S. J. (2000). Fear-avoidance and its consequences in chronic musculoskeletal pain: A state of the art. *Pain*, **85**(3), 317-332.

Wagner, A. (1981). *The Transactional Manager*.（ワーグナー, A. 諸永好孝・稲垣行一郎（訳）（1987）．マネジメントの心理学――TAによる人間関係問題の解決　社会思想社）

渡邊正孝・船橋新太郎（編著）（2015）．情動と意思決定――感情と理性の統合　朝倉書店

渡辺茂・菊水健史（2015）．情動の進化――動物から人間へ　朝倉書店

吉田幸江・倉成宣佳・三島瑞穂（2021）．日本版人格適応論尺度の作成　日本心理学会第85回大会発表論文集　p. 15.

人名索引

あ　行

ウェア（Ware, P.）　224
エクマン（Ekman, P.）　155
エリス（Ellis, A.）　38

か　行

カープマン（Karpman, S.）　49
グールディング夫妻（Goulding, R. L., &
　Goulding, M. M.）　5, 182
グリーンバーグ（Greenberg, L.）　46
ケーラー（Kahler, T.）　224

さ　行

ジェイコブソン（Jacobson, E.）　102
ジョインズ（Joines, V.）　214, 224

た　行

ダマシオ（Damasio, A.）　24

は　行

バーン（Berne, E.）　5, 47, 210
バーンズ（Burns, D. D.）　191
ベック（Beck, A. T.）　39

ま　行

マクニール（McNeel, J.）　67, 209, 211

ら　行

ラッセル（Russell, J. A.）　26
ルイス（Lewis, M.）　161
ローウェン（Lowen, A.）　101

わ　行

ワーグナー（Wagner, A.）　243

事項索引

あ 行

愛着　217
　　——のカウンセリング　217
空椅子の技法　215
アサーション　117, 247
アレキシサイミア　58
アンガーマネジメント　119
アンビバレンス　28
怒り　165
　　——の内向　165
維持トーク　68
痛み　53
イムパス　216
イメージ法　109
嫌　204
エディプス期　267, 271
恐れ　190
親の養育態度　233

か 行

外在化　90
快-不快　26
関わる　229
過緊張　195
覚醒度　26
覚醒-非覚醒　26
活性-不活性　26
悲しみ　182
感謝　207
感情

——価　26
——カード　158
——型　225, 232, 241
——焦点化療法　46
——処理（法）　1
——に気づく　3, 126
——の肯定的側面　93
——への否定的認知　82, 130
——を受け入れる　3
——を再体験する　112, 132
——を受容する　128
——を消化する　4
——を処理する　4
——を体験する　3
——を吐き出す　3, 133
一次的適応——　46
一次的不適応——　46
解決——　170, 172, 237
記憶と——　30
基本的——　161
狭義の——　25
広義の——　25
社会的——　25
知的——　25
道具——　46
苦手な——　236
二次的反応——　46
不快（な）——　9, 50
ポジティブ——　14, 207
ほんものの——（自然な——）　45, 141,

170

ラケット――（にせものの――）　44,
　114, 123, 141, 172, 189, 202

聞き返し　68, 146

擬人化　109, 248

基本的信頼感　218, 245, 251, 256

強迫観念　195

筋弛緩　102

禁止令　211

　――決断　6, 44, 143, 149, 211

　――リスト　211

クッション　199

ゲームの公式　48

決断　6, 44

訣別のワーク　184

嫌悪　204

原初場面　83, 124

攻撃　168

口唇期　245, 251, 256

行動型　225, 230, 239

肛門期　262, 267

交流分析　5

こだわり　194

コンタクト　126, 230

さ　行

再決断　6

　――療法　5, 210

再体験　82, 123

査定図表　229

自意識　176

自我状態　242

　――の機能モデル　242

　親の――　242

　子どもの――　242

　成人の――　242, 244

自己愛の傷つき　177

自己愛憤怒　177

思考型　225, 232, 241

姿勢　134

自然な子ども　243

実存的ポジション　1

自動思考　39

受動的　229

受容と共感　145

情動　23

　――焦点型　16

　――の円環モデル　26

　基本――　25

　原始――　25

　自我焦点型――　167

　他者焦点型――　167

　中核――（コア・アフェクト）　27

自律　67, 113, 262

自律神経失調症　53, 58

人格適応論　223

信条　6, 143, 211

心身症　53, 57

人生脚本　210, 223, 244

信念型　225, 231, 240

心理ゲーム　47, 113, 142, 253

心理的欲求　230

ストレス　11

　――－脆弱性モデル　12

　――対処　16

　――耐性　17

絶望的決断　214

漸進的筋弛緩法　102

双極性障害　120

相互協調的自己　167

相互独立性の自己　167

喪失　184

——体験　184

想像型　225, 230, 238

た　行

盾　199

単純な聞き返し　146

チェンジトーク　68

調整のプロセス　78

適応した子ども　243

点数化　133, 138

動機づけ　63

——面接（法）　28, 67

統合失調症　120

等身大の自己愛　178

トラウマ体験　32, 125

な　行

日本版人格適応論尺度　227

認知行動療法　5, 38, 211

認知の歪み　191

認知療法　39

能動的　229

は　行

吐き気　55

肌の赤み　57

発達理論　161

反抗的決断　149, 214

反応型　225, 231, 240

引きこもる　229

肥大化した自己愛　179

批判的な親　243

表情　155

不安　193

——の回避モデル　55

複雑な聞き返し　146

不合理な思考（認知）　5

ホメオスタシス　25

ま　行

魔術的思考　85

身を置く　123

問題焦点型　16

や　行

歪んだ認知　39

ゆらぎのプロセス　70

養育的な親　243

幼少期の記憶　34

抑圧　2, 61

抑制　2, 62

ら　行

ラケット行動　45

ラザルス式ストレスコーピング尺度　16

論理療法　38

わ　行

ワーク　121

欧　文

affect　24

DESC 法　117

emotion　23

feeling　24

MIMOSYS（Mind Monitoring System）　9

謝　辞

　　感情処理法を実践していただいたクライアントの方々、感情処理法の役に立つのであればと快く事例を提供してくださった皆様に感謝申し上げます。感情処理法は多くの方々に支えられて広がってきました。感情処理法の精神疾患と愛着のカウンセリングへの適応について道を開いていただいた中谷晃先生、感情に焦点を当てることの重要さを教えていただいた杉田峰康先生、感情処理法の身体疾患への活用に協力いただいた沼田光生先生、感情処理法と再決断療法を併用することの効果について教えていただいたジョン・マクニール先生、人格適応論を教えていただいた白井幸子先生、ヴァン・ジョインズ先生、教育・福祉・医療・産業・司法など様々な領域で日々活用して感情処理法の進歩に寄与しその効果を検証してくださっている米倉けいこ先生・丹野ゆき先生・受田京子先生・吉田さちえ先生・小松千恵先生・安徳寿賀子先生・小渕明美先生・植村明美先生・今村範子先生・早川菜々先生・三輪陽子先生・故栗原美香先生をはじめとするメンタルサポート研究所のカウンセラーおよび対人援助職の方々、感情処理法を活用いただいている「親育ち講座」「子どもと笑顔で過ごすプログラム」などプログラム実施者の方々、刑事施設での活用を実践していただいた美祢社会復帰促進センター・小学館集英社プロダクションの心理職の方々、その他、感情処理法を支え続けていただいている多くの皆様に感謝申し上げます。また、本書のイラスト・図表作成の協力をいただいた、西坂由朱様・植村マミ様、そして本書の企画から作成に尽力いただいた、(株) 創元社の吉岡昌俊様にも感謝申し上げます。

2022年11月

倉成宣佳

著者紹介

倉成 宣佳 （くらなり のぶよし）

博士（学術）、臨床心理士・公認心理師
（株）メンタルサポート研究所代表、山の手クリニックカウンセラー、
長崎大学医学部客員研究員、NPO こころサポート理事長、社団法人
メンタルヘルス協会副理事長
交流分析や感情処理法を使ったカウンセリングを行うかたわら、カウ
ンセラーの養成にも注力している。また刑事施設でこれらの理論を活
用したプログラムを作成・実施している。
主な著書に、『交流分析にもとづくカウンセリング』（ミネルヴァ書房、
2015年）、『いじめで受ける心の傷とその対処法』（倉成央名義、チー
ム医療、 2009年）、『震災の心の傷みを癒やす方法』（倉成央名義、大
和出版、 2011年）などがある。

カウンセリングに活かす「感情処理法」
対人援助における「不快な感情」の減らし方

2023 年 2 月 20 日　第 1 版第 1 刷発行
2024 年 8 月 20 日　第 1 版第 7 刷発行

〈著　者〉　倉成宣佳

〈発行者〉　矢部敬一

〈発行所〉　株式会社 創元社

本　社　〒541-0047　大阪市中央区淡路町 4-3-6

電　話　06-6231-9010(代)

ＦＡＸ　06-6233-3111(代)

東京支店　〒101-0051　東京都千代田区神田神保町 1-2 田辺ビル

電　話　03-6811-0662(代)

https://www.sogensha.co.jp/

〈印刷所〉　株式会社 太洋社

装幀・本文デザイン　野田和浩

©2023 Printed in Japan
ISBN978-4-422-11790-4 C3011